Werner Vitzthum · SCHWEITENKIRCHEN

Kirchen, Kapellen,
Zeichen des Glaubens
in und um
Schweitenkirchen

ISBN 3-920746-32-5

Vitzthum

Schweitenkirchen

Kirchen, Kapellen
Zeichen des Glaubens
in und um
Schweitenkirchen

Herausgegeben vom Katholischen Pfarramt Schweitenkirchen · 1984

*Zum 75jährigen Jubiläum der Weihe
der Pfarrkirche Sankt Johannes der Täufer in
Schweitenkirchen 1909–1984*

GRUSSWORT

Vor 75 Jahren, am 19. September 1909, wurde die Pfarrkirche in Schweitenkirchen geweiht. Aus diesem Anlaß erscheint das Buch, das Sie in
Händen halten. Ich wünsche, daß dieses Buch dazu beiträgt, die Kirchen und das kirchliche Leben in und um Schweitenkirchen als Zeichen
lebendigen Glaubens verstehen zu helfen.
Die Weihe der Kirche 1909 nahm Erzbischof Franziskus Bettinger vor.
Es war seine erste Amtshandlung nach der Bischofsweihe im Münchener Liebfrauendom. Das erinnert mich auch an mein eigenes Kommen
in die Erzdiözese München und Freising. Als ich am 8. Dezember 1982
die Grenze meines neuen Bistums überschritten hatte, wurde ich zuerst
in Ihrer Pfarrei begrüßt. Mir ist unvergeßlich, in welch überaus herzli-
cher Weise dies geschehen ist. Damals habe ich Ihnen gesagt, daß es
meine erste Aufgabe ist, Christus zu den Menschen zu bringen. Jetzt,
zum Jubiläum Ihrer Kirchweihe, möchte ich dieses Wort aufgreifen und

Erzbischof
Dr. Friedrich
Wetter

alle Gläubigen Ihrer Pfarrei bitten: Bringen Sie Christus den Menschen! Bringen Sie ihn den Menschen, die auch in unserer Zeit ohne ihn nicht leben können.

Schweitenkirchen ist eine Landpfarrei, die aber in den letzten Jahren einen sehr starken Zuzug zu verzeichnen hatte. Das gute Zusammenwachsen und Zusammenfinden von Einheimischen und Neubürgern ist ein zentrales Anliegen, zu dem auch die Pfarrgemeinde einen wichtigen Beitrag leisten kann. Es wird umso besser gelingen, je mehr die Gläubigen zu einer lebendigen Gemeinschaft werden, die ihre Mitte in Jesus Christus hat. Diese lebendige Gemeinschaft in Christus wünsche ich Ihnen zu Ihrem Festtag.

Mit herzlichen Segenswünschen
Ihr Erzbischof

+ Friedrich

7

Die Bischöfe von Freising (724–1803)

724– 730	Heiliger Korbinian
739– 748	Erimbert
748– 764	Josef
764– 783	Arbeo
783– 811	Atto
811– 835	Hitto
836– 854	Erchanbert
854– 875	Anno
875– 883	Arnold
883– 906	Waldo
906– 907	Utto
907– 926	Dracholf
926– 937	Wolfram
937– 957	Heiliger Lantpert
957– 993	Abraham Graf von Görz
994–1005	Gottschalk von Hagenau
1005–1039	Egilbert Graf von Moosburg
1039–1052	Nitker
1052–1078	Ellenhard Graf von Tirol
1078–1098	Meginward
1098–1137	Heinrich I. Graf von Tengling
1138–1158	Seliger Otto I. Markgraf von Österreich
1158–1183	Albert I. Graf von Hartshausen
1184–1220	Otto II. Graf von Berg
1220–1230	Gerold von Waldeck
1230–1258	Konrad I. von Tölz und Hohenburg
1258–1278	Konrad II. Wildgraf
1279–1282	Friedrich von Montalban
1283–1311	Emicho Wildgraf
1311–1314	Gottfried von Hexenacker
1314–1322	Konrad III. Sendlinger
1323–1324	Johannes I. Wulfing
1324–1340	Konrad IV. von Klingenberg
1341–1349	Johannes II. Hacke aus Göttingen
1349–1359	Albert II. Graf von Hohenberg
1359–1377	Paul von Jägerndorf
1378–1381	Leopold von Sturmberg
1381–1410	Berthold von Wächingen
1411–1412	Konrad V. von Hebenstreit
1412–1421	Hermann Graf von Cilly

1421–1442	Nikodem della Scala
1443–1448	Heinrich II. Graf von Schlick
1448–1452	Johannes III. Grünwalder (Kardinal)
1453–1473	Johannes IV. Tulbeck
1473–1495	Sixtus von Tannenberg
1495–1498	Rupert Pfalzgraf bei Rhein
1499–1541	Philipp Pfalzgraf bei Rhein
1541–1552	Heinrich II. Pfalzgraf bei Rhein
1552–1559	Leo Lösch von Hilkertshausen
1559–1566	Moriz von Sandizell
1566–1612	Ernst Herzog von Bayern
1612–1618	Stephan von Seyboldsdorf
1618–1651	Veit Adam von Gebeck
1652–1685	Albert Sigmund Herzog von Bayern
1685–1694	Josef Klemens Herzog von Bayern
1695–1727	Johannes Franz Ecker von Kapfing und Lichteneck
1727–1763	Johannes Theodor Herzog von Bayern (Kardinal)
1763–1768	Klemens Wenceslaus Herzog von Sachsen, Prinz von Polen
1769–1788	Ludwig Josef Freiherr von Welden
1788–1789	Maximilian Prokop Graf von Törring
1790–1803	Josef Konrad von Schroffenberg
1803–1821	Sedisvakanz infolge der Säkularisation

Die Erzbischöfe von München und Freising (1821–)

1821–1846	Lothar Anselm Freiherr von Gebsattel
1846–1855	Karl August Graf von Reisach (danach Kurienkardinal)
1856–1877	Gregor von Scherr
1878–1889	Antonius von Steichele
1889–1897	Antonius von Thoma
1898–1909	Franz Josef von Stein
1909–1917	Franziskus von Bettinger (Kardinal)
1917–1952	Michael von Faulhaber (Kardinal)
1952–1960	Joseph Wendel (Kardinal)
1961–1976	Julius Döpfner (Kardinal)
1977–1982	Joseph Ratzinger (Kardinal, danach Kurienkardinal)
1982–	Friedrich Wetter

GRUSSWORT

Schweitenkirchen ist der höchstgelegene Ort der Hallertau und eines der höchstgelegenen Pfarrdörfer der Region Nord unseres Erzbistums München und Freising. Wir können es fast ein Eingangstor in das Erzbistum nennen, seitdem unser Erzbischof Dr. Friedrich Wetter hier den Boden seiner neuen Diözese betreten hat. Die Katholiken des Umlands haben ihm dabei einen herzlichen Empfang bereitet.

Von Schweitenkirchen aus schaut man nach Süden, nicht nur, weil man – wie Apian schon feststellte – bei klarer Luft bis nach München sieht, sondern weil die Gegend jahrhundertelang nach Freising hin orientiert war. So gehören die Dörfer um Schweitenkirchen zum Bistum des heiligen Korbinian, verbunden mit vielen Pfarreien durch die Nähe Gottes. Ihre Kirchen und Kapellen mögen auch in Zukunft Zeichen und Zeugen eines lebendigen Glaubens sein.

Der Herr halte seine gütige Hand über das ganze Land!

Heinrich Graf von Soden-Fraunhofen
Weihbischof

Die Weihbischöfe *(seit der Verlegung des Bischofsstuhles nach München)*

1789 – 1821	Johann Nepomuk von Wolf
1821 – 1841	Franz Ignaz von Streber
1841 – 1846	Karl August Graf von Reisach
1911 – 1926	Johann Baptist Neudecker
1921 – 1923	Aloys Hartl
1923 – 1927	Michael Buchberger
1928 – 1942	Johannes Baptist Schauer
1943 – 1955	Anton Scharnagl
1947 – 1973	Johannes Neuhäusler
1968 – 1984	Ernst Tewes
1968 –	Matthias Defregger
1972 –	Heinrich Graf von Soden-Fraunhofen
1972 –	Franz Schwarzenböck

10

*Weihbischof
Heinrich Graf von
Soden-Fraunhofen*

Wenn ich in den Sprachen der Menschen und Engel redete, / hätte aber die Liebe nicht, / wäre ich dröhnendes Erz oder eine lärmende Pauke. / Und wenn ich prophetisch reden könnte / und alle Geheimnisse wüßte / und alle Erkenntnis hätte; / wenn ich alle Glaubenskraft besäße / und Berge damit versetzen könnte, / hätte aber die Liebe nicht, / wäre ich nichts. / Und wenn ich meine ganze Habe verschenkte, / und wenn ich meinen Leib dem Feuer übergäbe, / hätte aber die Liebe nicht, / nützte es mir nichts. / Die Liebe ist langmütig, / die Liebe ist gütig. / Sie ereifert sich nicht, / sie prahlt nicht, / sie bläht sich nicht auf. / Sie handelt nicht ungehörig, / sucht nicht ihren Vorteil, / läßt sich nicht zum Zorn reizen, / trägt das Böse nicht nach… / Für jetzt bleiben Glaube, Hoffnung, Liebe, diese drei; / doch am größten unter ihnen ist die Liebe.

(1 Kor 13, 1–5; 13)

11

Liebe Brüder, wir wollen einander lieben; denn die Liebe ist aus Gott, und jeder, der liebt, stammt von Gott und erkennt Gott. Wer nicht liebt, hat Gott nicht erkannt; denn Gott ist die Liebe.

Die Liebe Gottes wurde unter uns dadurch offenbart, daß Gott seinen einzigen Sohn in die Welt gesandt hat, damit wir durch ihn leben.

Nicht darin besteht die Liebe, daß wir Gott geliebt haben, sondern daß er uns geliebt und seinen Sohn als Sühne für unsere Sünden gesandt hat.

Liebe Brüder, wenn Gott uns so geliebt hat, müssen auch wir einander lieben. Niemand hat Gott je geschaut; wenn wir einander lieben, bleibt Gott in uns, und seine Liebe ist in uns vollendet.

Daran erkennen wir, daß wir in ihm bleiben und er in uns bleibt: Er hat uns von seinem Geist gegeben.

Wir haben gesehen und bezeugen, daß der Vater den Sohn gesandt hat als den Retter der Welt.

Wer bekennt, daß Jesus der Sohn Gottes ist, in dem bleibt Gott, und er bleibt in Gott. Wir haben die Liebe, die Gott zu uns hat, erkannt und gläubig angenommen. Gott ist die Liebe, und wer in der Liebe bleibt, bleibt in Gott, und Gott bleibt in ihm.

Aus dem ersten Johannesbrief (4, 7–16)

MÜNCHEN UND FREISING
DIE ERZDIÖZESE

(Diözesanpatron: St. Korbinian, 20. November)

Drei Diözesen treffen sich im südwestlichen Teil der Hallertau: Augsburg, Regensburg und die Erzdiözese München und Freising. Die Pfarreien im Gemeindebereich Schweitenkirchen gehören, mit Ausnahme von Geisenhausen, zur Erzdiözese München und Freising.

Begonnen hat es im Jahr 739, als durch Bonifatius das Bistum Freising in päpstlicher Vollmacht kanonisch errichtet wurde. Natürlich gab es hier vorher schon Christen und Christengemeinden. Römische Soldaten und Kaufleute brachten bis hin zum Limes bei Kelheim zunächst ihre eigenen heidnischen Götter ins Land, wie der älteste steinerne Zeuge in unserer Gegend, der Weihestein von Frickendorf (2. Jahrh.) bekundet. Aber unter ihnen waren zunehmend Christen, die das Evangelium weitergaben.

Zu Beginn des 8. Jahrhunderts lebte und wirkte Korbinian als „Wanderbischof ohne festen Diözesanbezirk" bei der Pfalz Herzog Grimoalds. Einer seiner Nachfolger, Bischof Arbeo, hat das Leben des Heiligen beschrieben. Um 670 wurde Korbinian in Arpajon, südlich von Paris, geboren. Eine Zeit seines Lebens verbrachte er in derselben Gegend bei einem halbverfallenen Germanuskirchlein als Einsiedler. Sein Ruf als guter Ratgeber und Wundertäter zog viele Besucher an. Da brach Korbinian auf und zog nach Rom, um in der Nähe der Apostelgräber mit einigen Gefährten ein stilleres Kloster zu errichten. Papst Gregor II. jedoch beauftragte ihn, das Evangelium zu verkünden. Als Missionar kam er nach Bayern. Gegenüber dem heutigen Domberg zu Freising, wo bereits eine Marienkirche stand, lebte er mit einer Gemeinschaft von Mönchen auf dem Stephansberg (= Weihenstephan). Mit Korbinian beginnt die Reihe der Freisinger Bischöfe. Der temperamentvolle, energische Bischof scheute die Auseinandersetzung mit verstecktem Heidentum, Aberglauben, Zauberspruch, Unwissenheit und Laster auch dann nicht, wenn solches am Hof Herzog Grimoalds und seiner Frau Piltrudis, auf der Burg Frisinga (heutiger Domberg) zu finden war.

Von Korbinians starker Persönlichkeit erzählt die Legende:

„Auf seiner Fahrt nach Rom gelangte Korbinian in das Land der Bayern.
Da der Herzog von seinen gewaltigen Predigten vernommen hatte, ver-

Heiliger Korbinian, Fresko von M. P. Weingartner, 1957, Pfarrkirche, Schweitenkirchen

suchte er, ihn zu überreden zu bleiben. Doch Korbinian ließ sich nicht zurückhalten, versprach dem Herzog aber, daß er in Freising seinen Sohn Grimoald besuchen werde. Auch hier wurde er herzlich empfangen, und nur ungern ließ ihn Grimoald wieder ziehen. Er gab dem Heiligen ein sicheres Geleit mit bis an die Landesgrenzen. Zur Nachtzeit gelangten die Reisenden auf den Brenner in Tirol. Korbinian hatte ein Maultier bei sich, das seine Habseligkeiten trug. Während sie ein wenig ausruhten, kam ein Bär und riß das Maultier des Heiligen. Furchtlos ging dieser auf den Bären zu und befahl ihm, im Namen Gottes zu bleiben und das Gepäck zu tragen. Und wirklich legte der Bär seine Wildheit ab, ließ sich bepacken und begleitete Korbinian gehorsam."

Nachstellungen zwangen Korbinian zur Flucht nach Kuens bei Meran. Wieder nach Freising zurückgekehrt, starb er um 725 in der herzoglichen Burg auf dem Domberg. Seinem Wunsch gemäß, wurde er an der Seite des hl. Valentin in Mais bei Meran bestattet. Bischof Arbeo holte jedoch 40 Jahre später den Leib des Heiligen nach Freising zurück, wo seine Reliquien nun seit 1200 Jahren in der Krypta des Domes ruhen. Asams Fresken im Dom zeigen Leben und Legende des Heiligen. Die Feier der Übertragung seiner Gebeine nach Freising wird am 20. November begangen (Korbiniansfest).

In der Folgezeit entstanden immer mehr Kirchengemeinden. Das Bistum erlebte eine kulturelle Blüte; der Freisinger Domberg wurde zum Mittelpunkt altbayerischer Gelehrsamkeit. „Taufkirchen" wurden erbaut. Zu ihnen gehört auch das Gotteshaus in Schweitenkirchen; der Kirchenpatron Johannes der Täufer weist auf dessen frühen Ursprung hin. Wie aber wird aus der großen Zahl der Getauften eine Kirche von gläubigen Menschen? Dieses Seelsorgproblem erkannt und angepackt hat Bischof Lantbert († 957) in einer dunklen Zeit des sittlichen und kulturellen Verfalls und der Bedrückung durch die wiederholten Ungarneinfälle. Der große Geschichtsschreiber des hohen Mittelalters, Bischof Otto von Freising († 1158), gab dem kirchlichen und kulturellen Leben einen starken Impuls durch hohe Gelehrsamkeit und seelsorglichen Eifer, durch Reform der Klöster und durch die Ausbildung der Kleriker an der Domschule zu Freising.

Im Zeitalter der Glaubensspaltung (16. Jh.) blieb das Bistum Freising katholisch. Die Barockbischöfe Veit Adam (1618–1651) und Johann Franz Ecker (1696–1727) halfen den Reformgedanken des Konzils von Trient zum Durchbruch. Ein Priesterseminar wurde errichtet, caritative Werke und intensive Seelsorge wurden gefördert. Der Dom zu Freising erhielt durch die Gebrüder Asam ein neues Gewand.

Bistumskarte (Detail), 14. Jahrhundert, Zeichnung von Georg Winkler, 1851

1803 brach durch die Säkularisation in Bayern die alte Reichskirche zusammen. Damit war auch das Ende des alten Bistums Freising gekommen, dessen Nachfolge allerdings erst 1821 das neue Erzbistum von München und Freising antrat, vergrößert um Gebiete des Bistums Salzburg, des ehemaligen Bistums Chiemsee und der Fürstpropstei Berchtesgaden.

Seither haben zwölf Erzbischöfe die Kirche von München und Freising geleitet:

Kardinal Faulhaber (1917–1952) führte sie durch die schwere Zeit des „Dritten Reiches."

Kardinal Wendel (1952–1960) hat den Eucharistischen Weltkongreß in München ausgerichtet und die eucharistische Frömmigkeit gefördert.

Kardinal Döpfner (1961–1976) war einer der vier Moderatoren des II. Vatikanischen Konzils (1962–1965), Präsident der Gemeinsamen Synode der Bistümer in der Bundesrepublik Deutschland (1971–1975) und Vorsitzender der Deutschen Bischofskonferenz. Ihm ist es zu verdanken, daß in einer spannungsgeladenen Zeit kirchlicher Reformen innerhalb der Kirche Vielfalt und Einheit erlebt und bewahrt werden konnten.

Kardinal Ratzinger (1976–1982), Konzilstheologe, Kurienkardinal am Vatikan in Rom, ist Präfekt der römischen Glaubenskongregation.

Erzbischof Friedrich Wetter (seit 1982) ist Vorsitzender der Glaubenskommission der Deutschen Bischofskonferenz und war Gastgeber beim 88. Deutschen Katholikentag in München vom 4.–8. Juli 1984.

Die Erzdiözese München und Freising reicht von Schweitenkirchen bis Berchtesgaden und von Mühldorf bis Garmisch, hat eine Fläche von 11 998 km^2 und zählt 2 144 466 Katholiken bei einer Gesamtbevölkerung von 2 900 000 Einwohnern. Eingeteilt ist die Erzdiözese in die drei Regionen München, Nord und Süd. In jeder Region wirkt zur Unterstützung des Erzbischofs ein Regionalbischof:

in der Region München   Weihbischof Ernst Tewes (bis 31. Juli 1984),
in der Region Nord   Weihbischof Heinrich Graf von Soden-
                         Fraunhofen,
in der Region Süd   Weihbischof Franz Schwarzenböck.

Die Erzdiözese umfaßt 46 Dekanate mit 752 Pfarreien und Kuratien.

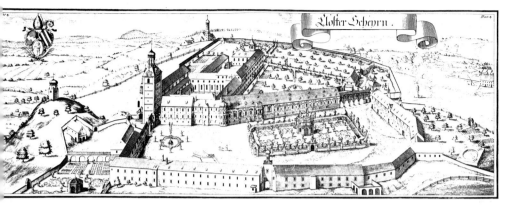

Kloster Scheyern, Kupferstich von Michael Wening, 1701

VOM DEKANAT ATTENKIRCHEN ZUM DEKANAT SCHEYERN

Dekanat heißt der kirchliche Amtsbezirk, der mehrere Pfarreien umfaßt, der früher Land- oder Ruralkapitel genannt wurde, und dem der Dekan vorsteht.

Als Schweitenkirchen 1315 als Pfarrei erstmals urkundlich auftritt, umfaßt es bereits die drei Filialen Sünzhausen, Dürnzhausen und Preinerszell und erscheint damals als eine von elf Pfarreien im *Dekanat Attenkirchen*.

Seinerzeit gehören Ampertshausen, Aufham und Güntersdorf zur Pfarrei Kirchdorf a. d. Amper, während Gundelshausen, Hirschhausen und Holzhausen Filialen der Pfarrei Wolfersdorf sind und ebenfalls zum Dekanat Attenkirchen rechnen.

1524 weisen die Sunderndorferschen Matrikel alle genannten Orte als zum *Dekanat Zolling* gehörend aus.

1738 sprechen die Schmidtschen Matrikel für all diese Orte vom *Dekanat Inkofen*.

17

Später wurde dieses Kapitel *Dekanat Abens* genannt. Der Umfang an Pfarreien hatte sich seit 1315 nur unwesentlich, für den Bereich der Pfarrei Schweitenkirchen gar nicht, verändert. Als am 5. Dezember 1924 im Erzbistum München und Freising eine Neueinteilung der Dekanate vollzogen wurde, blieb Schweitenkirchen weiterhin beim Dekanat Abens.

Am 1. Januar 1973 löste eine Neugliederung der Dekanate und Regionen des Erzbistums das alte Dekanat Abens auf. Die Pfarrei Schweitenkirchen wurde dem *Dekanat Scheyern* zugeordnet.

Das Dekanat Scheyern umfaßt die elf Pfarreien Förnbach, Gerolsbach, Güntersdorf, Hirschenhausen, Ilmmünster, Jetzendorf, Paunzhausen, Reichertshausen, Scheyern, Schweitenkirchen und Steinkirchen und die vier Kuratien Dürnzhausen, Hettenshausen, Niederthann und Sünzhausen.

Dekan des Dekanates Scheyern war von 1973 bis 1982 P. Franz Gressierer OSB (Scheyern) und ist seit 1983 Pfarrer Engelbert Wagner (Schweitenkirchen).[1]

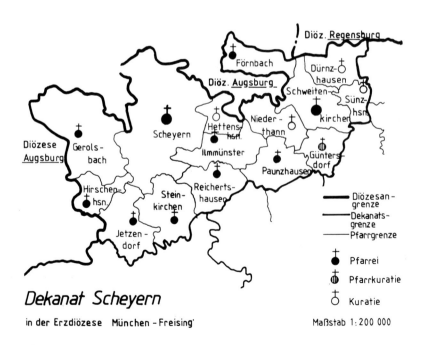

Dekanat Scheyern

in der Erzdiözese München - Freising'

Maßstab 1 : 200 000

18

Heiliger Benedikt
Skulptur, um 1620
Kirche, Frickendorf

**Sankt Benedikt
von Nursia**
(11. Juli)

Nach der Biographie Gregors des Großen, wurde Benedikt um 480 in
Norcia (Nursia, Umbrien) geboren. Seine wohlhabenden Eltern schick-
ten ihn bereits in jungen Jahren zum Studium nach Rom. Benedikt, von
der Sittenlosigkeit in Rom angewidert, zog sich als Einsiedler in eine
Höhle bei Subiaco zurück. Ungefähr drei Jahre lebte er dort, häufig von
teuflischen Versuchungen geplagt. Hirten entdeckten seine Behausung
und viele kamen, die seine Lehre hören wollten. Die Mönche des nahen
Klosters Vicovaro wählten ihn zunächst zu ihrem Vorsteher; aber sein
Eifer und seine Strenge mißfielen ihnen. Benedikt kehrte nach Subiaco
zurück.

19

Wieder bat ihn eine Gemeinschaft, er möge doch ihr geistlicher Vater werden. Nach einigen Klostergründungen in der näheren Umgebung zog Benedikt 529 auf den Monte Cassino, wo er auf den Überresten eines heidnischen Tempels das Kloster Montecassino baute.

Er gab der Gemeinschaft auf dem Monte Cassino eine Regel, nach der sie alle gemeinsam leben sollten. Die „Regula Benedicti" verbindet aktives mit kontemplativem Leben. Die Regel des hl. Benedikt ist es wert, bedacht zu werden.

„Ora et labora" – Bete und arbeite, sind die zwei Balken der Waage.

Ora – bete!
„Brüder, habt Eifer für den Gottesdienst!
Nichts werde dem Gottesdienst vorgezogen!
Jeder Augenblick ist kostbar.
Bemühen wir uns deshalb, daß unser Herz
beim Psalmensingen in Einklang ist mit unserem
Sein und Denken, daß wir ganz bei der Sache sind."

Labora – arbeite!
„Arbeite und sei nicht traurig!
Wer gar nichts zu tun hat, ist in Gefahr,
den Verstand zu verlieren.
Müßiggang ist ein Feind der Seele.
Außerdem nehmen wir durch die Arbeit am
Schöpfungswerk teil. Mit Gottes Hilfe
wollen wir also zu denen gehören, die
eine bessere Welt aufbauen.
Jedes Menschenwerk soll aber so getan werden,
daß in allem Gott verherrlicht werde."

Eine wahrhaft gesunde Einstellung zum Leben!

Benedikt starb am 21. März 547 in seinem Kloster Montecassino. Dargestellt wird der Heilige als Abt mit Stab und Buch sowie einem zersprungenen Glas oder Kelch, aus dem eine Schlange entweicht. Das Glas mit dem vergifteten Inhalt zersprang, als Benedikt das Zeichen des Kreuzes darüber machte. Weitere Attribute wie der Rabe, der ein Brot im Schnabel hält – er trug das dem Heiligen zugedachte vergiftete Brot weg –, ergänzen die Darstellung.
Von Pius XII. wurde Benedikt zum „Pater Europae" und von Paul VI. 1964 zum Schutzpatron des Abendlandes ernannt.

DIE KIRCHE JESU CHRISTI VERSAMMELT SICH

Kirchenbau und Kirche

Lange, bevor man Kirchen baute, gab es die Kirche. Diese Feststellung macht deutlich, daß das christliche Kirchengebäude nicht zum innersten Wesen des Christentums gehört. Denn Kirche als Volk Gottes, als Gemeinschaft der von Gott Berufenen und in Christus Erlösten, konnte cirka zwei Jahrhunderte lang leben und wirken, ohne über eigentliche Kultstätten zu verfügen. Auch die Kirchengeschichte späterer Epochen kennt Zeiten und Länder, in denen manche Ortskirchen ihrer gottesdienstlichen Gebäude beraubt waren, ohne damit zu erlöschen. Ein solcher Verlust erschwert zwar die christliche Versammlung und damit die „Koinonia" (Gemeinschaft) mit Gott und untereinander, berührt jedoch nicht ihr innerstes Wesen.

Worauf die Kirche als Gottesvolk nicht verzichten kann, das ist die Versammlung als solche, um das Wort Gottes zu hören, gemeinsam zu beten und die Gedächtnisfeiern des Pascha-Mysteriums in Eucharistie und den übrigen Sakramenten zu begehen.

Andererseits ist es leicht einsichtig, daß die gottesdienstlichen Versammlungen wesentlich erleichtert und gefördert werden, wenn man nicht in engen Privaträumen zusammenkommen muß, sondern wenn es eigene Stätten christlicher Versammlung gibt, die von Raumgestalt und Ausstattung her die liturgischen Zusammenkünfte in vielfältiger Form mittragen und bereichern.

Kirchenbauten sind nicht die Fortsetzung des heidnisch-antiken oder des jüdischen Tempels. Im Neuen Testament wird Jesus Christus selbst als Tempel des Neuen Bundes bezeichnet: „In ihm wohnt die ganze Fülle Gottes" (Kol 2, 9). Auch das Volk Gottes wird Tempel genannt. Die Kirchengebäude späterer Zeiten und die Häuser der Gemeindeversammlung in den Anfangszeiten des Christentums (bis 300 n. Chr.) sind nicht „Heiligtümer", Tempel, sondern haben lediglich, aber immerhin, dienenden Charakter. Heilige Stätte ist dort, wo sich eine gläubige Gemeinde als „Tempel Gottes" zu Gebet und zur Feier der Eucharistie versammelt, getragen von der Verheißung des Herrn: „Wo zwei oder drei in meinem Namen versammelt sind, da bin ich mitten unter ihnen" (Mt 18, 20).

Die Zahl von Hauskirchen beziehungsweise Gemeindehäusern muß im

℣ Der Herr sei mit euch. ℟ Und mit deinem Gei-ste.

℣ Er-he--bet die Herzen. ℟ Wir ha-ben sie beim

Herrn. ℣ Las-set uns dan-ken dem Herrn, unserm

Gott. ℟ Das ist wür-dig und recht.

Wir danken dir, Va-ter im Him-mel, und rühmen

dich durch unseren Herrn Je-sus Chri-stus.

Durch ihn erstehen die Kinder des Lich-tes zum e-wi-gen

Le-ben, und durch ihn wird den Gläu-bi-gen das Tor des

himmlischen Reich-es ge-öff-net. Denn unser Tod

ist durch seinen Tod ü-berwunden, in seiner

Auferstehung das Leben für al-le er-stan-den.

3. Jahrhundert bei den etwa 50000 Mitgliedern der römischen Gemeinde beträchtlich gewesen sein.

Ursprünglich nannte man gottesdienstähnliche Versammlungsstätten schlicht „domus ecclesiae = Haus der Kirche", d. h. der versammelten Gemeinde. Das griechisch-lateinische Wort ecclesia bedeutet die Versammlung der rechtmäßig Berufenen und bekommt im Neuen Testament die Bedeutung von Gemeinde der Gläubigen sowohl als Ortsgemeinde wie als Gemeinschaft aller Gläubigen. Die Begriffsausweitung auf das Haus der Gemeinde hat ein Vorbild beim Begriff der Synagoge, der zunächst die Lokalgemeinde im Auge hat, dann aber auch das Haus oder den Raum der Zusammenkunft meint. Ecclesia im Sinne von Haus oder Gemeinde kommt seit dem Ende des 2. Jahrhunderts vor. Diese Doppelbedeutung bürgert sich später auch in den romanischen Sprachen ein (ital.: chiesa; franz.: église; span.: iglesia). Beim deutschen Wort „Kirche" geht die Entwicklung in umgekehrter Richtung. Es geht zurück auf das griechische oikia kyriake (auch oikos kyriakos): das dem Herrn gehörende Haus, das Gotteshaus. Daraus entstand die Kurzform Kyriakon, was dem lateinischen dominicum entspricht. Das deutsche Wort „Kirche" meint also, von der Entstehung her, zuerst das Gotteshaus. Später wurde auch die darin versammelte Gemeinde als Kirche bezeichnet.

Mit dem Toleranzedikt von Mailand 313 und der Regierungszeit des Kaisers Konstantin († 337) beginnt für die Christenheit ein bedeutsamer Wandel. Die neugeschenkte Freiheit, die tatkräftige Unterstützung durch das Kaiserhaus, aber auch die Notwendigkeit, für die stark wachsenden Gemeinden größere gottesdienstliche Räume zu schaffen, führt zum Bau zahlreicher, zum Teil monumentaler Kirchengebäude, die den ursprünglich profanen Namen Basilika bekommen. Damit beginnt eine Entwicklung, die man als Geschichte der Kirchenbaustile bezeichnen kann.[2] Kirchenraum und Kirchengemeinde werden zu Zeichen, die auf die Gegenwart des Herrn hier und heute hinweisen und zugleich den Blick auf die zukünftige Vollendung lenken:

„Seht, die Wohnung Gottes unter den Menschen! Er wird in ihrer Mitte wohnen, und sie werden sein Volk sein; und er, Gott, wird bei ihnen sein. Er wird alle Tränen von ihren Augen abwischen: Der Tod wird nicht mehr sein, keine Trauer, keine Klage, keine Mühsal; denn was früher war, ist vergangen" (Offb 21, 3 f).

Der Altar

Ursprünglich war der Altar ein einfacher Tisch zum Abstellen von Brot und Wein für die Feier der Eucharistie – Paulus spricht in 1 Kor 10, 21 vom „Tisch des Herrn". Später wurde er dazu zum „Opfertisch", weil man die Eucharistie mit dem Gedächtnis des Todes Jesu auch als Opfer verstand.

Mit dem Bau größerer Basiliken (seit dem 4. Jh.) wich der Holzaltar allmählich dem Altar aus Stein. Jesus Christus ist der „Eckstein" (1 Petr 2, 7), der „Schlußstein" (Eph 2, 20), der „lebendige Stein" (1 Petr 2, 4). Der Altar wurde zum Symbol für Jesus Christus, zur eigentlichen, geistlichen Mitte des Kirchenraumes. „Christus ist der Altar. Der Altar ist Christus."

Seit dem 8. Jahrhundert wandelte sich die Gestalt des Altares vom Tisch zum Block, zumal der Brauch aufkam, Reliquien beim Altar beizusetzen: In den Boden, auf dem Altar, in die Altarplatte (im Hochmittelalter). Der Altar wurde immer näher an die Chorwand der Kirche geschoben. Bilder wurden über ihm angebracht. In der Gotik wurden Flügelaltäre errichtet, bis schließlich in der Zeit der Renaissance (um 1600), des Barock und Rokoko (17.–18. Jh.), meist im Zuge einer Renovierung und Umgestaltung der Kirche, übermächtige, beeindruckende Altaraufbauten angefertigt wurden. Der Gestaltung des Tabernakels als Thron für den im Altarsakrament gegenwärtigen Herrn wurde besondere Aufmerksamkeit geschenkt. Der Besucher und Beter erlebt in solch prunkvoll ausgestatteten Kirchen heute schon gleichsam ein Stück Himmel auf Erden, das himmlische Jerusalem. Die meisten unserer Kirchen erscheinen im festlichen Gewand des Barock.

Die liturgische Bewegung und die Liturgiereform des II. Vatikanischen Konzils (1962–1965) haben die besondere Rolle des Altartisches im Hinblick auf die tätige Mitfeier des zum Gottesdienst versammelten Volkes hervorgehoben: „Der Hochaltar soll von der Rückwand getrennt errichtet werden, so daß man leicht um ihn herumgehen und an ihm zum Volk hin zelebrieren kann. Er soll so in den heiligen Raum hineingestellt sein, daß er wirklich die Mitte ist, der sich von selbst die Aufmerksamkeit der ganzen versammelten Gemeinde zuwendet... Auch sei das Presbyterium um den Altar herum so weiträumig, daß die heiligen Handlungen bequem vollzogen werden können." Der „Volksaltar" wurde wiederentdeckt.

„Jesus, der Herr, nahm in der Nacht, in der er ausgeliefert wurde, Brot, sprach das Dankgebet, brach das Brot und sagte: Das ist mein Leib für euch. Tut dies zu meinem Gedächtnis! Ebenso nahm er nach dem Mahl den Kelch und sprach: Dieser Kelch ist der Neue Bund in meinem Blut. Tut dies, so oft ihr daraus trinkt, zu meinem Gedächtnis!" (1 Kor 11, 23–25).

Taufbecken, Osterkerze, Volksaltar zu Schweitenkirchen ▶

Bilder und Figuren im Kirchenraum

Die jungen Christengemeinden hielten sich wohl noch streng an das im Dekalog (Ex 20, 4), dem alttestamentlichen Zehnergebot, ausgesprochene Bilderverbot. Von Jahwe, Gott, gibt es kein Bild. Die Überzeugung der Christen, Jesus sei das Ebenbild des unsichtbaren Gottes (Kol 1, 15) und wer Jesus gesehen hat, hat den Vater gesehen (vgl. Joh 14, 9), verhalf dann doch der bildlichen Darstellung von Motiven des Neuen und auch des Alten Testamentes zum Durchbruch. Zunächst auf Grabplatten und in den Katakomben, dann ab 4. Jahrhundert in den Kirchenräumen, wurde Christus dargestellt als Guter Hirt, Lehrer, Lamm Gottes, Pantokrator und das Heilsgeschehen in Taufe Jesu, Geburt, Leiden und Auferstehung veranschaulicht.

Das Bild ist nicht der Dargestellte, aber es vergegenwärtigt ihn geistigerweise; von daher rührt die Ehrerbietung gegenüber Bildern Christi und der Heiligen heute noch.

Glaube und Hoffnung der Kirche gründen in der Auferstehung Jesu Christi. Darum haben die Zeugen des Auferstandenen große Bedeutung. Angefangen bei den Aposteln, bis herauf zu den Heiligen unserer Zeit, haben Männer und Frauen ihr Leben in der Kraft des Glaubens, im Licht der Hoffnung und in der Tat der Liebe bestanden. Sie sind die Kronzeugen dafür, daß das irdische Leben einen Sinn und eine Zukunft hat, weil es nicht zerbrechliches Werk von Menschen ist, sondern weil es von der Gnade Gottes, von seiner Liebe, seinem Wohlwollen, seinem Interesse an unserem Glück, getragen wird: Kurzum, weil es Geschenk Gottes an seine geliebten Menschen ist – unwiderruflich. Davon künden die Bilder und Figuren in unseren Kirchen: vom „Gnadenstuhl" im Hochaltar der Pfarrkirche zu Schweitenkirchen, bis hin zur Marien-Ikone; vom hohen Kirchenpatron Johannes, bis hin zum bescheidenen Bruder Konrad.

So wollen Bilder, Figuren und bildhafte Darstellungen dem Betrachter sagen: Entdecke auch in dir die Nähe und Liebe deines Gottes!

„Die Freude an Gott – Halleluja,
ist unsere Kraft – Halleluja!"
(Neh 8, 10)

◀ Auferstandener Christus, 17. Jahrhundert, Pfarrkirche Schweitenkirchen

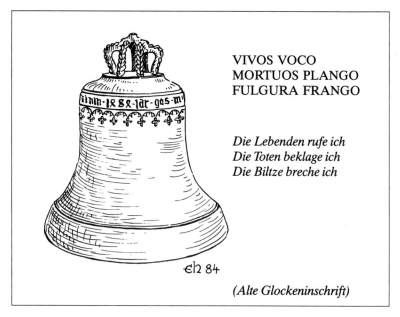

VIVOS VOCO
MORTUOS PLANGO
FULGURA FRANGO

Die Lebenden rufe ich
Die Toten beklage ich
Die Biltze breche ich

(Alte Glockeninschrift)

Meister Ulrich von Rosen, 1454, Hirschhausen

Kirchturm und Glocken

Zu einer Kirche gehört ein Kirchturm, und zu einem Turm gehören die
Glocken. So sehen wir es heute. Beides gab es anfänglich nicht. Im
Abendland ist der Kirchturm seit der Zeit Karls des Großen (um 800)
bekannt. Dahinter steht der Gedanke von der Kirche als Gottesburg.
Die Bettel- und Reformorden (13. Jh.) lehnten den Bau von Kirchtürmen als überflüssigen und kostspieligen Aufwand ab. Sie begnügten
sich mit einem „Dachreiter", in dem eine kleine Glocke zu den Gottes-
diensten rief. Zur gleichen Zeit haben jedoch andere Kirchen bereits
ein ganzes Geläute mit Angelus-, Tauf- und Totenglocke.

Nur noch wenige alte Glocken hängen in unseren Kirchtürmen, da im
II. Weltkrieg allein in Deutschland 47 000 Glocken für Rüstungszwecke
beschlagnahmt wurden.

Die Heimat der Glocken ist wohl China, wo es schon im 12. vorchristli-
chen Jahrhundert kleinere Glocken gab.

Ehemalige Kirche
zu Schweitenkirchen
Zeichnung, 1905, von
Johann Schott

Ehemalige Kirche
zu Schweitenkirchen
Zeichnung, 1905, von
Johann Schott

Der Name „Glocke" leitet sich über das mittellateinische clocca wahrscheinlich vom altslawischen Klakol = dröhnen ab, wie auch das lateinische campana = Glocke (vgl. Campanile) auf das altslawische Kampan = krümmen zurückgeführt wird.[3]

Glocken sagen die Zeit an im Rhythmus des Tages, zu den Festzeiten des Jahres, an den Wendepunkten des Lebens. Sie künden im Lärm des irdischen Lebens vom Frieden eines ewigen Lebens. Sie schlagen die Stunde des Heils an: Begegnung zwischen Mensch und Gott im Gebet.

Die Spitze des Kirchturms bildet das Kreuz als Siegeszeichen Christi oder der Hahn als Symbol des Rufers zu Buße und Wachsamkeit.

Kirchturm und Glocken sind die freundliche Einladung des Herrn an die Gemeinde und die Menschen unterwegs:

„Kommt her, folgt mir nach!" (Mt 4, 19)

29

Von der Geschichte der Meßfeier

„Hausmesse" im 2. und 3. Jahrhundert

Die ersten Christen hielten die Eucharistie während der Mahlzeit, wie Christus es selbst am Gründonnerstag getan hatte. Dann nahm aber bald ihre Zahl zu; in immer mehr Städten gab es Gemeinden; größere Zimmer und kleine Säle wurden notwendig, um die Messe zu feiern. In Rom versammelten sich die Gläubigen im Haus eines wohlhabenden Christen; das Speisezimmer wurde ausgeräumt bis auf einen Tisch.

Am Tisch steht der Bischof oder Priester in seiner römischen Sonntagskleidung; vor ihm sitzt oder steht die Gemeinde. Auf den gedeckten Tisch werden die Gaben gebracht: Brot und Wein, wie sie jeder Römer von seiner täglichen Speisetafel kennt. Dann beginnt der Bischof ohne Umschweife mit dem Dankgebet. Er liest nicht etwa aus einem Buch ab; er sagt es auswendig, er formuliert frei, in griechischer Sprache. Das ist eine echte Verkündigung, ähnlich unserer Predigt. Am Ende des Gebets sagen alle: Amen! Dann empfängt jeder ein Stück Brot und einen Schluck von dem Wein, die jetzt nicht mehr Brot und Wein, sondern Leib und Blut Christi sind. Die Gläubigen bleiben dabei stehen.

Mitten in seinem Gebet hat der Bischof die Einsetzungsworte eingeflochten: die Sätze, die Jesus beim Abendmahl über Brot und Wein gesprochen hatte. Hippolyt von Rom hat uns das Gebet dieser einfachen Meßfeier überliefert (ungefähr aus dem Jahr 215): Der Bischof betet zu Beginn, im Wechsel mit den Gläubigen: *„Der Herr sei mit euch! – Und auch mit deinem Geist! Erhebt die Herzen! – Wir haben sie beim Herrn. Laßt uns dem Herrn danksagen! – Das ist würdig und recht!"*

„Wir sagen dir Dank, o Gott, durch deinen geliebten Knecht Jesus Christus, den du uns in den letzten Zeiten gesandt hast als Retter und Erlöser und Boten deines Ratschlusses. Er ist dein von dir untrennbares Wort; durch ihn hast du alles gemacht, und es gefiel dir wohl. Du sandtest ihn vom Himmel in den Schoß der Jungfrau, und, im Schoß getragen, ist er Fleisch geworden, und er ward als dein Sohn geoffenbart, geboren aus dem Heiligen Geiste und der Jungfrau. Indem er deinen Willen erfüllte und dir ein heiliges Volk erwarb, breitete er die Hände aus im Leiden, um diejenigen vom Leiden zu erlösen, die an ihn glauben. Und da er zum freiwilligen Leiden überliefert wurde, um den Tod zu entkräften und die Fesseln des Teufels zu sprengen und die Unterwelt niederzutreten und die Gerechten zu erleuchten und einen Markstein zu setzen und die Auferstehung kundzutun, nahm er das Brot,

Kreuzigung, Detail aus dem Kelch von Meister Marx D. Weinold, um 1689, Schweitenkirchen ▶

und, indem er dir Dank sagte, sprach er: Nehmet und esset, dies ist mein Leib, der für euch gebrochen wird! Ebenso den Kelch, indem er sagte: Das ist mein Blut, das für euch vergossen wird. Wenn ihr es tut, tut ihr es zu meinem Gedächtnis.

Eingedenk seines Todes und seiner Auferstehung, bringen wir dir das Brot und den Kelch dar, indem wir dir Dank sagen, daß du uns für würdig erachtet hast, vor dir zu stehen und dir zu dienen. Und wir bitten, daß du den Heiligen Geist auf die Darbringung der heiligen Kirche sendest. Indem du sie zur Einheit versammelst, mögest du allen Heiligen, die empfangen, die Fülle des Heiligen Geistes schenken zur Stärkung des Glaubens in der Wahrheit, damit wir dich loben und preisen durch deinen Knecht Jesus Christus, durch den dir Ruhm und Ehre ist, dem Vater und dem Sohn und dem Heiligen Geist, in deiner heiligen Kirche jetzt und in alle Ewigkeit."

Die Gläubigen antworten: Amen. Dann empfangen alle die heilige Kommunion in beiden Gestalten.

Bald wurde die Meßfeier nach vorne verlängert: es wurden Stücke aus dem Neuen und Alten Testament vorgelesen und vom Bischof erklärt. Lieder (Psalmen) und Gebete wurden von allen gesungen und gebetet. So entstand der Wortgottesdienst.

Der schlaue Kaiser Konstantin

Im 3. Jahrhundert glaubten gerade die tüchtigsten römischen Kaiser, die Christen seien schuld am Zerfall des Reiches, ihre Religion sei der Keil, der die Einheit des Reiches spalte. Im Jahr 249 bestimmte Kaiser Decius: jeder Bürger muß vor der kaiserlichen Kommission erscheinen und den Göttern opfern! Wer sich weigerte, wurde mit Geldstrafen, Kerker, Folterung, Verbannung oder mit der Hinrichtung bedroht. Die wildeste Verfolgung brach an; sie sollte der alten römischen Götterreligion wieder zum Leben verhelfen. Aber die vielen Christengemeinden konnten gar nicht mehr ausgerottet werden; es gab schon zu viele. Man schätzt, daß um 300 jeder Siebte im Römerreich Christ war, insgesamt etwa 7 Millionen. Im Osten hatte die Kirche schon etwa 800 Bischöfe, im Westen 600. Die Kaiser Valerian und Diokletian setzten die Verfolgung fort; aber aus jeder gingen die Christen gestärkt hervor, auch wenn zahlreiche Christen abtrünnig wurden. In der Hauptstadt Rom soll es nach der Verfolgung des Decius fast dreißigtausend Christen gegeben haben.

Schon damals reichten die Privathäuser für die gottesdienstliche Versammlung nicht mehr aus; die Christen hatten längst damit begonnen, eine ganze Reihe davon zu gottesdienstlichen Gebäuden umzubauen.

32

Der schlaue Kaiser Konstantin hatte als erster der Mächtigen erkannt: die Christen sind nicht Gefahr für das Römische Reich, sondern sie sind die Klammer, die es zusammenhält! Deshalb gab er den christlichen Gemeinden Freiheit und sicherte ihnen freie Entfaltung zu. Ob er auch selbst Christ wurde, läßt sich nicht mehr eindeutig sagen; jedenfalls empfing er auf dem Sterbebett die Taufe.

Die Christen konnten jetzt die großen Kirchen bauen, die sie für ihren Gottesdienst brauchten. Sie bauten sie im Stil der kaiserlichen Säle; so entstanden die großartigen römischen Basiliken.

Der Altar ist nach wie vor ein schlichter Holztisch. Er steht vorne im Altarraum. Der Priester hält daran die Messe in der einfachen Kleidung der römischen Bürger; er steht den Gläubigen zugewandt. Die Sprache ist nicht mehr das Griechische, sondern das Lateinische, das sich jetzt überall im Westen durchgesetzt hat. Die Meßfeier dauert jetzt länger, denn sie ist feierlicher geworden:

Die Gebete für die Kirche, für die Lebenden (vor der Wandlung) und für die Verstorbenen (nach der Wandlung) werden in das Dankgebet eingefügt. Es gibt drei Prozessionen bei der Meßfeier, die mit Psalmengesängen begleitet werden: zum Einzug des Klerus singt oder betet man den Introitus; zur Gabenbereitung (Brot, Wein und allerlei Spenden der Gläubigen für die Armenpflege werden zum Altar gebracht) ist es das Opferungslied oder Offertorium; bei der Kommunion der Gläubigen das Kommunionlied oder die Communio.

Zur größeren Feierlichkeit tragen auch viele Gegenstände bei, die man früher nur am kaiserlichen Hof oder im heidnischen Tempel verwendete: die Kerzen auf dem Altar, der Weihrauch, außerdem Zeremonien, mit denen die Untertanen früher den Kaiser zu verehren pflegten: Kniebeugen, Verneigungen, Altarküsse. Noch vor wenigen Jahrzehnten hätten sich die meisten Christen lieber kreuzigen lassen, als die Knie zu beugen oder Weihrauch zu gebrauchen; denn mit diesen Zeichen erwies man überall im Land dem Kaiser göttliche Ehren. Aber diese Zeiten waren vorbei. Jetzt konnte man unbefangen den eigentlichen Herrn mit den Zeichen ehren, die es früher nur bei den Heiden gab. Auch die Stola und der Bischofsring, Zeichen der Vollmacht, wurden aus dem heidnischen Leben in den Gottesdienst der Christen übernommen.

Das liturgische Jahr wurde reicher ausgestaltet. In den ersten Jahrhunderten gab es eigentlich nur das Osterfest, die Zeit davor (die Fastenzeit) und danach (die Osterzeit bis zum Pfingstfest). Jetzt gab es in jeder Gemeinde Martyrerfeste, die Heiligenverehrung nahm zu, schließlich kam auch das Weihnachtsfest dazu.

Ein paar Jahrhunderte später

. . . gab es kein Römisches Reich mehr. Die Franken waren das führende Volk geworden; sie übernahmen von der römischen Kirche den lateinischen Gottesdienst. In den großen Kathedralen nördlich der Alpen feierte man die Messe in lateinischer Sprache. Die Gläubigen verstanden diese Sprache nicht, und so betete der Priester seine Gebete leise; sogar das Dankgebet mit dem Einsetzungsbericht. Es kamen aber noch eine ganze Reihe von lateinischen Gebeten hinzu, die ebenfalls leise gesprochen wurden: das Staffelgebet, die Priestergebete bei der Gabenbereitung und vor und nach der Kommunion.

Viele der großen Kirchen des Hochmittelalters richteten vorne in der Nähe des Altares den Chor für die Kleriker und die Mönche ein, denn es gab ja sehr viele Klöster und Stifte. Der Altar wurde dabei zum Hochaltar. Er wurde ganz oben an die Wand gerückt, erhielt einen mächtigen und kunstvollen Aufbau, und der Priester mußte sich jetzt vor den Altar stellen, mit dem Rücken zum Volk, weil man ihn gar nicht mehr gesehen hätte, wenn er hinter dem Altar gestanden hätte.

Immer weniger verstehen die Gläubigen von der Meßfeier; sie wird leise gebetet; die Sprache stammt aus einer anderen, vergangenen Welt; der Altar ist sehr weit weg. Oft wird noch eine Sängerempore zwischen das lange Kirchenschiff und den Hochchor gestellt (man nennt ihn den Lettner); dadurch wird die Verbindung zwischen den Gläubigen und dem Geschehen am Altar fast völlig abgeschnitten. Der Gesang ist so kunstvoll geworden, daß ihn nur noch die geübten Mönche und Kleriker beherrschen. Das Volk ist ganz aufs Zuschauen und Zuhören angewiesen und betet seine Meßandachten oder später auch die Rosenkränze.

Weil das Zuschauen das Mitfeiern ersetzt, kommen jetzt viele Bräuche auf, die für das Auge bestimmt sind: die heiligen Gaben werden bei der Wandlung erhoben; die Gewänder werden bunt und wechseln die Farben mit den verschiedenen liturgischen Zeiten; Kniebeugen, Altarküsse und Inzensationen mit dem Rauchfaß werden vermehrt. Aus dem einfachen Alltagsbrot, das die Gläubigen früher zur Darbringung mitbrachten, wird jetzt das feine, weiße Hostiengebäck, das nur noch schwach an wirkliches Brot erinnert. Die Gläubigen gehen so selten zur heiligen Kommunion (die Kelchkommunion ist längst abgeschafft), daß das vierte Laterankonzil 1215 anordnen muß: Jeder gläubige Christ muß wenigstens einmal im Jahr die heilige Kommunion empfangen. Dabei war es ganz früher selbstverständlich gewesen, in jeder Meßfeier, an der man teilnahm, auch den Leib Christi zu empfangen.

Missale, 1734, Kirche, Frickendorf

In der Zeit, in der man sich mit dem Schauen begnügen mußte, wurde die Verehrung der Eucharistie besonders gepflegt: man empfing den Leib des Herrn nicht, sondern betete ihn an. So kam die Monstranz in den Gottesdienst. Monstranz heißt ja in einfacher Übersetzung: Zeigegerät. Aus der einen Meßfeier, an der alle teilnahmen, wurde jetzt die Vielzahl der Messen, denn es gab sehr viele Priester und Mönche, die jeder für sich die Messe halten wollten. Die Kirchen legten sich viele Nebenaltäre, einen Kranz von Seitenkapellen, zu; gerade dadurch geht allmählich der Sinn für die eine Meßfeier verloren, die alle zusammen im Auftrag Jesu feiern sollen.

Eigentlich ist die Meßfeier so geblieben, wie sie im Hochmittelalter geworden war, bis Papst Pius X. nach der letzten Jahrhundertwende mit Reformen begann. Schon vorher hatte 1884 Pater Anselm Schott aus Beuron das Meßbuch in die deutsche Sprache übersetzt (er war nicht der erste, aber seine Ausgabe fand die weiteste Verbreitung), um die Gläubigen näher an die Meßfeier heranzuführen. Vor allem aber das II. Vatikanische Konzil hat große Neuerungen eingeführt, die eigentlich nur die Rückkehr zu den Ursprüngen sind.

Heute wird die ganze Meßfeier in deutscher Sprache gebetet; der Ritus ist wieder verständlich; die Gläubigen sind nahe am Altar; der Priester wendet sich ihnen wieder zu. Viele Wucherungen der Tradition sind verschwunden: die allzu häufigen Kniebeugen, Altarküsse und Verneigungen. Die Meßfeier ist durchsichtiger und verständlicher geworden.

Der Altar ist die Mitte. Alle Gläubigen feiern das Gedächtnis Jesu (nicht nur der Priester): weil alle Getauften „Kirche" sind, nicht nur die Priester! Die Kanzel ist meistens nicht mehr ein hoher Stuhl, der sich über den Köpfen erhebt, sondern sie steht auf der Höhe des Altares. Das will sagen: Der Priester redet nicht von oben herab, sondern er nimmt alle als Brüder und Schwestern ernst. Das Wort Gottes beansprucht einen wesentlichen Teil des Gottesdienstes; deshalb hat es seinen Platz ganz in der Nähe des Altares. Man merkt auch hier: die Kirche besinnt sich auf das Wesentliche. Schnörkel, die vom Ganzen und von der Mitte ablenken, werden mehr und mehr abgeschnitten.

Die Meßfeier sagt heute auch deutlicher als früher: Ihr seid Gesendete! Nicht nur, weil es am Ende des Gottesdienstes heißt „Gehet hin, in Frieden!", sondern auch, weil unsere Kirche die Sorgen der Welt in den Gottesdienst hereingelassen hat. Die Spenden für die großen Unternehmen Misereor und Adveniat, viele Missionsgaben, Caritas- und Diasporahilfen bringen die Christen von heute in ihrem Gottesdienst auf. Das ist der eigentliche Sinn, den das Geldopfer bei der Gabenbereitung hat.[4] Gottesdienst und Menschendienst gehören zusammen. Der Gottesdienst des Sonntags ist Dienst Gottes an uns. ER bedient uns am Tisch des Wortes und am Tisch des Brotes. Der Gottesdienst des Alltags besteht in unserem Dienst an den Mitmenschen.

„Du sollst den Herrn, deinen Gott, lieben mit ganzem Herzen, mit ganzer Seele und mit all deinen Gedanken. Das ist das wichtigste und erste Gebot. Ebenso wichtig ist das zweite: Du sollst deinen Nächsten lieben wie dich selbst." (Mt 22, 37–39).

I te miſſa eſt, alle lú ja,

al le lú ja.

Fahnenkreuz
Kirche, Hirschhausen

RELIGIÖSES BRAUCHTUM 1960

Im Kirchenjahr

Zu Beginn des Kirchenjahres sind es vor allem die Engelämter, die eifrig besucht werden, den Sinn des Rorate aber dadurch verlieren, daß sie meist für Verstorbene angegeben werden. Bei den Adventsandachten beten die Gläubigen um die gnadenreiche Wiederkunft des Herrn. Krippenfeier und Mitternachtsgottesdienst bilden die Höhepunkte der Weihnachtszeit. Zur Mitternachtsmesse lädt dreimaliges, festliches Geläute ein. Christbäume schmücken die Kirche und das Kriegerdenkmal. Zum Jahresschlußgottesdienst besuchen die Gläubigen ihre Pfarrkirche und feiern ein Dankamt mit Te Deum am Morgen des Sylvestertages. Das Dreikönigswasser schätzt man hoch; die meisten Kirchgänger tragen es heim in ihre Häuser.

Heiliger Wendelin
Skulptur, 17. Jahrhundert
Kirche, Johanneck

In der Fastenzeit hält man hier Kreuzweg- und Ölbergandachten. Schulbuben tragen bei der Palmweihe die Palmbüschel, aber keiner der Buben will den ersten und den letzten machen, um nicht Palmesel oder Palmochse genannt zu werden. Das Heilige Grab ist zwar etwas schlicht, wird aber dennoch eifrig besucht. Allmählich bürgert sich das Heimtragen des geweihten Lichtes nach der Vigilfeier ein. Am Ostertag gehört die Speisenweihe zum beliebtesten religiösen Brauchtum bei uns zulande. Die Körbchen mit den Speisen sind hübsch hergerichtet. Am Ostermontag findet allgemein die Felderweihe statt.

Viermal wöchentlich sind Maiandachten; sie werden gut besucht. Neben den herkömmlichen Bittprozessionen schätzt man den Felderumgang. Am Donnerstag vor Pfingsten wallfahrtet die Pfarrgemeinde Schweitenkirchen nach Abens. Die Fußwallfahrer nach Altötting schließen sich in Freising den Domstädtern an.

Heiliger Leonhard
Skulptur, 17. Jahrhundert
Kirche, Johanneck

Kräuterbüschel werden am Fest Mariä Himmelfahrt geweiht. Für die
einzelnen Ortschaften werden jährlich fünf Schauerämter und fünf Ern-
tedankämter gehalten. Im November betet man Armeseelen-Rosen-
kränze für die armen Seelen im Fegfeuer.

In Haus und Familie

Die Gläubigen lassen ein neues Haus und einen neuen Stall vom Seelsorger weihen. Kreuz und Weihwasserschälchen findet man in vielen
Wohn- und Schlafzimmern. In der Stube oder in der Wohnküche gibt es
oft den Herrgottswinkel. Die Heiligenbilder in den Räumlichkeiten
sind künstlerisch meist wenig ansprechend. So mancher Bauer läßt ein
Feldkreuz aufstellen, bei dessen Weihe sich das ganze Dorf versammelt.
Das gemeinsame Gebet am Morgen, Mittag und Abend hat nicht mehr
wie früher seinen festen Platz im christlichen Familienleben. Das Kreuz-

Votivtafel, 1852
Hirschhausen

zeichenmachen beim Brotanschneiden wird noch als volkstümlicher Brauch geübt. Hie und da besprengt man die Tiere in Stall und Haus zum Schutz vor Krankheiten mit Weihwasser. An Motorrädern, Autos und Traktoren befestigt man eine Sankt-Christophorus-Schutzpatronplakette. Den Adventskranz und den Christbaum hat man in jedem Haus. Die meisten Familien stellen auch einfache Weihnachtskrippen auf. Die Weihnachtsfeier erschöpft sich nicht bloß im Essen und Trinken, sondern immer mehr bürgert es sich ein, daß die Familie zuerst betet, singt und sich um den Christbaum versammelt. Am Lichtmeßtag wird in den Bauernstuben oft vor brennenden Kerzen der Rosenkranz gebetet.

Als Hochzeitsbräuche kennt man bei Bauernhochzeiten noch das Aussingen durch die Kranzeljungfrau und durch den Brautführer. Dabei bringen die Verse zum Gedenken der Verstorbenen tiefen Ernst in die Feier. Was ein Hochzeitslader charakterlich wert ist, hört man, wenn er seine „Dichtung" vorträgt. Zum guten, alten Brauchtum zählt das „Weisen" an die junge Mutter. Schöne christliche Sitte ist es, bei Krankenbesuchen dem Kranken Weihwasser zu geben. Nach dem Seelengottesdienst beten die Leidtragenden einen Rosenkranz für das Verstorbene aus der Verwandtschaft.

In der Pfarrei Schweitenkirchen besteht eine Herz-Mariä-Bruderschaft mit vielen Mitgliedern. Zu den beiden Hauptwallfahrtsfesten im Benediktinerkloster Zum Heiligen Kreuz in Scheyern, dem Fest Kreuzauffindung im Mai und dem Fest Kreuzerhöhung im September, stellt man sich eifrig ein.[5]

1984: ZEICHEN CHRISTLICHER FRÖMMIGKEIT

Seit Urzeiten wendet sich der Mensch in religiösen Gebärden und in Zeichen des Glaubens mit seinen Freuden und Leiden, mit seinen Wünschen und Hoffnungen, an Gott, den Schöpfer des Alls und Urheber des Lebens. Diese tiefverwurzelte Volksfrömmigkeit drückt sich in unserer Hallertauer Heimat im Kirchenjahr aus.

Wo, vor allem in der Familie, sinnvolles religiöses Brauchtum gepflegt wird, dort bleibt Glaube nicht nur Verstandessache oder Worthülse, sondern dort kann er auch mit Aug und Ohr, mit „Herzen, Mund und Händen"[6], also mit allen Sinnen, erfahren und erlebt werden.

„Hoffnung kennt viele Gebärden." So charakterisiert und beurteilt der evangelische Theologe Professor Fulbert Steffensky (Hamburg) die Vielzahl von Glaubenszeichen, die in der katholischen Kirche ihren festen Platz haben:

Stellen wir uns vor: Ein Mann ist in großer Sorge. Seine Frau ist schwer erkrankt. Seiner Familie droht die Gefahr, auseinandergerissen zu werden. In seiner Not macht er mit seinen Kindern eine Wallfahrt. Sie gehen einen halben Tag lang zu Fuß. Unterwegs beten sie den Rosenkranz. Sie sprechen miteinander über die Krankheit der Mutter. Schließlich kommen sie zur Wallfahrtskirche. Sie gehen hinein. Vor dem Bild der Madonna stellen sie eine Kerze auf.

Wie geht dieser Mann mit sich um? Er hat Wünsche. Er will, daß seine Frau gesund wird und daß seine Familie zusammenbleibt. Diesen Wünschen gibt er Gestalt und sichtbaren Ausdruck. Er geht einen langen Weg in unserer Zeit der Abkürzungen. Er kommt irgendwo an. Er stellt eine Kerze auf. Er ist umständlich mit seinen Wünschen und läßt ihnen Zeit. Das, was dieser Mensch will und woran er leidet, findet eine große Gebärde...

Eine große Sehnsucht braucht eine große Gebärde, nicht nur ein Wort. Die Gebärde stützt den Wunsch und hält ihn am Leben. Darum ist die Versinnlichung der Wünsche in Gehen, Knien, Kerzenanzünden keine entbehrliche und nur ästhetische Zutat zu dem, was man umweglos im Wort ausdrücken kann... Die Sehnsucht des Lebens verträgt in ihrem Ausdruck keine funktionalistische Kürzung. Sie braucht das, was wir am wenigsten herzugeben bereit sind: sie braucht Zeit!

41

Bildstock am Straßacker
in Giegenhausen

Wegkreuz in
Schweitenkirchen

*Der Mann, der seine Wallfahrt macht, ist in einer besonderen Notlage. Seine
Frau ist krank ... Katholizismus ist jedoch nicht nur eine Religion für außer-
ordentliche Lebenslagen und für Sonntage ... In meiner katholischen Kindheit wurde kein Brot angeschnitten, ohne daß vorher das Kreuz über es geschlagen wurde. Die Ernte wurde gesegnet. Es gab Prozessionen wegen zu
nassem oder zu trockenem Wetter. An Mariä Himmelfahrt brachte man Blumen mit in die Kirche, die man dem mit in den Sarg legte, der im kommenden Jahr starb. Ging jemand für länger aus dem Haus, zeichnete die Mutter
oder der Vater ihm ein Kreuz mit Weihwasser auf die Stirne.*

*Es war vielfach markierte Lebenslandschaft. Wie im Judentum, hatte das
Alltägliche und das Besondere seine „Broche": das Essen, die Ernte, die
Tiere, die Gefahr, der Abschied, der Tod. Nichts blieb ohne Gebärde, nichts
blieb ohne Spruch, nichts war gleichgültig, nichts blieb stumm und ungedeu-
teter Ablauf der Dinge. Vorgänge, Ereignisse, Lebensräume, für die ein
Spruch zur Verfügung steht: das heißt Heimat. Die Gestaltung der Wünsche
ist ein Kampf gegen die Sprachlosigkeit. Die Preisungen des Lebens, die in
den katholischen Gebärden zum Ausdruck kommen, sind die trotzige Be-
hauptung der Lebbarkeit des Lebens gegen alle Gefahr und gegen das an-
drängende Chaos. Die Wünsche an das Leben schlafen nicht ein, wo diese
Gebärden vorhanden sind.*

*Der Katholizismus hat ein positiveres Verhältnis zu seinen eigenen Traditio-
nen als der Protestantismus. Ich erinnere an das Beispiel des Anfangs, an
den Mann, der den Gang macht und die Kerze aufstellt, weil seine Frau
krank ist. Der Mann entschließt sich zu dieser Wallfahrt; die Not drängt ihn*

42

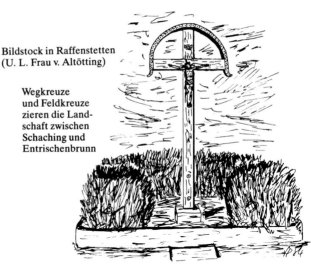

Bildstock in Raffenstetten
(U. L. Frau v. Altötting)

Wegkreuze
und Feldkreuze
zieren die Land-
schaft zwischen
Schaching und
Entrischenbrunn

*dazu. Aber er erfindet es nicht selber, sich so zu verhalten. Diese Gebärde
legt sich ihm nahe.
Viele haben sich so verhalten, die in einer ähnlichen Situation waren. Er hat
es gesehen. Er braucht in der Lage seiner bedrängten Hoffnung sein eigenes
Verhalten nicht allein zu erfinden. Die Mitglieder seiner Gruppe machen es
in ähnlichen Situationen auch so. Seine Gruppe ist ihm gegenüber wie ein
guter Lehrer, der ihn nicht zwingt, der ihm aber ein Angebot macht: „Das
könnte man tun in deiner Lage!"*

*Gerade in Situationen, in denen unsere Lebenskonzepte bedroht sind, kann
man... nur sehr schwer... sich selber eine angemessene Weise des Verhal-
tens ausdenken. Wo man sich selber nicht halten kann, läßt man sich von außen halten, von den Gesten, von den Gewißheiten und von den Vorschlägen
der Gruppe, zu der man gehört und der man vertraut. Was man braucht in
der Lage der Not, des Zweifels und der drohenden Selbstaufgabe, muß man
vorher schon lange zur Kenntnis genommen und geübt und von anderen gelernt haben... In der Tradition leben, heißt, sagen zu können: „Ich bin nicht
der erste, und ich bin nicht der einzige. Es waren andere vor mir da, die ihre
Sprache und ihre Gebärde für ihre Hoffnung gefunden haben. Ich werde
meine Sprache sprechen, und ich werde ihre Sprache übernehmen, wo
meine Sprache versagt..."*[7]

**„Laßt uns dem Leben trauen, weil wir es nicht allein zu leben haben,
sondern weil Gott es mit uns lebt!"**

(Pater Alfred Delp S. J., † 2. Februar 1945 Berlin-Plötzensee)

43

Die Hallertau

Bei uns drunt in da Hallertau,
da brau'n dö Bräu an guatn Tropfa;
da is a schwara Bod'n dahoam;
da wachst da allabeste Hopfa!

A Hopfa volla Duft und Kraft,
der wachst bei uns in Berg und Tal;
dann wandert er weit 'naus in d' Welt,
und würzt da 's Bier schier überall.

Die Hallertau, dös is a Land,
da gibts a fleißig's, schneidig's G'schlecht.
Mir samma weit und breit bekannt;
wo's lusti zuageht, is uns recht.

Wo eppas los is, samma gern;
mir freu'n uns über unsern Gau.
Zum Zwiefacha, da drahn ma uns:
Es leb' die ganze Hallertau![8]

In der Hallertau bei Holzhäuseln ▶

DIE STILLE LANDSCHAFT

Die Hallertauer Landschaft ist keine Landschaft der Eile, die man mit einem Blick aufnimmt. Sie ist keine rekordsüchtige Landschaft mit einem auftrumpfenden Ansichtskartenpanorama. Sie ist eine stille, stetige Gegend, ein Wechsel von Feldern, Äckern und Hügeln, ein Gebiet harter, zäher Bauernarbeit.

Joseph Maria Lutz[9]

Ob der Reisende auf der Autobahn von München aus nordwärts in Richtung Ingolstadt fährt, oder von Ingolstadt aus südwärts in Richtung München: immer erblickt er tagsüber, lange vor der Autobahnanschlußstelle Pfaffenhofen a. d. Ilm, auf hohem Hügelrücken Ort und Gotteshaus Schweitenkirchen. Nachtsüber leuchtet ihm die Silhouette der Pfarrkirche Sankt Johannes der Täufer, hell angestrahlt und in glänzendes Weiß getaucht, ebenfalls schon von weitem entgegen. Zufrieden schaut er auf das Idyll, freut sich, ist beglückt und sieht in diesem Bilde, sei es nun bewußt oder unbewußt, als Willkommensgruß ein herzliches, bayerisches „Grüß Gott!"

533 Meter über Normalnull, auf 11° 36' 3999" östlicher Länge und 48° 30' 20777" nördlicher Breite gelegen, 43 Kilometer vom Mittelpunkt Münchens, dem Marienplatz und dessen, der Gottesmutter und Schutzpatronin Bayerns geweihter, Mariensäule, entfernt, zählt die Pfarrei Schweitenkirchen etwa eintausendzweihundertfünfzig Seelen, die Gemeinde Schweitenkirchen etwa dreitausendfünfhundert Einwohner und cirka dreiundfünfzig Quadratkilometer Fläche, gehört politisch zum Landkreis Pfaffenhofen a. d. Ilm im Regierungsbezirk Oberbayern, kirchlich als Pfarrei und als Sitz des Dekans des Dekanates Scheyern zur Region Nord der Erzdiözese München und Freising.

Der barocke Kuppelturm des Schweitenkirchener Gotteshauses gilt als höchstgelegener Punkt der Hallertau und als eine der höchstgelegenen Stellen im Landkreis. Fegt im Januar warmer Föhnwind wie mit Zauberhand den weißblauen Himmel klar, dann reicht, wenige hundert Meter östlich von Schweitenkirchen, vom Feldkreuz an der Straße nach Sünzhausen vor dem Wäldchen aus, die Fernsicht mehr als einhundertfünfundzwanzig Kilometer weit nach Süden: über den Ampergau, die Landeshauptstadt München (530 m NN) mit ihrem nadelspitzen zweihundertneunzig Meter hohen Olympiaturm, bis zur schneebedeckten Gipfelkette der Bayerischen Alpen mit Deutschlands höchstem Berg, der Zugspitze (2963 m), im Südwesten und dem klobigen Wendelstein (1838 m) im Südosten. Von dieser Schau berichtete der Ingolstädter

Geograph und Mathematiker Philipp Apian (1531–1589) schon vor mehr als vierhundert Jahren in seinen Bairischen Landtafeln von 1568: Man könne vom Turm der hiesigen Kirche, die auf einem Berge stehe, das sieben Meilen[10] ferne München sehen. Die exponierte Position diente nach dem Zweiten Weltkrieg (1939–1945) der US-Armee für den Betrieb einer Funkstation. Von der Wissenschaft wird die Höhenlage im Zuge der Gravimeter-Eichbasis Hammerfest–Rom im deutschen Schwerenetz der europäischen Eichlinie Ingolstadt–München als „Gravimeterpunkt Schweitenkirchen" mit der Schwerpunktnummer 7435/2b genützt.[11]

Schweitenkirchen ist ein Herzstück der Hallertau, jenem gottgesegneten Bauernland, im engeren Sinne zwischen Dürnbucher Forst, Abensberg, Langquaid, Großer Laaber, Amper, Glonn und Ilm gelegen. Erstmals tritt der Landschaftsname als „Hallerstau" anfangs des 15. Jahrhunderts auf.[12] „Hallerthau" schreibt man zu Beginn des 16. Jahrhunderts im Kloster Geisenfeld, „Hallertaw" im Kloster Weihenstephan. Als Waldname liest man vom „forst Hollertaw" um 1500 in einer Gerichtsliterale aus Wolnzach: „... zwischen Schweitenkirchen vnd Ampertzhausen herab gegen dem forst Hollertaw".

In der Hallertau lernt das Auge abwechslungsreiche Weite schauen. Der Horizont steht fern und tief. Viel hoher Himmel wölbt sich nah und unverdeckt. Das Land gleicht einem Gottesgarten. Seine Linien schwingen in bedächtigem Wechsel von sanftem Auf und Ab. Die Bilder atmen erholsame Stille, stimmen andächtig und dankbar, laden zum Gebet und zum Lobpreis des Schöpfers ein.

Joseph Maria Lutz schildert seine Heimat: „Hier ist Bauernland, das nach echter Bauernart nicht gern von sich reden macht, genau so wenig, wie es sich aufdringlich zur Schau stellt. Wer deshalb die Landschaft der Hallertau ergründen und genießen will, der lasse Eile und Hast beiseite. Er wandere auf den dünnen Sträßlein dahin und biege in die vielen Feldwege ein. Dann kommt dies Land der Waldhügel, der Wasserscheiden, der weiten Felder mit ihrem Gottessegen, der Wiesen, der Quellen und Bäche ihm entgegen... Am schönsten aber ist das Land im hohen Sommer, kurz vor der Ernte, wenn es bunt wird vom Gold des Korns, vom Violett des Weizens und vom Silbergrau der Haferfelder. Dunkles Waldgrün und heller Wiesensmaragd mischen sich darein und wechseln ab mit den saftigen Vierecken der Hopfengärten. Es ist eine Gegend weiter Ausblicke und kleiner Ausschnitte. Köstlich ein Gang zwischen hohem Korn, umsäumt vom Blühen demütiger Kräutlein auf den Rainen und selbst zwischen den Fahrgleisen der Wege. Darüber der

Hopfenpflücker, Xylographie von Rudolph Hirth, um 1875

hohe blaue Himmel und die Stille ziehender Silberwolken. Beschaulich auch ein Schlendern an schmalen Flüßchen entlang, an umbuschten Tümpeln vorbei, mit dem Schwirren der Libellen und dem Flirren der Luft des Sommertages – geheimnisvoll träumender Altwasser-Friede im lauten Geström der Zeit. Wie gut ist dann eine Rast auf einer harzduftenden Waldblöße, umsummt vom Orgelton emsiger Hummeln. Hier steht die Zeit still und ist Stille das Maß der Zeit. Und immer wieder liegen Dörfer am Wege, eingebettet in Fruchtbarkeit – breite, schmucklose Bauernhöfe mit Stall und Scheunen im Geviert; das Kirchlein kniet inmitten des Friedhofes, dessen Mauern gerade so hoch sind, daß die Pferdeköpfe und die Erntewagen noch darüberschauen und den stillen Schläfern da drunten sagen können, daß noch alles seine Richtigkeit hat mit Säen und Ernten daheim auf dem Hofe. Der Maibaum und das Wirtshaus gegenüber künden davon, daß man nach harter Arbeit auch gerne zusammenrückt und dem Leben gibt, was des Lebens ist... Die Herbste aber, die große Festzeit der Hallertau, bringen rauschendes Leben in sie, wenn die vollen Wagen mit Hopfensäcken anrollen und der herbe Lupulinduft der Heimatpflanze das ganze Land durchzieht. Dann füllen sich die Wirtshäuser, dann blüht die Handelschaft und nährt der Durst die pralle, derbe Fröhlichkeit des Hallertauer Volkes... Dann aber, nach reichem Herbst mit der Last der Ernte, sinkt das Land zur Ruhe. Seine Winter sind von einer milden Traurigkeit mit dem Troste keimenden Schlafs unter der hütenden Decke des Schnees. Das kahle Gestänge der leeren Hopfengärten, darüber ein Rabenflug über weite Weiße und dunkle Wälder, das ist die Winterlandschaft der Hallertau, das ist wohlverdiente Ausrast nach arbeitsschweren Sommern und schon wieder ein Kräftesammeln von Erde und Menschen für ein neues Bauernjahr. Wer die Landschaft der Hallertau nur flüchtig sieht, mag sie für reizlos halten; wer sie aber mit dem Auge des Herzens erschaut, der wird sie liebgewinnen; sie wird sein Eigen werden, und er wird Heimweh haben nach ihren Hügeln, draußen in der lauten und verflachenden Welt."[13]

Nicht weniger liebevoll schreibt Joseph Brückl[14]: „Wellige Hügel durchziehen die gesegnete Hallertau. Schöne Täler tun sich überall auf. Im Winde bewegte, mächtige Wälder rauschen das alte Lied des nie vergehenden Lebens. Dazwischen breiten sich saftige Wiesen; fruchtbare Fel-

Hopfenernte, Radierung von Konrad Volkert, 1924

der sind bestanden mit wogendem Weizen, Roggen, Hafer und mit viel
Gerste. In den Tälern und an den Hügeln ragen die Gerüste der Hopfengärten empor, und über all dem lacht zur Sommerszeit der tiefblaue
Himmel, der mit den weißen Wolkenfetzen und Wolkenballen die
schönste bayerische Farbe zeigt. Unter das Blätterdach von Eichen und
Buchen ducken sich Häuser und Höfe, schmuck in der Zierde ihrer Fen-
sterblumen. Kleine Weiler nisten in den Tälern, und stolze Bauernhöfe
schauen von den Höhen. Häuser, um die alten Kirchen geschart, bilden
reiche Dörfer, ansehnliche Märkte und kleine Städte, denen man schon
von ferne den Bürgerstolz ansieht. Von den ragenden Kirchtürmen tönt
voller Glockenklang in den Abendfrieden; geschäftige Glöcklein der
Dorfkirchen mischen sich darein und nicht selten auch der bimmelnde
Ton der vielen kleinen Kapellen. In den Häusern wird der Abendsegen
gebetet, und ein gläubiges Volk begibt sich frohen Sinnes zur Ruhe, um
bei den ersten Strahlen der aufgehenden Sonne wieder rüstig bei der Arbeit zu sein."[15]

Die Hallertau zählt zu den ältesten Hopfenanbaugebieten der Erde.
Von Hopfengärten in Geisenfeld weiß man urkundlich schon seit Anno
736 und von Hopfengärten bei Freising seit dem Jahre 768. Mit etwa
fünfzehntausend Hektar Anbaufläche ist die Hallertau das größte geschlossene Hopfenanbaugebiet überhaupt; fast die Hälfte davon liegt
im Landkreis Pfaffenhofen a. d. Ilm[16]. Etwa eine Viertelmillion Doppel-
zentner[17] „grünes Gold" werden in der Hallertau jährlich geerntet und
davon beinahe die Hälfte[18] in den vier Siegelbezirken des Landkreises[19]. Das „flüssige Brot" der Bayern, das Bier, braucht Hallertauer
Hopfen und Hallertauer Braugerste. Dank und Wunsch: „Hopfen und
Malz, Gott erhalt's!"

„Der Hopfenbau zaubert einen besonderen Glanz in diese wundervolle
Hügellandschaft der Schwäbisch-Bayerischen Hochebene entlang der
Ilm und der Abens. An sanfte Hügel und Mulden geschützter Seitentä-
ler schmiegen sich vorbildlich gepflegte Hopfengärten, die auf die da-
zwischengeschobenen Feldschläge blicken..."[20]

Gottes Gnade ruht sichtlich auf diesem glücklichen Land.

∗

Seit eh und je sitzt die Hallertauer Familie auf dem Hof. Immer hat der älteste Sohn
das Hoferbe angetreten. Nie wurde vom Anwesen etwas veräußert. Alles muß bei-
sammenbleiben, wie es seit altersher war. So ist der Hallertauer bodenständig und
heimatverwachsen geworden.[21]

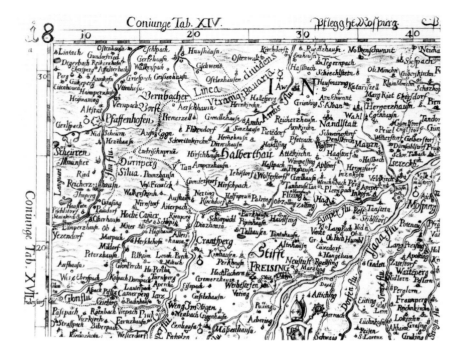

JOHANN ANDREAS SCHMELLER IN DER HALLERTAU

Der große Sprachwissenschaftler Johann Andreas Schmeller (1785–1852), im oberpfälzischen Städtchen Tirschenreuth am 6. August 1785 als Sohn eines armen Korbflechters geboren, kam durch den elterlichen Kauf eines bescheidenen Anwesens zu Rinnberg bei Waal in der Pfarrei Rohr schon 1787 in den oberbayerischen Bezirk Pfaffenhofen. 1796 war er Zögling der klösterlichen Lateinschule der Benediktiner in Scheyern.

Schmeller, ein bayerischer Humanist par excellence, war ein genialer Sprachwissenschaftler, Mundartforscher, Schöpfer des unerschöpflichen Bayerischen Wörterbuches (1827–1837), dazu Volksschullehrer, Volkserzieher, Universitätsprofessor, Bibliothekar, Schriftsteller und Patriot. Jakob Grimm rühmte ihn 1859 vor der Münchner Akademie: „Ihm stand ein Genius zur Seite, der ihm zuraunte und eingab, was er unternehmen sollte und was er ausgeführt hat."

51

Am 27. Juli 1852 starb Schmeller in seinem sechsundsechzigsten Lebensjahre als Opfer der Cholera-Epidemie in München. Dort ruht er auf dem Südlichen Friedhof. König Ludwig I. ehrte Schmeller mit der Aufstellung dessen Büste in der Ruhmeshalle über der Theresienwiese.

Schmeller mußte von sich sagen: „Mir ward menschlicher Besitztümer keines, nicht Ahnen, nicht Gold, nicht Äcker, nur die Sprache..." Zeitlebens hing er mit zärtlichster, ehrerbietigster Kindesliebe an Vater und Mutter. Immer wieder besuchte er von München aus die Eltern und das Elternhaus. Oft reiste er in der Postkutsche bis Pfaffenhofen und spazierte zu Fuß nach Rinnberg weiter. Oft ging er die lange Wegstrecke hin und zurück auf Schusters Rappen und durchwanderte dabei als aufmerksamer Beobachter die Hallertau. In seinem Bayerischen Wörterbuch widmete er der Hallertau einen ausführlichen Artikel, in dem er unter anderen die Namensformen Hallerthaw, Hallerthau, hallerthaw, Halberthau und Harrartau belegte.

Schmeller kam durch Schweitenkirchen und Dürnzhausen, durch Preinerszell und Sünzhausen. Lassen wir ihn aus seinen Tagebüchern selbst zu uns sprechen:

Am 18. August 1817 wanderte er von Freising aus über Aiterbach „und Dinzhausen, wo die Aufgnahten Kirchweih hielten, und ein Strikreider mit mir seine liebe noth hatte, nach Johann Eck".[22]

Am 16. Mai 1820 ging er, von Rinnberg kommend, nach München und „schlenderte... über... Dirnzhausen nach Sinzhausen, dem obstbaumreichen Dörflein, wo ich... bey dem in vielen Stücken sonderbaren Vicar Radlmair zusprach".[23]

Nachdem er am 21. Mai 1831 von München aus nach Rinnberg gereist und dort den alten, kranken Vater zum letzten Male gesehen und noch für dessen Pflege gesorgt hatte, ging Schmeller am 23. Mai 1831 frühmorgens von Rinnberg aus nach Freising. Am 25. Mai 1831 notierte er: „Einsam wandelte ich durch die, mit Unrecht verschriene Halbertau... Bremerszell, Schweitenkirchen, wo sich nette Kinderchen um meinen Mittagstisch im Freyen sammelten und um den Preis eines neuen Sechsers Aufgaben lösten..."[24]

Johann Andreas Schmeller, ein Mann, der mit seinem Lebenswerk Geschichte schrieb und Geschichte geworden ist, durchwanderte unser Land.

52

SCHWEITENKIRCHEN

Pfarrdorf (533 m NN, 732 Einwohner), auf einem langgestreckten Höhenrücken, östlich der Autobahnanschlußstelle Pfaffenhofen a. d. Ilm, an der Straße von Pfaffenhofen a. d. Ilm über Schweitenkirchen und Sünzhausen nach Au i. d. Hallertau. Gemeinde Schweitenkirchen. Pfarrei Schweitenkirchen.

Schweiten = Personenname Swit-mot; „Die Nonne bzw. Matrone Suuidmoat erscheint vor dem Jahre 1000 als einzige Trägerin dieses Namens in den Freisinger Traditionen und ist wahrscheinlich auch die Gründerin der Eigenkirche"[25]; Kirche (und Ort) der Frau Suuidmoat. Es ist „bei süddeutschen Personennamen mit Swid- im 8. Jahrhundert Einfluß fränkischer Geistlicher oder Adeliger anzunehmen"[26].

Geschichte

806 gibt Frau Suuidmoat Besitz, dabei vielleicht auch Schweitenkirchen, an Freising[27]. 972–976 ad Suidmuotochirihhun[28]. Einer der urkundlich erstgenannten Ortsnamen im Altlandkreis Pfaffenhofen a. d. Ilm. 994–1005 Suuidmotachiricha[29]. 1096 apud Swidmotekirichun[30], Randnotiz Svidmvteschirichen. 1103 apud Swidmotechirichun, Svidmuteschirchen[31]. 1138–1158 Lantolt de Svitmvtsch(irchen)[32]. 1315 Sweitmarschirchen erstmals urkundlich als Pfarrei genannt[33]. 1348 Sweidmanskirchen, Sweitmarskirchen[34] mit erstgenanntem Priester Eglof. 1465 Sweytenkirchen[35]. 1478 Schweitmerßkirchen[36]. 1524 Pfarrei St. Johann Baptist in Schweintenkirchen[37] urkundlich erstmals genannt. 1582 Schweittenkirchen[38].

1777 werden bei 208 Seelen 177 Kommunikanten und 31 Nichtkommunikanten gezählt[39]. 1789–1827 hält Schneidermeister Georg Hollweck in seinem Hause Schule. 4.–5. Juli 1806 Einäscherung des Pfarrhofes und aller Ökonomiegebäude durch Brandstifter Dobmayr. 1816 gehören zur Pfarrei 853 Seelen. 1818 Schweittenkirchen, 17 Anwesen, Pfarrkirche, Schulhaus, Wirtshaus, Ziegelhütte, Pfarrei mit 887 Seelen. 1822 Bau des Pfarrhofes „in der Hauptsache schon vollendet". 1825 gehören zur Pfarrei 736 Seelen. 1827–1869 hält Simon Hollweck, Sohn von Schneidermeister Georg Hollweck, als erster ausgebildeter Lehrer Schule. 26. Februar 1841 kommt die Gemeinde vom Landgericht Moosburg zum Landgericht Pfaffenhofen[40]. 13. Mai 1842, Freitag vor Pfingsten, vernichtet Hagel alle Feldfrüchte; erstmals Kreuzgang nach Abens[41]. 10. Dezember 1849 Gründung der Bruderschaft vom hl. Herzen Mariä[42]. 1864–1865 Bau des alten Schulhauses (7000 fl.). 1874 28 Häuser, 140 Seelen. 1906 Abbruch der alten Pfarrkirche.

Von links nach rechts: Beim „Kaiser", Alte Schule, beim „Grill",
Aquarell von Max Böhnel, 1955

1906–1909 Bau der jetzigen Pfarrkirche unter Pfarrer Jakob Straßer.
1917 Dekan Straßer übersiedelt nach Altenerding. Mai 1919 Primiz von
Josef Elfinger. 29. Juni – 6. Juli 1919 Volksmission. 7. Oktober 1926 Besuch des Regierungspräsidenten von Oberbayern, Ritter von Knözin-
ger, der die Schönheit der Pfarrkirche und den Einsatz des Lehrers „um
die Pflege des Kirchengesanges als Chorregent"[43] lobt. 18. Januar 1929
meterhohe Schneewehen auf den Straßen und Wegen. 24.–29. Juni
1931 Volksmission. 10. Juli 1932 Primiz von Franz Xaver Kaindl.

14. April 1940 Primiz von Albert Hartinger (Sünzhausen). Das NS-Re-
gime behindert die Primiz in mancherlei Weise: der Häuserschmuck
muß entfernt werden, und die in Sünzhausen im Freien geplanten Feierlichkeiten werden verboten, so daß deshalb die Primiz in die Pfarrkirche in Schweitenkirchen verlegt wird. 29. April 1945 fahren wenige Tage
vor Ende des II. Weltkrieges erste US-Truppen in den Ort ein. 1957
Elektrifizierung des Kirchenglockengeläutes. 7. November 1957 Weihe
des Kriegerdenkmals (Bau und Mosaik: Michael P. Weingartner, Pfaf-

55

fenhofen a. d. Ilm). 25. Mai–1. Juni 1952 Volksmission. 1960 ist etwa jeder vierte Pfarrangehörige Teilnehmer am 37. Eucharistischen Weltkongreß (31. Juli–7. August) in München. 1962 25jähriges Priesterjubiläum von Pfarrer Bichler, Ernennung zum Ehrenbürger der Gemeinde. 3. Juni 1963 Bannerweihe der Katholischen Landjugend. 7. Juli 1963 Primiz von Anton Graßl. 1969 kommen mehr als 2000 Hörer zu den zehn Vortragsabenden des Familienseminars. 8. Juni 1973 Weihe der Volksschule des Schulverbandes Schweitenkirchen-Paunzhausen, der Sportanlagen, des Kindergartens. 1976 Volksmission. 22. Mai 1977 Dankgottesdienst zum 40jährigen Priesterjubiläum (Priesterweihe: 2. Mai 1937) von Pfarrer Bichler. 28. Mai 1977 Rathauseinweihung. 1977 scheidet, nach 42jähriger Mitgliedschaft in der Kirchenverwaltung und nach fast 20jähriger Tätigkeit als Kirchenpfleger, Josef Haas (Schmiedhausen) aus dem Amt; neuer Kirchenpfleger wird Johann Biebel (Preinersdorf). 19. März 1978 Beschluß der Kirchenverwaltung, beim Erzbischöflichen Ordinariat Antrag auf Genehmigung zur Errichtung eines Pfarrheimes zu stellen. 4. Oktober 1979 wird Pfarrer Anton Bichler nach 24jährigem Wirken von der Pfarrgemeinde verabschiedet; er zieht als Kommorant nach Altenerding und wird kurz darauf zum Geistlichen Rat ernannt.

13. Oktober 1979 wird Pfarrer Engelbert Wagner (geb. 19. Juli 1939, Taufkirchen), vom Pfarrverband Erdweg (Lkr. Dachau) kommend, als neuer Ortsgeistlicher begrüßt. 28. Oktober 1979 Amtseinführung von Pfarrer Engelbert Wagner durch P. Franz Gressierer OSB (Scheyern), dem Dekan des Dekanates Scheyern. 1980–1981 Gesamtrestaurierung des Pfarrhauses von 1822. 1980 Gespräch zur Vorbereitung der Gründung „Pfarrverband Schweitenkirchen"; Gesprächsleitung: Diözesan-Landvolkseelsorger Pfarrer Johann Faltlhauser; Gesprächsteilnehmer: Pfarrer, Kirchenverwalter und Pfarrgemeinderäte aus Schweitenkirchen, Dürnzhausen, Güntersdorf, Niederthann, Paunzhausen, Sünzhausen. 2. Mai 1980 Pfarrversammlung mit Pfarrer Faltlhauser zum Thema „Worum geht es beim Pfarrverband? Pfarrgemeinden auf dem Weg zum Pfarrverband". 26. Mai – 2. Juni 1980 Teilnahme an der Fahrt nach Rom, Monte Cassino, Assisi. 28. Oktober 1980 „Benedikt und sein Fortwirken in Bayerns Klöstern", Vortrag von P. Anselm Reichhold OSB (Scheyern) aus Anlaß des 1500jährigen Geburtsjahres des hl. Benedikt von Nursia. 19. November 1980 fahren 168 Angehörige der Pfarrei gemeinsam zum Papstgottesdienst auf der Theresienwiese in München. 2. Dezember 1980 Pfarrer Faltlhauser spricht zum Jahresthema „Wer betet, geht nicht unter".

27. Januar 1981 stimmen Kirchenverwaltung und Pfarrgemeinderat dem von Architekt Franz Grahammer (Pischelsdorf) vorgelegten, vom Ordinariat genehmigten, Bauplan für das Pfarrheim zu. 23. März 1981 Einkehrtag der Frauen mit 63 Teilnehmerinnen im Kardinal-Döpfner-Haus auf dem Domberg in Freising; Thema: „Den Sonntag feiern"; der Einkehrtag wird seither jährlich gehalten. 20.–27. April 1981 Wallfahrt mit 50 Teilnehmern nach Lourdes und Ars. Mitte Juli 1981 wird der alte Pfarrstadel abgebrochen, an dessen Stelle das Pfarrheim treten wird. 26. September 1981 Jugendfahrt mit 65 Teilnehmern auf das Lamsenjoch im Karwendel; Pfarrer Wagner zelebriert die Bergmesse. Oktober–November 1981 Vertiefung der Fernsehreihe „Warum Christen glauben" durch Gesprächsabende in der Pfarrei.

Januar 1982 Gründung des Seniorenklubs. 2. Februar 1982 Gründung des Katholischen Frauenbundes (KDFB). 13.–20. Februar 1982 Pilgerreise nach Israel; Motto: „Auf den Spuren Jesu". 1. März 1982 Einkehrtag der Frauen mit 60 Teilnehmerinnen im Exerzitienhaus der Erzdiözese in Schloß Fürstenried; Thema: „Buße und Beichte". 21. März 1982 Besinnungstag der Jugendlichen in der Landvolkshochschule Petersberg. 25. April 1982 Wahl des Pfarrgemeinderates. 28. Mai 1982 Segnung der neuen Gemeindehalle und der Sportstätten. 20. Juni 1982 Kirchenpatrozinium. Dankgottesdienst zum 50jährigen Priesterjubiläum von Pfarrer Franz Xaver Kaindl (Loretobenefiziat, Rosenheim). Erstes Pfarrfest im Pfarrgarten. 3. Juli 1982 Jugendfahrt mit 63 Teilnehmern ins Kaisertal bei Kufstein; Pfarrer Wagner zelebriert die Bergmesse. 29. Juli 1982 Pfarrausflug mit 110 Teilnehmern nach Schwaz (Tirol) zur Franziskus-Ausstellung anläßlich des 800. Gedenkjahres der Geburt des hl. Franz von Assisi. 23. Oktober 1982 besuchen mehr als 100 Angehörige der Pfarrei das Franziskusspiel im Passionsspielort Waal bei Landsberg a. Lech. 1. November 1982 Gottesdienst mit Segnung des neuen Leichenhauses und des Gemeindefriedhofes. 7. November 1982 Wahl der Kirchenverwaltung. 5. Dezember 1982 Weihnachtsbasar der Frauen zugunsten der Kirchenrestaurierung. 8. Dezember 1982 Erzbischof Dr. Friedrich Wetter, der neue Oberhirte der Erzdiözese München und Freising, betritt, von seinem bisherigen Bistum Speyer kommend, in Schweitenkirchen erstmals sein Erzbistum und wird von Pfarrer Wagner offiziell begrüßt. 11. Dezember 1982 „Gesang und Musik zum Advent" (Leitung: Chorleiter Leonhard Maurer) in der Pfarrkirche.

*

Alle Bauernarbeit und aller Bauernfleiß ist abhängig vom Segen unseres Herrgotts. Eingedenk dessen, ist auch der Hallertauer gottesfürchtig, und nichts kann an seinem Glauben rütteln. In all seinem Tun findet sich seine Gottesfürchtigkeit.[44]

Pfarrer Engelbert Wagner
Schweitenkirchen und
Pfarrer Anton Bichler
1983

Grundsteinlegung zum
Bau des Pfarrheimes in
Schweitenkirchen,
1. Juli 1984

Pfarrer Engelbert Wagner,
Architekt Grahammer,
Bürgermeister Elfinger,
Kirchenpfleger J. Biebel ▶

Februar/März 1983 Glaubensseminar zum Thema „Martin Luther – Reformation-Ökumene" aus Anlaß des 500. Geburtstages von Dr. Martin Luther. Glaubensseminar für Jugendliche zum Thema „Unser Leben – ein Fest". 17. März 1983 Einkehrtag der Frauen in der Landvolkshochschule Petersberg; Thema: „Jesus begegnet Frauen". 4. – 10. April 1983 Pfarrgemeindefahrt mit 48 Teilnehmern nach Rom, Subiaco, Assisi. 22. Mai – 1. Juni 1983 Pilgerreise nach Israel. 17. Juni 1983 Jugendfahrt mit mehr als 50 Teilnehmern auf den Geigelstein und zum Chiemsee; Pfarrer Wagner zelebriert in Sachrang die hl. Messe. 19. Juni 1983 Pfarrfest. 8. Juli 1983 Firmung mit Regionalbischof Heinrich Graf von Soden-Fraunhofen. 16. Juli 1983 Pfarrausflug nach Salzburg mit Besichtigung des Pfarrheimes in Rechtmehring bei Wasserburg. 18. Juli 1983 Pfarrversammlung zum Bau des Pfarrheimes. 24. Juli 1983 die evangelische Kirchengemeinde Oberallershausen, zu der die Schweitenkirchener evangelischen Christen gehören, erhält, nach dem Weggang von Pfarrer Fugmann, im Pfarrerehepaar Barbara und Rolf Schieder ihre neuen Seelsorger. 30. Oktober 1983 Geistliches Konzert der Gospelgruppe aus Scheyern. November 1983 Gemeindeabende zum Thema „Gerechtigkeit schafft Frieden", einem der bedeutenden Dokumente der Deutschen Bischofskonferenz. 4. Dezember 1983 Weihnachtsbasar der Frauen und Jugendlichen.

Januar 1984 Sternsingeraktion „amigos" und Weihnachtsopfer der Kinder für das Kinderheim Hogar Santa Lucia in Quito/Ecuador (Südamerika) der Schwester Sigmunda O.P. 24. Januar 1984 Ökumenischer Gottesdienst in der Pfarrkirche mit Pfarrer Wagner und dem Pfarrerehepaar (ev.-luth.) Barbara und Rolf Schieder (Oberallershausen); danach ökumenischer Gemeindeabend. 30. Januar 1984 Tonbildschau der Kath. Landvolkbewegung (KLB); Thema: „Macht euch die Erde untertan". 31. Januar 1984 stellt das Erzbischöfliche Ordinariat 1 Million DM für den ersten Bauabschnitt des Pfarrheimes zur Verfügung. 8. März 1984 Einkehrtag der Frauen in Benediktbeuern; Thema: „Dem Leben trauen". 24. April 1984 Beginn des Pfarrheimbaues. 8. April 1984 Passionsmusik in der Pfarrkirche. 11.–20. Juni 1984 Griechenlandfahrt der Pfarrei „Auf den Spuren der Apostel Paulus, Andreas und Johannes Ev." 1. Juli 1984 Grundsteinlegung zum Pfarrheimbau; im Grundstein das Motto des Katholikentages 1984 in München: „Laßt uns dem Leben trauen, weil Gott es mit uns lebt!" 6. Juli 1984 Teilnahme am 88. Deutschen Katholikentag in München. 1. August 1984 Pfarrausflug nach Würzburg. 23.–30. September 1984 Jubiläumswoche der Pfarrei aus Anlaß der Weihe vom 19. September 1909 der neuerbauten Pfarrkirche Sankt Johannes d. Täufer in Schweitenkirchen; Festgottesdienst mit Weihbischof Heinrich Graf von Soden-Fraunhofen.

Schweitenkirchen

Pfarrkirche Sankt Johannes der Täufer

Vorgängerin war ein gotischer Bau, wohl aus dem 15. Jh.: „Leicht eingezogener Chor mit 1 Joch und 5 Achteckseiten als Schluß. Netzgewölbe.
Dreikantige dünne Strebepfeiler. Gotischer Turm südlich vom Chor.
Langhaus: Tonne mit Stichkappen, stuckiert, 2. Hälfte des 17. Jahrh."[45]
An das gotische Schiff wurde 1740 barock angebaut; 1854 erfolgte ein
nochmaliger Anbau[46]. 1874 wertet die Diözesanbeschreibung: „Feuch-
tes Gebäude. Geräumigkeit kaum ausreichend."[47] 1906 brach man das
zu klein gewordene Gotteshaus, den Turm ausgenommen, ab.

Von 1906 bis 1909 wurde die heutige Kirche unter Pfarrer Jakob Straßer
durch Architekt J. Schott (München) und die Baufirma Alois Kettner
(Schweitenkirchen), anfänglich ohne Genehmigung des Ordinariates,
als formschöner, lichter und breiter Saalbau mit 450 Sitzplätzen errichtet. Bei der Fassadengestaltung nahm man am Langhaus mit Wandvorlagen, an der Haupteingangsseite (Westen) und an der Sakristeiseite
(Süden) mit Giebeln, Gebälk und Voluten auf die architektonische Harmonie zum barocken Turmoberbau hin Rücksicht.

Johann Schott erbaute 1910–1912 die große Wallfahrtsbasilika (1913)
Sankt Anna in Altötting. Zimmermeister Jakob Hartinger, Schweiten-
kirchen, fertigte den Dachstuhl. Im Dachstuhlgebälk ist die Inschrift
MDCCCCVI zu sehen.

1959 Innenrenovierung. 1962 Außenrenovierung. 1978 Beginn der
mehrjährigen Gesamtrestaurierung mit Arbeiten am Turm. 1981 Fortsetzung der Gesamtrestaurierung. 1983 Abschluß der Außenrestaurie-
rung. 1984 Abschluß der Gesamtrestaurierung.

Vorzeichen: Einjochig, kreuzgratgewölbt, steiles Satteldach. – *Langhaus:* Einschiffiger, vierjochiger, rechteckiger Saalbau mit Segment-
schräge als Übergang zum Chor. Wandpfeiler mit Vorlagen und profiliertem Gesims. Rechteckfenster oben birnenförmig geschweift. Zwickel
weit in die Decke hineinragend. Tonnengewölbe. Empore mit ge-
schweifter Brüstung über zwei Steinsäulen. Scheidbogen. – *Chor:* Einjochig. Über flachen Wandvorlagen Scheidbogen zur halbjochigen Apsis mit deren gotisierenden Gewölbezwickeln und halbrundem Schluß.
– Untere und obere Sakristei. – *Turm:* Untere Hälfte gotisch, viereckig;
im Untergeschoß Kreuzrippengewölbe mit farbig gefaßten Konsolen,
dabei Kopfkonsole mit Spruchband m (Anfangsbuchstabe des Stifter-
namens?), Tellerschlußstein mit Jesus-Monogramm IHS, 15. Jh. Obere

◀ Kopfkonsole
15. Jahrhundert

Turm (Glockenhaus)
Pfarrkirche
Schweitenkirchen

Heiliger Sebastian
Skulptur, um 1600

Pfarrkirche ▶
Schweitenkirchen

Hälfte eingezogen, achteckiger Aufbau, gekrönt durch Zwiebel, Laterne und kleine Zwiebel, 2. Hälfte 17. Jh. 34 m H. Der Turm ist nicht nur Wahrzeichen des Ortes und der Umgegend, sondern auch höchstgelegener Punkt der Hallertau und Festpunkt der Landesvermessung.

Hochaltar: Drehsäulenaltar mit Mittelschrein, von Bildhauer Josef Erhard, Reising, 1909. Im Schrein „Gnadenstuhl" des Meisters von Rabenden, um 1515, H. 123 cm, Br. 82 cm, ein „vortreffliches Schnitzwerk"[48] und eine „bemerkenswerte Holzgruppe"[49]; Putti, Thronwangen und Heilig-Geist-Taube im 17. Jh. hinzugefaßt; in den Seitenfeldern zwei lebensgroße Holzfiguren „St. Michael besiegt den Satan" (l.), Engelsfigur (Holz) „St. Raphael begleitet Tobias" (r.), barock, um 1730, von Pfarrer Straßer 1910 aus der Kirche in Zolling gekauft[50]; im Auszug medaillonförmiges Gemälde „Gottvater" als Schöpfer von Himmel, Erde (Erdkugel) und Mensch (Adam).

Seitenaltar links (St. Sebastian): Aufbau von J. Erhard, 1909. Elegante Holzfigur hl. Sebastian, 2/3 lebensgroß, „gute, in weichen Formen gehaltene Arbeit aus der Mitte des 16. Jahrh."[51], nach Dehio-Gall „um 1500"[52], nach S. Benker „Anfang des 17. Jh."[53].

Seitenaltar rechts (hl. Maria): Aufbau von J. Erhard, 1909. Marienfigur, Holz, barock, um 1630, vom Typus der Mariensäule in München.

Kanzel: Am Korb Halbreliefschnitzerein „Die 4 Evangelisten", von J. Erhard, 1909; auf dem Schalldeckel Holzfigur Christus salvator, frühes 18. Jh.

Der *Gekreuzigte* mit Schmerzhafter Muttergottes, Holz, barock, um 1700 (Langhaus, Nordwand). – *St. Katharina,* Holzfigur, barock, 2. Hälfte 17. Jh. (Langhaus, Nordwand). – Auferstandener *Christus,* Holzfigur, barock, 17. Jh. (Chor, Südwand). – *St. Josef* mit Jesuskind, Holzfigur, barock, 18. Jh. (Chor, Nordwand). – *Hl. Bruder Konrad* von Parzham, *hl. Antonius* von Padua, Holzfiguren, 2. Hälfte 20. Jh. (Langhaus, Westwand). – *Gestühl* (Langhaus, Chor, Beichtstühle), 1909. – *Muttergottes-Gnadenbild* (Wallfahrtsbild, Ikone), Öl auf Leinwand, 85 × 55 cm, um 1720 (Langhaus, Westwand). – *St. Josef* mit Jesus und Lilie, Öl auf Leinwand, barock, 2. Hälfte 17. Jh.

Kreuzweg: Öl auf Leinwand, Medaillonform, 1909. – *Taufstein,* Rotmarmor, wohl barock, Anfang 18. Jh. – *Stukkaturen* an der Decke von Langhaus und Chor, Pflanzen- und Girlandenmotive mit Putti und Muscheln, kräftige Arbeit, 1909. – *Bodenbelag,* grauer Juramarmor und rötlicher Veroneser Marmor, 1982.

Volksaltar: Mit den eucharistischen Symbolen Brot und Wein sowie mit Hopfendolden, der Hauptfrucht der Hallertau, von Urban Huber, Schweitenkirchen, 1984. – *Ambo,* Urban Huber, 1984.

Fresken: Alle Deckengemälde von Michael P. Weingartner, Pfaffenhofen a. d. Ilm, 1957–1958. Hauptfresken polychrom, Zwickelfresken Grisaille.

Im Langhaus Hauptfresko Der kommende Christus (Mitte), dazu Szenen aus dem Leben Jesu (Rand), Vertreibung aus dem Paradies, Verheißung des kommenden Messias durch die Propheten, Aufnahme Mariens in den Himmel (Empore). In den Zwickeln der Nordseite St. Bonifatius, Apostel Deutschlands, St. Leonhard und St. Florian, St. Anna, Vorbild der christlichen Mütter, St. Nikolaus von der Flüe, Friedensstif-

ter. In den Zwickeln der Südseite St. Korbinian, unser Glaubensvater, St. Notburga und Selige Irmengard von Frauenchiemsee, St. Elisabeth, Selig die Barmherzigen, St. Christophorus, Christusträger.

Im Chor Hauptfresko Taufe Jesu durch Johannes d. T., Spruchband „Dies ist mein geliebter Sohn, an dem ich mein Wohlgefallen habe" (Mt 3, 17). In den Zwickeln der Nordseite St. Petrus und St. Matthias mit Eucharistiesymbolen Brot, Fisch, A (alpha, Anfang) und O (omega, Ende), Spruchband Christus unser Brot und Leben. In den Zwickeln der Südseite Pelikan und Spruchband Christus Opfer und Erlöser, St. Paulus und St. Andreas.

Über dem Scheitel des Scheidbogens vom Langhaus zum Chor Stuckkartusche mit Inschrift „Tut dies zu meinem Andenken" (Lk 22, 19).

Vasa sacra – Liturgische Geräte: a) Monstranz, Silber, teilvergoldet, mit farbigen Glasflüssen, Ostensorium Akanthuskranz mit Putten, Beschauzeichen (nicht bei Seling) um 1690, Meistermarke Seling 1636 = Caspar Riss, Meister um 1661 (geb. ?, gest. 1712). – b) Ciborium, Messing, versilbert, frühes 19. Jh. – c) Kelch, Silber, vergoldet, mit Silberauflagen und Emaillemedaillons, an der Cuppa Passionsdarstellungen, am Fuß Der gute Hirte, Patron und Mariä Himmelfahrt, unter dem Fuß eingraviert 1732, Beschauzeichen Seling 148 = Augsburg 1690–1695, Meistermarke wahrscheinlich Seling 1927 = Marx Daniel Weinold, Meister um 1698. – d) Kelch, 18. Jh. – e) Kelch, um 1880. – f) Segenskreuz (Wettersegen, Kreuzpartikel), 18. Jh. – g) Altarkreuz, 18. Jh. – h) Ewig-Licht-Ampel, um 1830.

Orgel: Mayer-Westermayer nannten in der Diözesanbeschreibung von 1874 eine „Orgel"[54], gaben aber zu ihr keine Einzelheiten an. Das jetzige Werk mit 2 Manualen und Pedal baute 1910 Willibald Siemann (München)[55]. Im I. Manual (C–f''') stehen Dolce 8', Gedeckt 8', Blockflöte 2', Principal 8', Flöte 4', Oktav 4', Mixtur 2⅔'. Im II. Manual (C–f''') stehen Aeoline 8', Salicional 8', Lieblich Gedeckt 8', Principal 2', Fugara 4', Voix-Celeste 8'. Im Pedal (C–d') stehen Oktavbaß 8', Subbaß 16', Stillgedeckt 16'. Spielhilfen sind Manualkoppel II/I, Pedalkoppel I, II, Auslöserknopf, Knöpfe für Piano, Mezzoforte, Forte, Tutti, Superoktavkoppel zu I, Suboktavkoppel II/I, Superoktavkoppel II/I. Pneumatische Kegellade. Pedal mit enger Mensur. Freistehender Spieltisch. „Dreiteiliger Prospekt in Formen des Neurokoko"[56].

Gedenktafel: Im Chor innen, am Wandpfeiler der Nordseite, Gedenktafel zur Grundsteinlegung „1906" des Kirchenbaues.

Gedenktafel: An der Langhaus-Südwand „Ruhestätte des hochwürdigen Herrn Aegidius Zintl, gest. am 27. Okt. 1877 im 69. Lebensjahre, 21 Jahre Pfarrer dahier. R. I. P."

Gedenktafel: An der Langhaus-Südwand „Dem Erbauer dieser Kirche, Hochwürden Herrn Jakob Strasser, 1902–1917 Pfarrer in Schweitenkirchen, gewidmet von der dankbaren Pfarrgemeinde".

Kriegergedenktafel: An der Nordwand des Langhauses Kriegergedenktafel für die Gefallenen der Pfarrei im I. Weltkrieg (1914–1918).

Glocken: a) St. Marien, Ton es', 1050 kg. – b) St. Johannes d. T., Ton g', 725 kg. – c) St. Josef, Ton b', 335 kg. – d) St. Michael, Ton c", 245 kg. Alle Gießerei Karl Czudnochowsky, Erding, 1950.

Bis zur kriegsbedingten Ablieferung 1942 hing ein Dreiergeläute im Turm; es bestand aus der St.-Johannes-Glocke (130 cm Durchmesser, 1050 kg, Ulrich Kortler, München, 1881), der St.-Corbinians-Glocke (90 cm Durchmesser, 500 kg, Ulrich Kortler, München, 1881) und der St.-Petrus-Canisius-Glocke (428 kg, Rudolf Oberascher, München, 1926[57]). 1982 Glockenstuhl-Erneuerung.

Eine Gnadenstuhlgruppe des Meisters von Rabenden

Den Hochaltar der Pfarrkirche Sankt Johannes d. T. in Schweitenkirchen ziert ein vortreffliches Schnitzwerk: der Gnadenstuhl.

Prälat Dr. Sigmund Benker, der Diözesanarchivar des Archivs des Erzbistums München und Freising, wertet die Gnadenstuhlgruppe als ein Werk des Meisters von Rabenden und stellt dazu fest:

Die Kunst des 16. Jahrhunderts ist auch in Bayern ein Spiegel der regen geistigen Bewegung, die zur Abkehr von den festen Formen des Mittelalters führte.

Unter den Bildhauern Altbayerns ist, neben dem Genie Hans Leinberger, der sogenannte „Meister von Rabenden" führend in der Findung neuer Ausdrucksmöglichkeiten. Wir kennen seinen Namen nicht und müssen ihn daher nach seinem Hauptwerk, dem Hochaltar der Kirche von Rabenden im Chiemgau, benennen. Dieser Altar entstand um 1515.

Ein weiteres hervorragendes Meisterwerk von ihm ist die Plastik des Gnadenstuhles in der Kirche Heilig Blut bei Rosenheim. Dieser Figur ganz nahe steht die große Gruppe im Hochaltar von Schweitenkirchen.

Der Inhalt dieses Bildes ist die durch die göttliche Dreifaltigkeit gewirkte Erlösung. Gott Vater hält den starren, entseelten Leib des Sohnes auf seinem Schoß, der Heilige Geist schwebt bestätigend darüber. Der Leib Christi wird vom Vater dem Beschauer gezeigt. Zum einen wird damit die Menschenliebe Gottes, der seinen Sohn zur Erlösung der Menschheit in den Tod gab, veranschaulicht; zum anderen erinnert der vorgewiesene Leib Christi an den Herrenleib im Sakrament der Eucharistie. Der Gnadenstuhl ist also ein Bild der Dreifaltigkeit, der Erlösung und der Eucharistie zugleich.

Für die Darstellung in Heilig Blut und in Schweitenkirchen hat sich der Meister von dem großartigen Holzschnitt Albrecht Dürers (1511) anregen lassen. Dürer freilich hat sein Bild in die Wolken verlegt, während die beiden Bildhauerwerke eine Thronbank mit einem Sockel benutzen. Das kraftlose Herabhängen der Füße Christi ist in der Schweitenkirchener Gruppe eindrucksvoller als in Heilig Blut mit der veränderten Situierung verbunden worden. Die steilere, weniger in die Breite gehende, Schweitenkirchener Gruppe ist auch in der Darstellung des

Schmerzes und der Starrheit leidenschaftlicher und eindrucksvoller als die Gruppe von Heilig Blut, über der mehr milde Ausgeglichenheit liegt.

Die Schweitenkirchener Gruppe dürfte daher eher entstanden sein, nahe am Rabendener Altar, wo der hl. Jakobus ein dem Gottvater sehr verwandtes Antlitz zeigt. Die schöpferische Kraft, die aus dieser Gruppe spricht, erlaubt, sie ins eigenhändige Werk des Meisters einzureihen.

Eine Replik des Heilig-Blut-Gnadenstuhles in Innerbittlbach bei Isen und eine etwas andere Fassung des Themas in München-Solln erreichen nicht die Qualität dieser beiden Hauptwerke.

Zur Geschichte dieses Werkes kann angenommen werden, daß es die Mittelgruppe eines gotischen Schreinaltares war. Ob dieser Altar freilich in Schweitenkirchen gestanden hat, oder ob die Skulptur später dorthin gekommen ist, ist nicht feststellbar.

Die beiden Engelköpfe und die Thronwangen sind im 17. Jahrhundert hinzugefaßt worden, zeigen also, daß das Bildwerk damals wieder in einen neuen Altar eingefügt wurde. Auch die Heilig-Geist-Taube ist jünger.

Die Gruppe wird bei der Inventarisation des „Kunstdenkmals des Königreichs Bayern" 1889 zum ersten Mal erwähnt und ist auch auf einem Photo derselben Zeit im Auszug des damaligen Hochaltares erkennbar. Erst einige Zeit nach dem Neubau der Kirche (1909) erhielt sie ihren jetzigen Platz und eine neue Fassung.

Daß ein Werk des Meisters von Rabenden im Norden von München überliefert ist, darf als ein weiteres Indiz dafür gelten, daß der Bildhauer nicht – wie Rohmeder, dem dieses Werk unbekannt blieb, annimmt – in Rosenheim, sondern in München ansässig war.[58]

*

Denn Gott hat die Welt so sehr geliebt, daß er seinen einzigen Sohn hingab, damit jeder, der an ihn glaubt, nicht zugrunde geht, sondern das ewige Leben hat. Denn Gott hat seinen Sohn nicht in die Welt gesandt, damit er die Welt richtet, sondern damit die Welt durch ihn gerettet wird. (Joh 3, 16 f).

Das Muttergottes-Gnadenbild

In der Pfarrkirche wird ein Muttergottes-Gnadenbild verehrt, das, der Überlieferung nach, sehr alt ist und dessen Typus in die Frühzeit der Christenheit zurückweist.

Dr. Peter B. Steiner, Direktor der Kunstsammlungen des Erzbistums München und Freising (Diözesanmuseum, Freising), stellt dazu fest:

Der kostbar geschnitzte Rahmen gehört der Zeit um 1720 an. Der Holzrahmen verwendet Schmuckformen, die in der Münchener Hofkunst bei Joseph Effner und bei dem Stukkateur Ägid Quirin Asam vorkommen, insbesondere die Rosette, aus der heraus der Palmwedel wächst. Mit diesem Motiv läßt sich der Rahmen ziemlich genau in den Kunstkreis München lokalisieren und auf einen Zeitraum zwischen 1720 und 1735 datieren.

Das Bild in diesem Rahmen wirkt fremdartig. Mit ganz dunklen Farben ist die Muttergottes gemalt, das Kind auf ihrem linken Arm sitzend. Das Bild ist auf Leinwand gemalt (85 × 55 cm), mit einem neueren Goldgrund hinterlegt, auf dem die griechischen Anfangsbuchstaben von „ThU MR", das heißt Gottesmutter, aufgeschrieben sind. Der Maltechnik und der Malweise nach, ist das Marienbild eine Arbeit etwa aus der Zeit des Rahmens, also um 1720. Von wem es in die Pfarrkirche gestiftet wurde, ist bisher nicht geklärt.

Der Typus des Muttergottesbildes folgt dem Gnadenbild von S. Maggiore in Rom, dem sogenannten „Maria-Schnee-Bild" aus dem 5. Jahrhundert. Von diesem kam 1570 eine Kopie an das Jesuitenkolleg in Ingolstadt und wurde dort im Barock als „Dreimal Wunderbare Mutter" hoch verehrt. Vom Ingolstädter Gnadenbild der Dreimal Wunderbaren Mutter sind die Haltung von Mutter und Kind, das Buch in der Hand des Jesuskindes sowie der spitzwinkelig zulaufende Haaransatz des Kindes übernommen. Die Tracht der Muttergottes aber entspricht nicht dem römischen und dem Ingolstädter Gnadenbild, sondern dem Gnadenbild der Alten Kapelle, das in Regensburg verehrt wird und um 1500 Gegenstand einer sehr großen Wallfahrt war. Vom Regensburger Gnadenbild stammen die Details der Kleidung, das Kreuz auf dem Kopftuch, das Kreuz auf der Schulter und der Fransenbesatz am Schultertuch sowie die weisende Handhaltung Mariens, die mit ihrer Rechten auf das segnende Christkind zeigt.

Dieser Typus der weisenden Muttergottes wird Hodegetria genannt, nach einem Urbild im Hodegos-Kloster in Konstantinopel.

Ähnlich wie das Regensburger Gnadenbild der Alten Kapelle zeigt auch das von Schweitenkirchen ein Schmuckstück am Halsausschnitt des Madonnenkleides. In Schweitenkirchen ist es ein rautenförmiges, kleines Reliquiar, mit Perlen besetzt, in dem eine Stoffreliquie zu erkennen ist und eine Reliquienbeschriftung „De Pella B. V.", das heißt vom Gewand der seligen Jungfrau.

Reliquien vom Schleier, von der Tunika, vom Gewand der Muttergottes werden an vielen Orten der Welt verehrt; die Art der Reliquienfassung entspricht süddeutschen Kleinreliquien des 17. Jahrhunderts. Auf welche Reliquie sich genau dieses gemalte Reliquiar bezieht, kann noch nicht bestimmt werden.

Die Verehrung von ikonenartigen Gnadenbildern als uralt heiligen Bildern hat in der bayerischen Kirchengeschichte eine lange Tradition. Neben Ingolstadt und Regensburg hat auch Freising im Lukasbild des Domes eine solche Ikone; auch das in Passau, Vilsbiburg, Amberg, Innsbruck und München verehrte Maria-Hilf-Bild ist im Ikonentypus gestaltet, ebenso die Gnadenbilder Maria Trost, Maria vom Guten Rat und das Gnadenbild des Landshuter Ursulinenklosters. Eigentlich gehen alle bayerischen Marienwallfahrten – soweit sie nicht geschnitzte Gnadenbilder zum Zentrum haben – auf griechische oder römische Ikonen der Frühzeit (4.–7. Jahrhundert) zurück, deren Züge sie durch Jahrhunderte hindurch weitertragen und den Gläubigen fromm überliefern.

Während aber die Ingolstädter, Regensburger, Landshuter und Passauer Mariengnadenbilder in ihrer Malweise dem Stil ihrer Entstehungszeit (16. und 17. Jahrhundert) angepaßt und „eingedeutscht" sind, ist das Marienbild von Schweitenkirchen bewußt fremdartig gemalt; es wirkt „griechisch", ähnlich wie die Marien-Ikone von Smederevo, die 1688 von baierischen Soldaten im Türkenkrieg gefunden, nach München gebracht und in der Sankt-Anna-Kirche am Lehel verehrt wurde. Sie stimmt in der Tracht, nicht aber in der Haltung, mit dem Marienbild von Schweitenkirchen überein.

Die Türkenkriege unter Prinz Eugen und Kurfürst Max Emanuel brachten für viele Baiern eine erste Begegnung mit Osteuropa und der Kunst und Theologie der Ostkirche. Nach Auffassung der griechischen Theologie enthält jedes getreue Abbild etwas vom Wesen des Abgebildeten. Demnach enthält ein getreues Bild der Muttergottes etwas von ihrem

Wesen. Um diesen kostbaren Anteil am Wesen nicht zu verlieren, wurden die Bilder genau kopiert und so fast unverändert über viele Jahrhunderte und große Entfernungen überliefert.

Im baierisch-griechischen Marienbild von Schweitenkirchen drückt sich diese Bilderfrömmigkeit der Ostkirche aus. Es überliefert eines der ältesten Marienbilder der Christenheit aus Konstantinopel in die Hallertau.[59]

Steiners Ausführungen verdienen eine Erweiterung:

Das Gnadenbild in der Cappella Paolina (Borghesiana) der Basilika Santa Maria maggiore in Rom, als Maria-Schnee-Bild unter dem Namen „Salus populi Romani" hochverehrt, gelangte wohl im 5. Jahrhundert in die Heilige Stadt, hieß Maria-Lukas-Ikone, wurde in frommer Legende dem Evangelisten Lukas als Maler zugeschrieben, am 25. April 590 anläßlich der Pestepidemie in Rom von Papst Gregor I. d. Gr. (590–604) zum Vatikan getragen (es war jener Tag, an dem Gregor I. die Engelserscheinung über dem Hadriansgrabmal hatte), und als Gnadenbild auch bei der Choleraepidemie von 1837 und bei der Kriegsentscheidung von 1860 in feierlicher Prozession durch die Stadt geführt.

Zur Farbtönung: „Das Bild in S. Maria maggiore (Kapelle Pauls V.) war einst... gewiß hell gemalt; neuere Kopien aber, zumal wenn sie noch von sich aus nachdunkeln, werden die Vorstellung der tiefsten braunen Hautfarbe erwecken."[60] Das Schweitenkirchener Bild zeigt sich als eine sogenannte „Schwarze Muttergottes".

Papst Pius V. (1566–1572) gestattete dem 1671 heiliggesprochenen Jesuitengeneral Franz von Borja (Franz de Borgia, 1510–1572), von der Ikone eine Kopie zu nehmen. 1570 schenkte der Ordensgeneral eine Kopie dem Jesuitenkolleg zu Ingolstadt, wo sie besonders von Pater Jakob Rem SJ (gest. 1618) sehr verehrt wurde. Rem „sammelte um dieses Gnadenbild seine marianische Studentenkongregation (Colloquium Marianum), die einen großen Einfluß ausübte auf das katholische Geistesleben zur Zeit der Gegenreformation... Eine geschichtlich bezeugte Überlieferung weiß zu berichten, daß Pater Rem, während die Studenten die Lauretanische Litanei sangen, eine Ekstase hatte. Er sah die Mutter Gottes im Bilde erscheinen... Die Erscheinung begann, als die Studenten sangen: Mater admirabilis (Du wunderbare Mutter). Pater Rem forderte die Studenten auf, die Anrufung dreimal zu singen. So lange währte die Erscheinung. Seitdem wird dieses Bild unter dem Titel ‚Dreimal Wunderbare Mutter' verehrt."[61]

Am 12. September 1822 besuchte Prosper Gelder (1764–1836), der Sekretär von Erzbischof Lothar Anselm Freiherr v. Gebsattel, anläßlich einer Visitationsreise die Pfarrei Schweitenkirchen, besichtigte die Pfarrkirche und notierte: „Auf dem Hochaltar ist eine Muttergottes mit dem Kinde gemalt; das Bild soll aus Ungarn gebracht worden seyn. Das Colorit ist blasses Schwarzbraun auf goldenem Grunde..."[62]

Geht man von Steiners Datierung „um 1720" aus, gesteht man der Gelder mitgeteilten Herkunftsangabe „aus Ungarn gebracht" einen volksnah überlieferten Traditionswert zu, dann könnte als Stifter des Gnadenbildes ein Schweitenkirchener Kriegs- oder Handelsmann – etwa der Epoche des Großen Türkenkrieges 1683–1699 oder des Türkenkrieges Venedigs und des Kaisers 1714–1718 – nicht auszuschließen sein.

Heilige Maria,
Heilige Mutter Gottes,
Heilige Jungfrau,
Mutter Christi,
Mutter der göttlichen Gnade,
Mutter, du Reine
Mutter, du Keusche
Mutter ohne Makel
Mutter, du viel Geliebte
Mutter, so wunderbar
Mutter des guten Rates
Mutter der schönen Liebe
Mutter des Schöpfers
Mutter des Erlösers

Du kluge Jungfrau
Jungfrau, von den Völkern gepriesen
Jungfrau, mächtig zu helfen
Jungfrau voller Güte
Jungfrau, du Magd des Herrn

Du Spiegel der Gerechtigkeit
Du Sitz der Weisheit
Du Ursache unserer Freude
Du Kelch des Geistes
Du kostbarer Kelch

Du Kelch der Hingabe
Du geheimnisvolle Rose
Du starker Turm Davids
Du elfenbeinerner Turm
Du goldenes Haus
Du Bundeslade Gottes
Du Pforte des Himmels
Du Morgenstern
Du Heil der Kranken
Du Zuflucht der Sünder
Du Trost der Betrübten
Du Hilfe der Christen

Du Königin der Engel
Du Königin der Patriarchen
Du Königin der Propheten
Du Königin der Apostel
Du Königin der Märtyrer
Du Königin der Bekenner
Du Königin der Jungfrauen
Du Königin aller Heiligen
Du Königin, ohne Erbschuld empfangen
Du Königin, aufgenommen in den Himmel
Du Königin vom heiligen Rosenkranz
Du Königin des Friedens.
(Lauretanische Litanei)

Der Kirchenpatron von Schweitenkirchen
St. Johannes der Täufer

(griech.: Johann Baptist; 24. Juni: Geburt; 29. August: Enthauptung)

Johannes d. T. ist dem Neuen Testament nach der Vorläufer und Wegbereiter Jesu. Geboren wurde Johannes in En Karim bei Jerusalem als Sohn des Priesters Zacharias und der Elisabeth, einer Verwandten der Mutter Jesu. Von Kindheit an Gott geweiht, war es offenbar seine Bestimmung, den Anbruch des Reiches Gottes zu verkünden im Wort der Bußpredigt und im Zeichen der Taufe. Als einzige direkte Zeitangabe in den Evangelien wird das Auftreten des Johannes mit dem Jahr 28 n. Chr. angegeben:

„Es war im fünfzehnten Jahr der Regierung des Kaisers Tiberius; Pontius Pilatus war Statthalter von Judäa, Herodes Tetrarch von Galiläa, sein Bruder Philippus Tetrarch von Ituräa und Trachonitis, Lysanias Tetrarch von Abilene; Hohepriester waren Hannas und Kajaphas. Da erging in der Wüste das Wort Gottes an Johannes, den Sohn des Zacharias. Und er zog in die Gegend am Jordan und verkündigte dort überall Umkehr und Taufe zur Vergebung der Sünden" (Lk 3, 1–3).

Ein längerer Aufenthalt in der Einsamkeit der Wüste hat ihn hellhörig gemacht für die Botschaft Gottes. Der Zulauf des Volkes war zunächst groß. In Jesus ahnt und erkennt er den Messias. Doch der Mann der unbedingten Gerechtigkeit, der offenen und deutlichen Sprache, der treu ist gegenüber Gesetz und Gebot und der Stimme seines Gewissens folgt – er mußte Anstoß erregen und Ablehnung erfahren, zuletzt bei König Herodes Antipas, dem er seine unrechtmäßige Ehe mit der Frau seines Stiefbruders vorhielt. Zuerst bespitzelt, dann verhaftet, wurde er – wie der jüdische Schriftsteller Flavius Josephus berichtet – auf Wunsch von Herodias, der Frau des Königs, in der Festung Machärus, östlich des Toten Meeres, enthauptet. Der Martyrertod ist das Schicksal fast aller Propheten. Die vier Evangelisten würdigen Johannes als den Propheten, der, an der Zeitenwende der Geschichte Gottes mit seinem Volk, das Kommen des Reiches Gottes ankündigt:

Lukas erzählt besonders ausführlich und einfühlsam die Kindheitsgeschichte von Johannes und Jesus. Freude herrscht bei der Erwartung der Geburt von Menschenkindern, durch die Gott Gutes tut, was ja auch der Name „Johannes" besagt: „Jahwe ist gnädig. "

Für Elisabeth kam die Zeit der Niederkunft, und sie brachte einen Sohn zur Welt. Ihre Nachbarn und Verwandten hörten, welch großes Erbarmen der Herr ihr erwiesen hat, und freuten sich mit ihr. Am achten Tag kamen sie zur Beschneidung des Kindes und wollten ihm den Namen seines Vaters Zacharias geben. Seine Mutter aber widersprach ihnen und sagte: Nein, er soll Johannes heißen. Sie antworteten ihr: Es gibt doch niemand in der Verwandtschaft, der so heißt. Da fragten sie seinen Vater durch Zeichen, welchen Namen das Kind haben solle. Er verlangte ein Schreibtäfelchen und schrieb zum Erstaunen aller darauf: Sein Name ist Johan-

nes. Im gleichen Augenblick konnte er Mund und Zunge wieder gebrauchen, und er redete und pries Gott" (Lk 1, 57–64).

Der Lobgesang des Zacharias (das „Benedictus") wird heute noch im Stundengebet der Kirche als Morgenlob angestimmt:

„Gepriesen sei der Herr, der Gott Israels! / Denn er hat sein Volk besucht und ihm Erlösung geschaffen. Er hat uns einen starken Retter erweckt / Im Hause seines Knechtes David.
So hat er verheißen von alters her / durch den Mund seiner heiligen Propheten.
Er hat uns errettet vor unseren Feinden / und aus der Hand aller, die uns hassen;
Er hat das Erbarmen mit den Vätern an uns vollendet / und an seinen heiligen Bund gedacht, an den Eid, den er unserem Vater Abraham geschworen hat, / er hat uns geschenkt, daß wir, aus Feindeshand befreit, / ihm furchtlos dienen in Heiligkeit und Gerechtigkeit / vor seinem Angesicht all unsre Tage.
Und du, Kind, wirst Prophet des Höchsten heißen; / denn du wirst dem Herrn vorangehen und ihm den Weg bereiten. Du wirst sein Volk mit der Erfahrung des Heils beschenken / in der Vergebung der Sünden.
Durch die barmherzige Liebe unseres Gottes / wird uns besuchen das aufstrahlende Licht aus der Höhe, / Um allen zu leuchten, die in Finsternis sitzen und im Schatten des Todes, / und unsere Schritte zu lenken auf den Weg des Friedens.
Das Kind wuchs heran, und sein Geist wurde stark. Und Johannes lebte in der Wüste bis zu dem Tag, an dem er den Auftrag erhielt, in Israel aufzutreten." (Lk 1, 68 –80).

Markus mißt dem Prediger und Täufer Johannes solche Bedeutung für das öffentliche Wirken Jesu bei, daß er ihn gleich an den Anfang seines Evangeliums stellt:
„Anfang des Evangeliums von Jesus Christus, dem Sohn Gottes: Es begann, wie es bei dem Propheten Jesaja steht:
Ich sende meinen Boten vor dir her; / er soll den Weg für dich bahnen. Eine Stimme ruft in der Wüste: / Bereitet dem Herrn den Weg! / Ebnet ihm die Straßen!
So trat Johannes der Täufer in der Wüste auf und verkündigte Umkehr und Taufe zur Vergebung der Sünden. Ganz Judäa und alle Einwohner Jerusalems zogen zu ihm hinaus; sie bekannten ihre Sünden und ließen sich im Jordan von ihm taufen.
Johannes trug ein Gewand aus Kamelhaaren und einen ledernen Gürtel um seine Hüften, und er lebte von Heuschrecken und wildem Honig...
In jenen Tagen kam Jesus aus Nazaret in Galiläa und ließ sich von Johannes im Jordan taufen. Und als er aus dem Wasser stieg, sah er, daß sich der Himmel öffnete und der Geist wie eine Taube auf ihn herabkam.
Und eine Stimme aus dem Himmel sprach: Du bist mein geliebter Sohn, an dir habe ich Gefallen gefunden." (Mk 1, 1–6, 9–11).

Matthäus schildert den Täufer im Gefängnis mit seiner Not und Anfechtung des Glaubens und berichtet, mit welcher Hochachtung Jesus von Johannes spricht:
„Johannes hörte im Gefängnis von den Taten Christi. Da schickte er seine Jünger zu ihm und ließ ihn fragen: Bist du der, der kommen soll, oder müssen wir auf einen anderen warten? Jesus antwortete ihnen: Geht und berichtet Johannes, was ihr

hört und seht: Blinde sehen wieder, und Lahme gehen; Aussätzige werden rein, und Taube hören; Tote stehen auf, und den Armen wird das Evangelium verkündet. Selig ist, wer an mir keinen Anstoß nimmt. Als sie gegangen waren, begann Jesus zu der Menge über Johannes zu reden; er sagte: Was habt ihr denn sehen wollen, als ihr in die Wüste hinausgegangen seid? Ein Schilfrohr, das im Wind schwankt? Oder was habt ihr sehen wollen, als ihr hinausgegangen seid? Einen Mann in feiner Kleidung? Leute, die fein gekleidet sind, findet man in den Palästen der Könige. Oder wozu seid ihr hinausgegangen? Um einen Propheten zu sehen? Ja, ich sage euch: Ihr habt sogar mehr gesehen als einen Propheten. Er ist der, von dem es in der Schrift heißt: Ich sende meinen Boten vor dir her; er soll den Weg für dich bahnen. Amen, das sage ich euch: Unter allen Menschen hat es keinen größeren gegeben als Johannes den Täufer; doch der Kleinste im Himmelreich ist größer als er." (Mt 11, 2–11).

Johannes, der Evangelist und Theologe, schildert den Täufer als Zeugen für den Messias Jesus:

„Es trat ein Mensch auf, der von Gott gesandt war; sein Name war Johannes. Er kam als Zeuge, um Zeugnis abzulegen für das Licht, damit alle durch ihn zum Glauben kommen. Er war nicht selbst das Licht, er sollte nur Zeugnis ablegen für das Licht." (Joh 1, 6–8).
„Dies ist das Zeugnis des Johannes: Als die Juden von Jerusalem aus Priester und Leviten zu ihm sandten mit der Frage: Wer bist du?, bekannte er und leugnete nicht; er bekannte: Ich bin nicht der Messias. Sie fragten ihn: Was bist du dann? Bist du Elija? Und er sagte: Ich bin es nicht. Bist du der Prophet? Er antwortete: Nein. Da fragten sie ihn: Wer bist du? Wir müssen denen, die uns gesandt haben, Auskunft geben. Was sagt du über dich selbst? Er sagte: Ich bin die Stimme, die in der Wüste ruft: Ebnet den Weg für den Herrn!, wie der Prophet Jesaja gesagt hat. Unter den Abgesandten waren auch Pharisäer. Sie fragten Johannes: Warum taufst du dann, wenn du nicht der Messias bist, nicht Elija und nicht der Prophet? Er antwortete ihnen: Ich taufe mit Wasser. Mitten unter euch steht der, den ihr nicht kennt und der nach mir kommt; ich bin es nicht wert, ihm die Schuhe aufzuschnüren. Dies geschah in Betanien, auf der anderen Seite des Jordan, wo Johannes taufte. Am Tag darauf sah er Jesus auf sich zukommen und sagte: Seht, das Lamm Gottes, das die Sünde der Welt hinwegnimmt." (Joh 1, 19–29).

In der christlichen Kunst wird der Heilige seit dem 2. Jahrhundert vorwiegend in Verbindung mit der Taufe Jesu dargestellt. Später wird er dann als Bußprediger gezeigt: Jung, robust, bärtig, mit Fellgewand und Kreuzstab, an dem ein Spruchband hängt mit der Aufschrift: „Ecce Agnus Dei" (Seht, das Lamm Gottes). Oft ist ihm Lamm oder Schale mit seinem Haupt beigegeben.

In den meisten Kirchen des Ostens ist auf der Ikonostase, der Trennwand zum Altarraum hin, Johannes als Bote des Herrn zu sehen.

Ikone, russisch, um 1800, Schweitenkirchen ▶

Und Johannes bezeugte: Ich sah, daß der Geist vom Himmel herabkam wie eine Taube und auf ihm blieb. Auch ich kannte ihn nicht; aber er, der mich gesandt hat, mit Wasser zu taufen, er hat mir gesagt: Auf wen du den Geist herabkommen siehst, und auf wem er bleibt, der ist es, der mit dem Heiligen Geist tauft. Das habe ich gesehen, und ich bezeuge: Er ist der Sohn Gottes. (Joh 1, 32–34)

Aus einer Pfarrbeschreibung von 1585

Verzeichnus der Pfarr Schweittn-
khurchen Mospurger Lanndtge-
richt. Patroni. Derselben Dedication.
Filial. Sepultur. Und ornata. So
auf entpfanngnen genedigen
bevelch. Nach lenngs hernach
beschriben. Wie in Specie vollgt.

Erstlich ist Ermellts Gotshaus
Patron auf dem vordern Alltar
Joan Babtista.

Dedication. Ermelltes Gotshaus
wirdet järlich almals sonntags
nach Petri und Pauli auf Jeztge-
sagtem Chorälltar gehalten
und begangen.

Noch steen zween Alltär in diser
Khurchen. Deren einer S. Sebas-
tianus. Der ander Sc. Maria
Patroni.

So hat dise Pfarr drei Filial-
khurchl.

Erstens zu Sinzhausen in der Hofmark. Patronus auf dem
Choralltar S. Colmanus.

Mer zween Alltär Patroni S.
Khaterina et Barbara. [63]

Beschreibung der Kharr Schweinbu-
churichs des kirchen Laumbs[...]
und patrony. Der eller dedication.
filial sepultür und ornata. Ob
auch mit Klanngers grundliche[...]
bewilg. Was Kannyls beynach[...]
ordinarie, wie in specie folgt.

Erstes ist freuille Gottshaus
patron. Auf den Vordern altar
Joan Baptista.

Dedication freuiller Markhrun[...]
wirdet, jährlich allweih donlaga[...]
nach Estri ob Khilh die Kirchw[...]
aghen Ghor altar gehalten
und begangen.

Item drey steinen altär in diser
Khürchen daruon einer S. Sebas-
tianus, der anderer S. Mariæ
patrony.

Zo göth die Kharr der filial
Khürchl.

In der Bürgerhausen in der ghmain-
markt. Patronus auf dem
Ghor altar S. Colmanus.

[...]er steinen altär patroni. S.
Khaterinæ et Barbara.

Pfarrer Greißls Verzeichnis von 1661

Was ich Endtsunterschribener an parem gelt bey antretung der Pfarr Schweidenkirchen an den, von des H. Antecessors Sel. Erben, übernommenen Mobilien, p. 230 fl geschezt, abgericht und erlegt, wie volgt.

Dem Gericht Mospurg . . . . *20 fl 24 kr*
dem Herrn Dechant . . . . *18 fl —*
dem Schergen . . . . *4 fl 42 kr*
dem Schreiber . . . . *2 fl —*
dem Mesner alda . . . . *2 fl —*
dem Pawknecht . . . . *4 fl 30 kr*
dem Dienstbuben . . . . *2 fl —*
der Oberdirn . . . . *8 fl —*
der Mitterdirn . . . . *4 fl —*
der Haushalterin . . . . *8 fl —*
Herrn Cammerer sel. vor sein Jahrtag . . . . *1 fl —*
Infulsteuer . . . . *35 fl —*
Subsidium Charitativum ab ao. 45 . . . . *8 fl —*
. . .

Adam Greißl, 6. May 1661. [64]

Antecessor	Amtsvorgänger
Dechant	Dekan
Scherge	Gerichtsdiener
Pawknecht	Bauknecht, Oberknecht
Infulsteuer	Bischofssteuer
Subsidium Charitativum	Spende zugunsten Bedürftiger

◀ Siegel von Pfarrer Gregor Wagner
Brief vom 10. September 1710 an Fürstbischof Johannes Franz Ecker von Kapfing und Lichteneck

Als Student an der Universität zu Ingolstadt

Alle Weisheit stammt vom Herrn,
und ewig ist sie bei ihm. (Sir 1, 1)

Sechs Männer sind es – drei aus Schweitenkirchen, darunter Pfarrer
Konrad Kastner, einer aus Dietersdorf, einer aus Dürnzhausen und einer aus Frickendorf –, die zwischen 1474 und 1666, also in den ersten beiden Jahrhunderten des Bestehens der Universität zu Ingolstadt, aus hiesiger Gegend in den Matrikeln der Hohen Schule, Bayerns ältester
Alma mater, als Studenten eingeschrieben und namentlich überliefert
sind.

Die Universität Ingolstadt wurde 1472 durch Herzog Ludwig IX. d. Rei-
chen von Niederbayern-Landshut (1450–1479) gegründet, 1800 nach
Landshut a. d. Isar und schließlich 1826 in die königliche Residenz- und
Landeshauptstadt München verlegt. Während in ihren ersten Jahren
die Hohe Schule zu Ingolstadt 500 bis 600 Studiosi verzeichnete, stellt
die Ludwig-Maximilians-Universität München mit 50 623 Hörern im
Sommersemester 1984 die größte Universität der Bundesrepublik
Deutschland dar.

Die erste Fassung des Stiftungsbriefes nennt – hübsch mittelalterlich in
der Reihenfolge der vier Himmelsrichtungen – „nicht nur die Bayern,
zu denen auch Ungarn, Böhmen, Österreicher und Schwaben gerech-
net werden, sondern auch die ‚Rheinländer‘ einschließlich der Franzosen und Burgunder, die ‚Fränkische Nation‘ samt Hessen, Westfalen,
Engländern und Skandinaviern und die ‚Sachsen‘, zu denen auch die
östlichen Nationen, ‚Preyssen, Reissen, Littaun, Sametten und konig-
reich zw Bolan‘. Und welche Freiheit des Zuganges: Noch gab es kein
Abitur; man erwarb sich die nötigen ‚gymnasialen‘ Vorkenntnisse in der
Artistenfakultät, benannt nach den artes, den freien Künsten; und jeder hatte Zugang, ob Adliger, Bürger oder Bauer, weil die damalige
Universität als fast einzige mittelalterliche Institution keine Standes-
schranken kannte." [65]

Schon in den Anfangsjahren der Hohen Schule stellte man an die Theologiestudenten nicht geringe Anforderungen. „Bevor einer nur den un-
tersten Grad eines Baccalaureus erlangen konnte, mußte er Doktor
oder Lizentiat einer anderen, meist der Philosophischen, Fakultät sein,
was allein schon ein mindestens dreijähriges Studium voraussetzte. Für
die höheren akademischen Grade war ein Mindestalter von 30 Jahren

verlangt; außerdem mußte einer schon mindestens zwei Jahre lang zum Subdiakon geweiht sein... Die Theologiestudenten standen also von Anfang an in enger Verbindung mit der Artistenfakultät, so genannt nach den sieben ‚Freien Künsten‘, d. h. Wissenschaftsgebieten, nämlich Grammatik, Rhetorik, Dialektik, Arithmetik, Geometrie, Musik, Astronomie; aus der Dialektik hat sich schließlich die Philosophie, aus den letzten vier Wissenschaftsgebieten die Naturwissenschaft entwikkelt. Die Studenten hatten in dieser Fakultät u. a. auch Griechisch und Hebräisch, Voraussetzungen für das Theologiestudium, zu studieren; Professoren der Artistenfakultät begleiteten sie auch durch das Theologiestudium. Zur Juristischen Fakultät führte sie das Kirchenrechtsstudium..." [66]

Das „gaudeamus igitur, iuvenes dum sumus" der jungen Studentenherrchen, ihr ungebundenes „Freuen wir uns, so lange wir jung sind", erforderte den kurzen Zügel strenger Rechtsprechung. So war es verboten, „nach dem Gebetläuten ohne Licht auszugehen, auf den Straßen zu schreien oder unanständige Lieder zu singen, mit Würfeln und Karten im Wirtshaus zu spielen, Racheakte für Strafen an Rektor und Rat auszuüben und überhaupt Verbal- oder Real-Injurien an Beamten oder Nichtbeamten zu begehen. Alle Graduierten der Theologie mußten stets in einem langen, dunklen Rock umhergehen... 1474 erhielt die Kleiderordnung den Zusatz, daß es verboten sei, außergewöhnlich langes Haupthaar zu tragen, außerdem irgendeine Mummerei zu treiben, Tanzböden zu besuchen, Hochzeitsfeste durch Scherze und Skandale zu stören und bei Feuersbrünsten oder Tumulten die Wohnung zu verlassen." [67] Dennoch waren Raufhändel, Messer- und Degenstechereien zwischen den hitzköpfigen Studiosi und den Städtern an der Tagesordnung. Spottverse machten die Runde:

Wer von Ingolstadt kommt heim mit heilem Leib,
von Tübingen noch ohne Kind und Weib,
von Leipzig bar der Wunden,
von Jena ungeschunden,
von Marburg ungeschlagen:
der kann von Glücke sagen!

In Ingolstadt ein' feste Kapp',
in Würzburg's Messer nicht zu knapp,
in Heidelberg ein schneller Degen
begleite dich auf allen Wegen!

An der Hohen Schule zu Ingolstadt hatten sich die Studenten innerhalb einer Woche immatrikulieren zu lassen, die Eidesformel zu sprechen und die Gebühren zu bezahlen.

Für das Sommer- und Wintersemester 1474 schrieb sich „Dominus Conradus Castner plebanus in Sweitenkirchen" ein: Herr Konrad Kastner, Pfarrer (Leutpriester) in Schweitenkirchen. Rektor war Johann Mainberger, der 1473 als Kanonist gekommen war, aber schon 1475 verstarb.

Für das Wintersemester 1502 schrieb sich „Iohannes Veycht de Dirnzhawsen" am 21. März 1503 ein: Johann Veycht von Dürnzhausen. Rektor war Paul Keil von Vohburg. Damals dozierte der berühmte Johannes Reuchlin hebräische Sprache, und der Poeta laureatus (gekrönte Dichter) Konrad Celtis war Artistenprofessor.

Für das Wintersemester 1542 schrieb sich „Iohannes Gutiar ex Schwentenkirchen pauper" am 14. April 1543 ein: Johann Gutiar aus Schweitenkirchen, arm (unbemittelt). Rektor war Paul Freiherr von Schwarzenberg. Seinerzeit lehrte der Mathematiker und Astronom Peter Apian, der Vater des Geschichtsschreibers und Kartographen Philipp Apian. Kurz vor Gutiars Studienbeginn war am 10. Februar 1543 der Lehrstuhlinhaber für Theologie, der wortgewaltige Gegenreformator und Luther-Widersacher Prof. Dr. Johannes Eck, gestorben.

Für das Sommersemester 1596 schrieb sich „Ioannes Kueffer Schweitenkirchensis Bauarus syntaxeos" am 26. Juli 1596 ein: Johann Kueffer[68], Schweitenkirchener, Baccalaureus der Sprachlehre. Rektor war Johannes Riepl von München. Kueffer konnte keinen Geringeren als Heinrich Canisius, den Neffen des heiligen Kirchenlehrers Petrus Canisius (1521–1597, ab 1549 Theologieprofessor in Ingolstadt, 1925 Heiligsprechung), als Professor für kanonisches Recht hören.

Für das Wintersemester 1631 schrieb sich „Georgius Hueber Flickhendorfensis Boius rudimentista" am 17. November 1631 ein: Georg Hueber aus Frickendorf, ein Baier, Vorkursteilnehmer. Rektor war Leo Menzel XV. Hueber mag in Ingolstadt gewesen sein, als der Schwedenkönig Gustav Adolf vom 28. April bis 4. Mai 1632 die baierische Donaufestung vergeblich belagerte, als ihm dort während eines Rekognoszierungsrittes sein Schimmel unter dem Leib erschossen wurde, als 1633 auch die waffenfähigen Studenten gegen den andrängenden Herzog Bernhard von Weimar aufgeboten wurden und als 1634 das „Ungarische Fieber" grassierte, das am 26. September 1634 für ein Dreivierteljahr zur Schließung der Universität zwang.

Apostel Paulus, Schutzpatron der Gelehrten, Skulptur, 17. Jh., Holzhausen

Für das Wintersemester 1666 schrieb sich „Michael Andreas Amonj ab et in Dietterstorff codicis et institutionum ciuilium studiosus" am 29. November 1666 ein: Michael Andreas Amonj von und zu Dietersdorf, Student beider Rechte. Rektor war Arnold Rath VI. Die de Amonj (Amoni) waren seit 1649 Inhaber der Hofmark Dietersdorf. Am 17. Mai 1663 verstarb der Hofmarksherr und kurfürstlich bayerische Ratskanzler Johann Baptist de Amoni[69]; Michael Andreas könnte ein Sohn des Kanzlers gewesen sein.[70]

Ein[?] fleißige Beschreibung der ganzen Pfarr Schwaidankirchen sambt denen 3 Filialen, namentlichen Pünz-
Haigen, Dirntscheuren, und Faimeras Zell.

Schwaidankirchen die Pfarr, in welcher 3 Pfarrgottsheiß,
deren Haubt Patron S. Joan: Baptista, hat und haltet in
sich 16 Behausungen.

Schäsßing, ein kleines Dorffl naher Schwaidkirchen hat 4
Behausungen.

Pänz, rötten Enthalts ein kleines Dörffl naher Schwaidt-
kirchen, hat auch 4 Behausungen.

[...]zen Haigen ein Dorffl mit weit[er] Schwaidke hat 9 [Be]haus[ung]
2 Kindl in [...].

Schnaidthaigen ein Dorff oberhalb mit weit[er] Schwaidkirch
hat [...] Behausungen.

Klein Dorffl naher Schwaidkirchen hat 3 Behausungen.

Pünzhaigen ein Filial C[...] Pfarr Schwaidke / alwo S[...] 86:
[...]marg, der Haubt Patron S[...] hat und haltet in sich 22 Häuser

Dirntschaigen ein Filial, alwo C S[...] Jörg Haubt Patron
hat 19 Behausungen.

Faimeras Zell ein Filial, deren Haubt Patron S. Stephan
hat 13 Behausungen.

Stolzberg ein einzel naher Faimeras Zell gehörig
[...] der Zeit alwes ein Kindts naher Faimeras Zell
angehörig!

                                        Martin Ziegler
                                        Schwaiße[...]

Die Pfarrbeschreibung von 1721

Ausführliche Beschreibung der ganzen Pfarr Schweitenkirchen samt deren 3 Filialen, benanntlich Fünzhausen, Dürnzhausen und Preinerszell

Schweitenkirchen, das Dorf, in welchem das Pfarrgotteshaus, dessen Hauptpatron S. Johannes Baptista, hat und haltet in sich 16 Behausungen.

Schaching, ein kleines Dörfel nächst Schweitenkirchen, hat 4 Behausungen.

Raffenstetten, ebenfalls ein kleines Dörfel nächst Schweitenkirchen, hat auch 4 Behausungen.

2 Einöden in Eggen.[71]

Schmiedhausen, ein Dorf ebenfalls nicht weit zu Schweitenkirchen, hat 17 Behausungen.

Reisdorf nächst Schweitenkirchen hat 3 Behausungen.

Fünzhausen, eine Filiale der Pfarr Schweitenkirchen, allwo der hl. Koloman Märtyrer Hauptpatron, hat und haltet in sich 22 Häuser.

Dürnzhausen, eine Filiale, allso der hl. Georg Hauptpatron, hat 19 Behausungen.

Preinerszell, eine Filiale, dessen Hauptpatron S. Stephan, hat 13 Behausungen.

Stelzenberg, eine Einöde, nach Preinerszell gehörig.

Auf der Hub, auch eine Einöde, nach Preinerszell angehörig.

Martin Kögler, Pfarrer[72]

Der Pfarrhofbrand von 1806

Der 4. Juli 1806 war ein Freitag. Für Michael Straßer, den Pfarrer von Schweitenkirchen, sollte er der Schwarze Freitag werden. Straßer schlief in seinem Pfarrhof den Schlaf des Gerechten. Zur Mitternachtsstunde, gegen den Samstag hin, riß ihn sein brüllendes Vieh und ein hellroter Schein jäh aus dem Schlummer und ließ ihn in die Sommernacht hinausstürzen. Pfarrer Straßer wollte seinen Augen nicht trauen: der Pfarrhof, der Pferdestall, der Kuhstall, die Scheune und der Wagenschuppen brannten an allen Ecken lichterloh. Hellauf loderten und prasselten die gefräßigen Flammen. Außer dem eigenen Leben gab es nichts mehr zu retten. Dem Generalvikar in Freising klagte Pfarrer Straßer: „Im Jahre 1806, zwischen dem 4. und 5. Juli, zu mitternachts, sind alle hiesigen Pfarrgebäude, den alleinigen Backofen ausgenommen, und all mein Vieh und Fahrniß verbrannt worden..."[73]

Den Gendarmen aus Pfaffenhofen a. d. Ilm ging schnell ein Licht auf. Sie kannten den Brandstifter an seiner feurigen Handschrift. Der ließ nämlich vor allem an Pfarrhäusern immer wieder „sein Licht leuchten". Der Dobmayr war da gewesen! Die Gendarmen jagten ihn mit Feuereifer. Aber noch sollten drei schlimme Jahre vergehen, bis sie ihn fassen konnten.

Inzwischen zündete der Dobmayr die Pfarrhäuser in Oberempfenbach bei Mainburg und in Obermarbach bei Petershausen an, legte die Pfarrstadel in Tegernbach, Waal, Weichenried, Hohenkammer und Lindach in Schutt und Asche, brannte in Garching bei München das Postgebäude ab und in Lindach das Wohnhaus und die Scheune des Gruberbauern gleich neben dem dortigen Pfarrhofe.
Am 21. Juni 1809 entfachte Dobmayr in Pörnbach ein gewaltiges Feuerwerk und machte damit den Posthalter Johann Helchinger zum armen Mann. Den Brand dazu legte Dobmayr im nahen Poschenhof. Um Mitternacht brannte alles wie Zunder: das Tafernwirtshaus „Zur Post", der Gaststock, die Postexpedition, die Poststallungen. Neun Kühe, zwei trächtige Kalbinnen, eine Sau und deren Ferkel, die Hühner, neunzig Klafter Holz und zweihundert Gulden baren Geldes verbrannten mit. Sechs mutige Postknechte, die sich um die Rettung der Postpferde bemühten, verloren ihre Uniformen und all ihre Habseligkeiten. An die dreißigtausend Gulden betrug der gesamte Schaden.

Jeder Brand hat seinen Rauch, sagt das Sprichwort. Die Rauchschwaden, die Dobmayr aufziehen ließ, verfinsterten den bayerischen Him-

mel. 1809 faßten die Gendarmen den Mordbrenner dann aber doch. Der Feuerzauber im Land zwischen München, Freising, Ingolstadt und Schrobenhausen erlosch.

Wer war dieser Pyromane? Franz Dobmayr stammte aus Eckersberg, einem Weiler der Pfarrei Affalterbach, fünf Kilometer nördlich von Pfaffenhofen, an der Poststraße nach Pörnbach gelegen. Seit dem Dreißigjährigen Krieg (1618–1648) waren die Dobmayr dort als Kleinhäusler ansässig. Unmenschlicher Haß auf Gott, auf Geistlichkeit und auf Obrigkeit ließen den alten, grauhaarigen Mann zum Mordbrenner und Pfarrerschreck werden.

Dobmayr also wurde nun vom Eisenamtmann des Landgerichtes Pfaffenhofen in Eisen und Banden gelegt und in der Pfaffenhofener Fronveste in der Schergengasse, der heutigen Löwenstraße, hinter Schloß und Riegel sicher verwahrt. Ihm und seinem Treiben war jetzt buchstäblich ein Riegel vorgeschoben worden. Mehr als zwei Jahre lang saß der Malefikant gefangen. Verhör folgte auf Verhör. Nachdem „von dem berufe-

nen Brandstifter Franz Dobmayr, welcher bey dem Königlichen Landgericht Pfaffenhofen noch in Verhaft sitzt, ... die Brandanlegung des
hiesigen Pfarrhofes in seinem Criminalverhör eingebekannt"[74] worden
war, hatte Pfarrer Straßer als Zeuge auszusagen: „... (bin) ich vom benannten Königlichen Landgerichte benachrichtigt und deswegen persönlich vorgerufen worden, und (habe) den erlittenen Brandschaden
eidlich... angeben müssen."[75] Straßer veranschlagte für den Wiederaufbau der Ökonomiegebäude cirka viertausend Gulden und für den
Pfarrhofneubau etwa dreitausend Gulden. Vordringlicher als der Pfarrhofneubau war für Straßer der Wiederaufbau der Stallungen, der
Scheune und der Wagenremise, denn die Erträgnisse aus der Landwirtschaft bildeten seine hauptsächlichste Einnahmequelle, ohne die es
„unmöglich gewesen wäre, die zween bey dieser Pfarrei... unentbehrlichen Hilfspriester zu unterhalten.[76] Der Pfarrhofneubau konnte dagegen warten. Straßer schrieb an das Generalvikariat: „... (ich) wohne in
einem kleinen, dunklen Stüberl, wie in einem Kerker, welches im Backofen angebracht ist, und meine zween Hilfspriester müssen in verschiedenen Bauernhütten ihren Unterschlupf suchen, nicht ohne ausfallende
öffentliche inconvenienz."[77]

Nach und nach gestand Dobmayr seinen entsetzten Richtern nicht weniger als siebenundzwanzig Brandstiftungen. Trotzdem glaubte der
Schurke auch dann noch, seinen Kopf aufbehalten zu können. Das Urteil lautete aber auf Tod durch Verbrennen am Scheiterhaufen. Nach einem Gnadengesuch milderte König Maximilian I. Joseph die Todesart
in Enthauptung durch das Schwert.

Zur Vollstreckung der Blutschuldsühne kam der Scharfrichter von München nach Pfaffenhofen gefahren. Die Richtstätte – die Hauptstatt – befand sich an der jetzigen Moosburger Straße beim Haus Nummer 12.

Am 27. Juni 1811, einem Donnerstag, vormittags um einhalb elf Uhr,
war es soweit. „Mach's kurz!", schrie Dobmayr. Der Scharfrichter hob
das Richtschwert – und machte den Feuerteufel um einen Kopf kürzer!

Herr Franz Xaver Amberger, 1798 bis 1814 Stadtpfarrer von Pfaffenhofen a. d. Ilm, vormals Benefiziat zu Vohburg, vormals Pfarrer zu Berg i.
Gau, trug in das Sterberegister auf Folio 9 ein:
„Franz Dobmaier, Gütler, kathol., von Eckersberg, hiesigen Landgerichts, über 2 Jahr in Eisenfronfeste hier. Verheiratet. Von der höchsten
Stelle zum Verbrennen verurteilt; aus besonderer Gnade des Königs
durch das Schwert hingerichtet. am 27. Juny, ½ 11 Uhr morgens. Tag der
Beerdigung: am 27. daselbst. Alter 64 Jahr. Todtengräber ohne Geistlichen. Wohlvorbereitet, mit der hl. Wegzehrung versehen."[78]

Pfarrer Strassers Backofen

Es muß ein mächtiges Feuer gewesen sein, als Anno 1806 der Schweitenkirchener Pfarrhof in Flammen aufging und bis auf die Grundmauern abbrannte. Danach wollte es mit dem Neubau so schnell nichts werden. Der greise, vielgeplagte Pfarrer Michael Strasser (1786–1819) wohnte inzwischen in einem Backofen. Im Backofen wohnen? Es klingt unglaublich und ist doch wahr: Pfarrer Strasser bewohnte von 1806 bis 1819 seinen Backofen!

Damals gehörte zum Pfarrhof eine achtzig Tagwerk große Landwirtschaft mit Äckern und Wiesen, Pferden und Kühen, Stadel und Stall, mit Knechten, Mägden und Taglöhnern. Selbstverständlich gehörte zur pfarrherrlichen Ökonomie, wie zu jedem Bauernhof in alter Zeit, auch ein Backofen. Man buk das tägliche Brot selbst, schnitt es von dicken, runden Laiben besonders für die geschmalzenen Brotsuppen und für die deftigen Brotzeiten auf, fuhr also mit dem Gäuwagerl nicht in die Stadt zum Bäcker, sondern buk sich eben sein Bauernbrot, sein Holzofenbrot, schön knusprig braun im eigenen Backofen.

Weil man auskommende Schadenfeuer fürchtete, stand der Backofen als steingemauertes, ziegelgedecktes Häuserl in sicherer Entfernung vom Anwesen, oft allein im Bauerngartl, am Zaun, von Obstbäumen, Johannisbeersträuchern und Blumen malerisch umrahmt. Hie und da kann man so einen Backofen, hinter Brennesseln versteckt, auch heute noch sehen; aber der hat schon längst ausgedient und fällt still in sich zusammen: der Ofen ist halt aus!

Gelegentlich wurde ein Backofen fast scheunengroß aufgemauert, zweistöckig, mit Aufzugluken, mit breiten Toren zum Herein- und zum Hinausfahren. Das war dann freilich kein üblicher Backofen mehr, sondern eher schon ein Backhaus. Die Ausmaße eines solch riesigen Backhauses muß der pfarrherrliche Backofen in Schweitenkirchen gehabt haben, weil Pfarrer Strasser darin sogar wohnen konnte, und das gleich dreizehn Jahre lang.

Recht gemütlich und einladend mag diese seltsame Wohnung freilich nicht eingerichtet gewesen sein. Was Wunder, daß der greise Herr, im hohen Alter ein bisserl sonderbar geworden, immer öfter die weiten Gänge zu seinen Filialen Sünzhausen, Dürnzhausen und Preinerszell scheute, lieber halbe Tage lang in Bauernstuben und lieber halbe Nächte lang in Wirtsstuben saß und seine Herde nicht mehr ganz so wachsam hütete wie früher.

Schweren Herzens klagte Kurat Radlmaier von Sünzhausen am 4. März 1817 dem Generalvikar in Freising: „Pfarrer Strasser nimmt die heilige Taufhandlung niemals in der Kirche vor, sondern in dem sehr ungesunden Locale des von ihm zur Wohnung benützten Backofens, wobei er überdies die Täuflinge sehr lange liegen und warten läßt..., in Folge welcher Umstände schon drei derselben ungetauft und zum Theil in seinem Backofen starben...“[79] Am 16. März 1817 hieben die „unterthänigst gehorsamsten Filialen“ in dieselbe Kerbe; ihre Beschwerdeschrift war nicht weniger als acht Seiten lang.[80]

Am 21. September 1820 war es geschafft: Die bisherige Hilfspriesterstelle der Pfarrei wurde zur Expositur Sünzhausen erhoben; die Gemeinde kaufte ein Expositurhaus, und der dem Pfarrer unterstellte Expositus kümmerte sich fleißig um die drei Filialen.

1820 begann der Pfarrhausbau. Pfarrer Martin Armstein (1819–1831), Strassers Nachfolger, konnte 1822 einziehen. Zufrieden notierte er: „Die Pfarrei Schweitenkirchen hat eine sehr gesunde Lage und ist eine sehr ruhige Pfarrei.“[81]

*

Pfarrer Michael Strasser bemüht sich um den Wiederaufbau des Pfarrhofes

Viereinhalb Jahre waren bereits vergangen, seit Anno 1806 der Pfarrhof zu Schweitenkirchen abgebrannt war. Pfarrer Michael Strasser hatte schon den größten Teil der landwirtschaftlichen Gebäude hochziehen lassen. Um auch den Pfarrhof für sich und seine zwei Hilfsgeistlichen neu aufbauen zu können, benötigte er nach seiner Schätzung noch etwa dreitausend Gulden. Er hatte sich deshalb schon an das Ministerium des Innern gewandt, jedoch „bisher keine allergnädigste Entschließung bewirken können“. Die Zeit drängte.

Am 12. Januar 1811 schrieb Strasser nun an das Generalvikariat in Freising, erläuterte die mißliche Lage, schilderte seine bisherigen Bemühungen, schlug Finanzierungswege vor und bat, das Generalvikariat möge sich an höchster Regierungsstelle erinnernd verwenden. Bis zum Beginn des Pfarrhofbaues sollte aber immer noch fast ein Jahrzehnt verstreichen.

Pfarrer Strasser wurde später massiv vorgehalten, sich nicht um den raschen Pfarrhaus-Wiederaufbau gekümmert zu haben. Sein Schreiben nach Freising widerlegt die Vorwürfe:

Hochwürdigstes Generalvicariat des Bisthums Freising!

Im Jahre 1806, zwischen dem 4. und 5. Juli, zu mitternachts, sind alle hiesigen Pfarrgebäude, den alleinigen Backofen ausgenommen, und all mein Vieh und Fahrniß verbrannt worden von dem berufenen Brandstifter Franz Dobmayr, welcher bey dem Königlichen Landgericht Pfaffenhofen noch in Verhaft sitzt und die Brandanlegung des hiesigen Pfarrhofes in seinem Criminalverhör eingebekannt hat, wie ich vom benannten Königlichen Landgerichte benachrichtigt und deswegen persönlich vorgerufen worden und den erlittenen Brandschaden eidlich habe angeben müssen.

Mittels der Brandassekurationsgelder per 1800 fl. und aus meinem Eigentum über 2000 fl. habe ich das äußerst nötige an Gebäuden zur Führung der Ökonomie wieder hergestellt, ohne welches mir unmöglich gewesen wäre, die zween bey dieser Pfarrei, wegen des an allen Sonn- und Feyertagen an drey verschiedenen Orten zu haltenden Gottesdienstes, unentbehrlichen Hilfspriester zu unterhalten.

Nebst dem, daß an den Ökonomiegebäuden noch vieles mangelt, so ist zur Erbauung einer Pfarrwohnung für 3 Priester wenigst noch ein Capital ad 3000 fl. nothwendig. Dessentwegen ich zum Königl. Ministerium des Innern um ein Anlehen ad 3000 fl. mein allerunterthänigstes Anlangen, um dessen allergnädigste Anbefehlung und Verabfolgung aus den Stiftungen des Cultus, allerunterthänigst eingereicht, aber bisher keine allergnädigste Entschließung bewirken kön-

nen, als daß in jüngst verwichenem Jahre das Königl. Generalcommissariat des Isarkreises die in meinen Händen gelegenen Originalschriften über geschehene Herstellung der Baupläne, und was sonst über die Bauangelegenheit des Pfarrhauses vorgegangen ist, allergnädigst abverlangt hat, wie ich solche auch alsogleich allerunterthänigst eingeschickt, aber seither auch noch keine allergnädigste Anweisung erhalten habe.

Schon im 5. Jahre wohne ich in einem kleinen, dunklen Stüberl, wie in einem Kerker, welches im Backofen angebracht ist, und meine zween Hilfspriester müssen in verschiedenen Bauernhütten ihren Unterschlupf suchen, nicht ohne ausfallende öffentliche inconvenienz.

In dieser höchstelenden Lage ergeht an das Hochwürdigste Generalvicariat hiemit mein unterthänig bittliches Anlangen um hochgnädige Promotorialien zur Königl. allerhöchsten Stelle, um die allergnädigste Bewilligung, daß die Pfarrgebäude ad onera successorum wieder erbaut werden dürfen, und um die allergnädigste Unterstützung und Anbefehlung, daß hierzu aus dem Stiftungsfond des Cultus ein unverzinsbares Kapital per 3000 fl. allergnädigst verabfolgt werden möchte.

Wobei ich aber unmaßgebend zu erinnern und zu bemerken habe, daß die jährl. Pfarrerträgnis für drey Priester, was man immer für eine mögliche Untersuchung machen kann, so gering ist, daß nicht nur mein allerunterthänigstes Ansuchen um Organisierung meiner Pfarrey eine abschlägige Erklärung erhalten hat, sondern daß es einem jeweiligen Pfarrer höchst schwerfallen wird, wenn derselbe zur successiven Abzahlung eines zur Wiedererbauung einer Pfarrwohnung zu *verwendenden unzinsbaren Kapitals ad 3000 fl. alljährig eine Aussitzfrist ad 50 fl. würde berichtigen müssen.*

Es würde zwar leicht geholfen werden können, wenn von den Zehenden, welche vorhin mehrere Stifte und Klöster genossen haben, jetzt aber von Sr. Königl. Majestät besessen werden, eine Pfarrhofbau-Concurrenz erzwecket werden könnte.

In Wiederholung meiner obigen unterthänigst gehorsamsten Bitte, habe zu hoher Huld und Gnaden mich unterthänig gehorsamst zu empfehlen.

Des Hochwürdigsten Generalvicariats
unterthänig gehorsamster   *Schweitenkirchen*
Michael Strasser, Pfarrer [82]   *den 12. Jänner 1811*

Fahrniß	Bewegliches Hab und Gut (Geräte, Wagen) für den landwirtschaftlichen Betrieb
berufen	verrufen
eingebekannt	eingestanden
Inconvenienz	Unannehmlichkeit, Ungebührlichkeit
Promotorialien	Erinnerung, Erinnerungsschreiben
ad onera successorum	zu Lasten der Amtsnachfolger
sukzessiv	allmählich, nach und nach

1822 beantragt die Pfarrgemeinde Schweitenkirchen, Erzbischof Lothar Anselm möge für sie bei König Max I. Joseph in München vorsprechen

Nachdem 1806 der Pfarrhof in Schweitenkirchen durch Brandstiftung zerstört worden war, kamen auf die Pfarrei zwei schwere Jahrzehnte zu: einerseits ließ Pfarrer Michael Strasser (1786–1819) zwar sofort die landwirtschaftlichen Gebäude, nicht aber den Pfarrhof, wiedererrichten; andererseits erlitt die Pfarrei Einbußen, da aus ihrem Bestand heraus 1818 Niederthann und 1820 Sünzhausen zu Exposituren erhoben wurden und gewisse Selbständigkeiten mitnahmen.

Pfarrer Martin Armstein (1819–1831), der Nachfolger Strassers, sah sich nun vor derartigen Schwierigkeiten, daß er, von der Pfarrgemeinde beauftragt, am 2. Februar 1822 in einem, nicht weniger als sieben Folioseiten langen, Schreiben Erzbischof Lothar Anselm Freiherr von Gebsattel (1821–1846) den bedenklichen Zustand der Pfarrei schilderte und den Kirchenfürst bat, König Maximilian I. Joseph (1806–1825) „diese unsere Pfarrlage... unserm allergnädigsten Landesvater gnädigst mit Bericht vorzulegen, damit doch unsere... Mutterkirche nicht ihrer gänzlichen Auflösung entgegengehen möchte.":

Unterthänigst gehorsamstes Anlangen an Sr. Erzbischöfliche Gnaden (Lothar Anselm) um gnädigste Verwendung bey Sr. Königlichen Majestät für die Wiederherstellung unseres schon seit 16 Jahren abgebrannten Pfarrhofes von der Pfarrgemeinde Schweittenkirchen im Königl. Landgericht Moosburg.

Hochwürdigster   *Schweittenkirchen*
Erzbischof!   *den 2. Februar 1822*
Gnädigster Herr!!!

1819 den 8. October hatte die unterzeichnete Pfarrgemeinde das Glück – auf ihre, durch pflichtvergessene Fahrlässigkeit des im Jahre 1818 resignierten und den 14. März v. J. zu Freysing verstorbenen reichen Pfarrers Michael Strasser

bis zur Caducität herabgesunkene, Pfarrey – durch S.
Majestät des Königs Gnaden wieder einen Pfarrer zu erhalten.

Unsere Pfarrey bestand vor der, durch Brandstiftung
1805 [83] erfolgten, Abbrennung der pfarrlichen Gebäude nebst
der Mutterkirche aus 4 Filialen, die durch 2 excurrierende
Provisoren pastoriert wurden.

Da der Pfarrer Strasser mit dem erhaltenen Brandassecu-
ranz Gelde per 1900 fl. nur den Oekonomiestadel, nicht aber
zugleich die Pfarrwohnung, herstellte, sondern er für seine
Person seit der Zeit der Abbrennung bis zu seiner Resi-
gnierung in dem Backofen logierte und sohin für die Hülfs-
priester keine ordentliche Wohnung vorhanden war, so ward
zuerst das, obgleich ursprünglich zur Pfarrey Ilmmünster
gehörige, von der Pfarrey Schweittenkirchen aber über 30
Jahre pastorierte, bessere Filial Niederthan losgerissen, welches Filial, wenn der Pfarrer die Wohnung gebaut hätte,
nimmermehr von der Pfarrey gekommen wäre, und daselbst
eine Expositur errichtet.

Auch für die übrigen, von jeher und zwar noch eingepfarrten,
3 Filialen Dürnzhausen, Preinerszell und Pinzhausen
ward im letztern Orte eine Art Expositur errichtet und dem
exponierten Cooperator von dem zur Pfarrey gehörigen Fi-
lialzehend eine übernormalmäßige Besoldung per 365 fl.,
nebst dem Bezuge der kleinen und des Drittheiles der großen
Stole und der ganzjährigen Meßstipendien-Freyheit, zuge-
sprochen, obgleich auch die Bezahlung der Willkür der
Bauern preisgestellt ist. Welches alles nicht geschehen wäre,
wenn der Pfarrer Strasser die Pfarrwohnung gebaut hätte.

So stehet nun unsere Mutterkirche – in der Mitte dieser
zwey, im Durchschnitte von 5 Viertelstunden sich findenden,

Exposituren, mit ihrem verödeten Widdums-Ackerlande, wo kaum die Hälfte Getreid wächst, mit ihrem geringen Zehenderträgnisse, mit einem übergroßen Oekonomiegebäude, das wie ein Raiter aussieht und wo es im Sommer einregnet und im Winter einschneiet, so daß der Schnee wie auf der Gasse darin liegt, und es dem Pfarrer im Getreide, Stroh und Heu mit einem Schaden von 50 fl. verwittert, wo nicht einmal ein Getreidekasten vorhanden, sondern der Pfarrer sein bißchen Getreide auf fremdem Boden haben muß, wo auch nur eine, kaum den 3. Theil des erforderlichen Viehstandes fassende, Stallung vorhanden ist, mit einem Backofen s. v. voller Wanzen, von denen man sagen kann, daß sie des gegenwärtigen Pfarrers Mutter, weil sie, aus Mangel eines andern Lokales im ganzen Dorfe, darin zu wohnen gezwungen war, aufgezehret haben – zertrümmert da.

Aus dem Grunde der Ermanglung der Pfarrwohnung kann auch der Pfarrer nicht den gehörigen Dienstboten- und Viehstand halten und muß alles, zu seinem Nachtheile, durch Taglöhner bewirtschaften lassen, und auf diese Art kann auch nichts zur Meliorierung der, ohnhin bei weitem die Congrua nicht auswerfenden, Pfarr-Renten – da das reine Einkommen für die Person des Pfarrers kaum zu 300 fl. stehet – geschehen. Auch ist das Pfarrwiddumholz durch den vorigen Pfarrer Strasser ganz abgeschwendet worden, so daß ein jeweiliger Pfarrer von nun an jeden Stecken Holz kaufen muß.

In der gegenwärtigen Lage der Dinge kann sich weder unser jetziger noch ein anderer Pfarrer, wie wir es selbst einsehen, mehr halten.

Trotz des mehrfachen, von Seite unseres gegenwärtigen Pfarrers nicht für seine Person, sondern, wie wir ihm das rühmliche Zeugnis geben müssen, nur uns zu lieb geschehenen Betriebes der Herstellung der Pfarrwohnung bey der Königlichen Regierung, konnte er bis jetzt die hierin obwaltende neue Schwierigkeit nicht besiegen. Wir wissen nicht, liegt dieselbe im Mangel des Geldes oder im Fehler der definitiven Reorganisation unserer Pfarrey nach ihrer vormaligen Integrität?!!!

Liegt sie im Mangel des Geldes, so wäre es hier ein Leichtes, wenn den restitutionspflichtigen Erben des reichen Pfarrers Michael Strasser, der unsere Pfarrey so destruiert und ein Vermögen von wenigstens 40 000 fl. hinterlassen haben soll, der Prozeß zur rechtlichen Herausgabe des ihm bereits durch das Königl. Landgericht Moosburg abgeschätzten Baureparationsschillings etc. etc. gemacht würde; denn ad onus successorum kann hier nicht leicht gebaut werden.

Das Bauholz ist bereits über zwei Jahre auf dem Platze und muß zum Schaden des jetzigen Pfarrers wieder verfaulen. Auch ist schon ein Theil der Steine vorhanden, und wir würden uns recht gerne zur Herbeiführung des übrigen Baumateriales durch Fuhrenleistung und Handdienste verstehen, wenn es doch einmal nach so vielen Jahren mit unserm Pfarrhofbau seine Richtigkeit bekäme.

Die Zeit unseres gegenwärtigen Pfarrers ist abgelaufen, nachdem er bereits 2 Jahre und 4 Monate in einer Lage nicht ihresgleichen – wie wir es selbst bekennen müssen – mit eiserner Geduld ausgedauert hat, und wir besorgen, wir möchten, wenn er uns heute verlassen sollte, wie wir es ihm in dem Fortbestande dieser Lage nicht verdenken können und ihm selbst ein besseres Los wünschen, nicht leicht wieder einen andern Pfarrer erhalten.

Unserm gemeinen Verstand mag wohl die Berechnung der aus der Zertrümmerung der Pfarrey entstandenen Folgen, die wir erst jetzt einsehen, nicht zugeschrieben werden, ob wir gleich einen Theil der Schuld dabey gern mittragen wollen. Indem wir es nun über diesem Bekenntnisse wagen, in diesem bedrängnisvollen Zustande der Ungewißheit unsere Zuflucht zu Euer Erzbischöflichen Gnaden als unserm Oberseelenhirten zu nehmen: bitten wir Höchstdieselbe, voller Vertrauen unterthänigst gehorsamst, diese unsere Pfarrlage Sr. Königlichen Majestät unserm allergnädigsten Landesvater gnädigst mit Bericht vorzulegen, damit doch unsere seit urdenklichen Zeiten bestehende – von so vielen naheliegenden Filialisten dreyer auswärtiger Pfarreyen an Sonn- und Feiertagen besuchte – vormals Bischöfliche Mutterkirche nicht ihrer gänzlichen Auflösung entgegengehen möchte.

Um welche höchste Gnade in tiefster Ehrfurcht bittet Euer Erzbischöflichen Gnaden unterthänigst gehorsamste Pfarrgemeinde Schweittenkirchen im Königlichen Landgericht Moosburg.

Signiert: durch den Pfarrer Martin Armstein daselbst.

Caducität	Hinfälligkeit
excurrieren	herausgehen
Provisor	Verwalter, Verweser
Brandassekuranz	Brandversicherung
Stole	festgesetzte Gebühren für Amtshandlungen
s. v.	salva venia, d. h. mit Verlaub zu sagen
Meliorierung	Verbesserung
Congrua	zustehendes Einkommen
abschwenden	übermäßig stark abholzen
definitiv	bestimmt
Reorganisation	Wiederherstellung
Integrität	Vollständigkeit
restitutionspflichtig	rückzahlungspflichtig
destruieren	zerstören
ad onus successorum	zu Lasten der Amtsnachfolger
gemeiner Verstand	allgemeiner Verstand

Extract aus Prosper Gelders[84] Tagebuch

Visitationsreise im Jahre 1822

Schweitenkirchen, wohin jetzt am XII. Septembris der Weg durch einen holprigen Waldweg führt, liegt etwa eine kleine Stunde von Pünzhausen. Dahin führte nun die Bestimmung.

So festlich als möglich, zog unter dem Geprelle der Büchsen und Klingen der Glocken alt und jung entgegen, um in die Kirche zu begleiten. Auf dem Hochaltar ist eine Muttergottes mit dem Kinde gemalt; das Bild soll aus Ungarn gebracht worden seyn. Das Colorit ist blasses Schwarzbraun auf goldenem Grunde ... Die Kirche selbst ist klein, doch reinlich. Im Tabernakel befindet sich ein Letztes Abendmahl, ziemlich gut.

Der Pfarrhof ist im Werden begriffen, nachdem er viele Jahre nach seinem Brande nicht mehr war, und der Pfarrer anfänglich im Backofen, dann in einer Bauernhütte, wohnte. [85]

Pfarrer M. Armstein
beantwortet Anno 1822 dem Visitator Fragen

In dem Pfarrbezirke Schweittenkirchen befinden sich 13 Individuen evangelischer Religion.

Die Moralität ist hier, wie überall, etwas gesunken; doch hält die Pfarrgemeinde noch viel auf die Religion und auf das Kirchengehen.

Laster und Ärgernisse sind die, wie fast allenthalben herrschende, Unzucht, Dieberei und Nachtschwärmerei.

*

Die Laster und Ärgernisse haben ihre Ursachen als Folgen der Kriegszeiten, des vernachlässigten Unterrichtes, der schlechten Erziehung und des bösen Beyspieles durch die Eltern selbst, Straflosigkeit gewisser Laster etc. etc. etc.

*

Die Werktagschule wird fleißig gehalten und besucht; auch die Feiertagschule wird gehalten, aber nicht sehr fleißig besucht.
Noch herrscht gute Sitte unter der Schuljugend; doch wird von einigen der Feiertagsschüler auch schon der Tanzboden frequentiert.

*

Die religiösen Grundsätze des Schullehrers sind orthodox, und sein moralisches Betragen ist lobenswert.

*

Die in der Pfarrmutterkirche des Jahres öfter beichten und kommunizieren, deren gibt es wohl einige, aber sehr wenige; die meisten gehen zum Beichten und Kommunizieren anderswohin.

*

Zu den Hindernissen, die dem besseren Gedeihen der seelsorglichen Wirksamkeit im Wege stehen, zähle ich unter anderem die vielen Jahrmärkte an Sonntagen, das häufige Musikhalten der Wirthe und das viele Auslaufen des Volkes, überdies der Pfarrer noch genötigt ist, seiner Landwirtschaft nachzusehen. [86]

Pfarrhof Schweitenkirchen

Der Pfarrer als Ökonom

Pfarrer Martin Armstein berichtet 1825 in seiner Pfarrbeschreibung: „Die Pfarrei Schweitenkirchen zählt in einem Umkreise von drei Stunden 736 Seelen und hat 3 Filialen, die von dem Pfarrer und einem zur Zeit exponierten Hilfsgeistlichen zu Sünzhausen pastoriert werden. Die Einkünfte fließen aus dem Pfarrwiddum[87], Zehnten[88] und aus der Stole[89], und berechnet sich deren Bruttoertrag nach der Fassion[90] auf 1372 Gulden 56 Kreuzer..."

Das Widdum, die Landwirtschaft, die Armstein damals noch selbst betrieb, umfaßte 80 Tagwerk 70 Dezimal an Äckern und Wiesen. Armstein hatte im Stall 4 Pferde und 12 bis 15 Stück „Hornvieh" stehen. Für Handwerker und Taglöhner, die er zu Reparaturen und zur Erntezeit benötigte, zahlte er pro anno 88 Gulden. Die Bauernarbeit besorgte er mit zwei Knechten und zwei Mägden, denen er seinerzeit zusammen 181 Gulden Jahreslohn auszahlte.[91]

Pfarrer Martin Armstein berichtet am 12. Februar 1827 die Vollendung des Pfarrhofbaues zu Schweitenkirchen

Schweittenkirchen am 12. Febr. 1827

Hochwürdigster Herr Erzbischof!

Mit Bezugnahme auf die unterm 30. Nov. 1822 mit Anschluß der Bauakten an S. Erzbischöfliche Exzellenz ehrerbietigst gehorsamst eingesendete Detailbeschreibung des neu erbauten Pfarrhofes zu Schweittenkirchen, wird endlich der vollständige Bericht über die gänzliche Vollendung dieses Baues geliefert.

Nach den – durch gnädigste Entschließung der Königlichen Regierung des Isarkreises Kammer des Innern Nr. 9150 de Dato 11. Juni 1822 in Gemäßheit früherer am 16. April und 6. Juni desselben Jahres – gegebenen allerhöchsten Resolutionen mit Plan und Voranschlägen zur Realisierung des Baues des im Jahre 1806 eingeäscherten Pfarrhauses zu Schweittenkirchen ausgeschlossenen Bauakten, ward dieser Bau wirklich im Jahre 1822 in der Hauptsache schon vollendet, und blieben damals nur mehr einige Kleinigkeiten zum Herstellen übrig.

Der Bericht über die Vollendung dieses Baues konnte jedoch nicht früher erledigt werden, weil noch immer einige BauConten nachzubezahlen übrig waren, und die Baurechnung sohin erst jetzt abgeschlossen werden konnte.

Die von der Königlichen KreisRegierung zur Herstellung des Pfarrhauses gnädigst ratifizierte BauSumme war, laut Bauakten, 3833 fl 2 kr.

Allein, da man bey den geringen Überschlägen, trotz des wohlfeilen Ankaufs des Materials in der Umgegend, mit dieser ratifizierten Bausumme ad 3833 fl 2 kr nicht ausreichte, so mußten um 385 fl 10 kr mehr verwendet werden, so daß die Kosten des Baues des Pfarrhofes, laut Rechnung, ad 4218 fl 12 kr stiegen.

Der Bau geschah zum Theil mit Hilfe der Decimatoren[92], zum Theil ad opus successorum[93]...

Der gegenwärtige Pfarrbesitzer Martin Armstein hat gleichfalls zu diesem Bau baar 889 fl 40 kr 2 h hergeschossen.

Der Pfarrhof ist massiv und planmäßig gebaut.

Die Rechnung über diesen geführten Bau des Pfarrhauses wurde unter dem Heutigen geschlossen und wird nächster Tage an das Königl. Landgericht zur Beförderung an die Königl. Kreis Regierung ad justificationem eingesandt werden...

Euer Erzbischöfl. Exzellenz
ehrerbietigst gehorsamster

Schweittenkirchen,
am 12. Februar 1827   Martin Armstein, Pfarrer.[94]

Wie Hirschhausen, Holzhausen, Loipersdorf, Preinersdorf am 1. Juni Anno 1854 zur Pfarrei Schweitenkirchen kamen[95]

Obwohl die Orte Hirschhausen, Holzhausen, Loipersdorf und Preinersdorf nahe von Schweitenkirchen liegen, gehörten sie, mit ihren kleinen Gotteshäusern in Hirschhausen und in Holzhausen, jahrhundertelang nicht, wie man eigentlich meinen sollte, zur Pfarrei Schweitenkirchen und deren Sankt-Johannes-Pfarrkirche, sondern, wie man eigentlich nicht annehmen sollte, zur stundenweit entfernten Pfarrei Wolfersdorf und deren Sankt-Petrus-Pfarrkirche. Schon 1315 werden die Gotteshäuser zu Hirschhausen und zu Holzhausen urkundlich als Filialen, also als Nebenkirchen und Tochterkirchen, der Pfarrei Wolfersdorf genannt.

Die Filialisten konnten ein Lied davon singen, was es für sie bedeutete, am äußersten Ende der großen Pfarrei Wolfersdorf auf so manchen Gottesdienst verzichten zu müssen, weil es dem Wolfersdorfer Priester oft unmöglich war, bei Regen und Schnee zu ihnen zu stapfen, und hie und da mußten sie einen halben Tag oder auch länger auf den Geistlichen für einen noch so eiligen Versehgang warten. Eigentlich war man in Hirschhausen, Holzhausen, Loipersdorf und Preinersdorf nie so recht glücklich und zufrieden damit, zur Kirche von Wolfersdorf zu gehören. Lag doch Sankt Johannes in Schweitenkirchen gewissermaßen vor der Haustüre. Und dennoch sollten mehr als fünfhundert Jahre verstreichen, bis die Filialisten von Hirschhausen, Holzhausen, Loipersdorf und Preinersdorf sich zusammentaten und anfingen, ihre Auspfarrung von Wolfersdorf und ihre Einpfarrung nach Schweitenkirchen ernstlich zu betreiben.

Den ersten Schritt zur Loslösung von Wolfersdorf unternahmen die Filialisten der vier Ortschaften am 18. Juli 1842 mit einem Schreiben an die Königliche Regierung. Es war ein Bittschreiben um Auspfarrung aus Wolfersdorf und Einpfarrung nach Schweitenkirchen. Die Regierung hielt Rückfrage in Wolfersdorf. Das Wolfersdorfer Pfarramt lehnte strikt ab. So verging ein Dreivierteljahr, bis die Regierung am 11. April 1843 den Bittstellern antwortete, ihre Eingabe könne nicht berücksichtigt werden, weder jetzt noch später und auch dann nicht, wenn sich künftig einmal durch Resignation des betagten Pfarrherrn die Pfarrstelle zu Wolfersdorf erledige und neu zu besetzen sei.

Den Seelsorger von Wolfersdorf, einen verdienstvollen Siebzigjährigen, traf dieser erste gemeinsame Schritt von vier Filialorten wie ein

Blitz aus heiterem Himmel. Würden nämlich die Loslösungsbestrebungen erfolgreich verlaufen, hieße dies für ihn Verringerung der Seelenzahl der Pfarrei, Verkleinerung des Pfarrsprengels, Schmälerung des Einkommens.

Wer war der damalige Wolfersdorfer Geistliche? Er hieß Johann Nepomuk Egger, war am 14. November 1773 in Rosenheim geboren, am 22. September 1798 zum Priester geweiht und 1809 als Pfarrvikar nach Wolfersdorf gekommen. 1823 ernannte man ihn zum Pfarrer, schließlich auch zum Dekan des Dekanates Abens und zum Distrikts-Schulinspektor. 1848 sollte er als Jubelpriester sein fünfzigjähriges Priesterjubiläum feiern dürfen und 1849 die Ehrenmünze des königlichen Ludwigs-Ordens erhalten. Bis zu seinem Ableben Pfarrer zu Wolfersdorf, sollte er im Alter von vierundachtzig Jahren und sechs Monaten am 10. Mai 1858 diese Welt verlassen und in eine bessere hinüberschlummern. Pfarrer Johann Nepomuk Egger, rund ein halbes Jahrhundert mit Wolfersdorf verbunden, war eine Institution.

Die Filialisten rüttelten an dieser Institution. Beinahe zwei Jahre vergingen nach der Ablehnung ihrer ersten Petition, bis sie einen zweiten, nun freilich besser begründeten, erfolgverheißenderen Schritt unternahmen. Sie wandten sich an den Advokaten Dr. Spengel. Der schrieb am 24. Januar 1845 ein nicht weniger als acht Seiten in folio umfassendes Gesuch an Erzbischof Lothar Anselm Freiherr von Gebsattel nach München, das sich, ein Kabinettstückchen stilistischer Advokatenkunst, als wirksam erweisen sollte:

München, den 24. Januar 1845

Euere Excellenz!
Hochwürdigster Herr Erzbischof!
Gnädigster Herr!

Die Filialisten ... bitten, daß ihnen oberhirtlich quovis demum modo ein Hilfspriester zugewendet werden möge.

Der dermalige Herr Pfarrer Egger zu Wolfersdorf ist sehr bejahrt und kränklich, so daß er häufig zu seinen geistlichen Verrichtungen an entfernte Orte sich nicht mehr begibt und selbst an die näheren Orte sich im Wagen fahren lassen muß.

Namentlich die Filialisten von Hirschhausen und Holzhausen fühlen die Folgen dieses Umstandes in bedauerlicher
Art.

Denn abgesehen davon, daß ihr Pfarrer das ganze Jahr
hindurch mit ihnen nur äußerst selten in seelenhirtlichen Verkehr kommt, daß sie deshalb, namentlich für sich und ihre
Kinder, der Unterweisung in der christlichen Lehre entbeh-
ren müssen und daß ihnen fast gar nicht mehr vergönnt ist, in
so vielen Vorkommenheiten des christlichen und weltlichen
(z.B. Familien-) Lebens sich vertrauensvoll an ihren
Seelenhirten um Rath oder Hilfe zu wenden, ist auch ihre
Pfarrkirche (Wolfersdorf, 42 Häuser, 174 Seelen) von
ihren Filial-Dörfern – (Hirschhausen, 12 Häuser und 70
Seelen), dann (Holzhausen, 9 Häuser und 27 Seelen) –
so weit entfernt, daß sie und ihre Kinder sich dahin nur mit
bedeutendem Zeitverlust und namhaften Beschwerlichkeiten
begeben können; auch ist die Kirche im Raume sehr be-
schränkt.

Aus diesen Gründen begeben sie sich bisher schon geraume
Zeit zum Gottesdienste in die nahegelegene Pfarrkirche zu
Schweitenkirchen (23 Häuser und 100 Seelen). In dieser
Kirche ist aber die Zahl der eigenen Parochianen so bedeutend, daß es dann jederzeit an Platz gebricht, und meinen
Klienten bleibt hier keine Wahl, als entweder schon recht
frühzeitig einzutreffen und sich dann von den Parochianen
wieder ausschaffen zu lassen aus den Kirchenstühlen, oder
aber später zu kommen und zu sehen, ob sie im Gedränge noch
ein Plätzchen sich erringen können.

Dieses Gedränge ist meistens so arg, daß es schon oft zu ärgerlichen Auftritten kam; eine ruhige Sammlung des Geistes

und die Andacht vereitelt war, und leider nur wenig mehr fehlt, daß es nicht zu offenen Streithändeln und zur Entweihung des geheiligten Ortes komme!

Überdies müssen sich meine Klienten leider bei Taufen, Provisuren, Begräbnissen etc. fast immer der Verrichtung benachbarter Geistlicher bedienen, und da diese (z.B. der Herr Expositus von Pinzhausen) selbst wieder von ihren Parochianen in Anspruch genommen werden und nicht ab-

Heiliger Markus
Skulptur, 17. Jahrhundert
Kirche Hirschhausen

*gelassen werden wollen, so sind meine Clienten wahrlich hin-
sichtlich aller Beziehungen der Cura, des Gottesdienstes und
des christlichen Unterrichtes übel daran, wobei sie noch den finanziellen Schaden erleiden müssen, daß Herr Pfarrer
Egger sich die Stolgebühren für die von ihm gleichwohl nicht
vorgenommenen Verrichtungen pünktlich bezahlen läßt,
während meine Clienten dieselben auch an den aushelfenden
Geistlichen, also doppelt, entrichten müssen!*

Zum Glück (für ihr Seelenheil) und leider (bezüglich ihrer gegenwärtigen Lage) haben meine Clienten so viel Sinn für christliche Erbauung und Bildung und eine solche Sehnsucht nach geistlicher Hilfe, daß hier Abhilfe gewiß Pflicht und Freude seyn muß.

Allein, die Art der Abhilfe bietet gewiße Schwierigkeiten dar.

Meine Clienten sind nicht bemittelt; ihre Gemeinde kann höchstens jährlich 100 fl. Zuschuß für Erhaltung eines Hilfspriesters leisten; 250 fl. circa beträgt der jährliche Zehent von Hirschhausen und Holzhausen zur Pfarrei Wolfersdorf; würden diese beiden Filialen von Wolfersdorf aus- und nach Schweitenkirchen eingepfarrt, so könnte, da dann jener Zehent nicht mehr nach Wolfersdorf zu entrichten wäre,

a) ein Hilfspriester für diese beiden Filialen gehalten werden,

b) da im guterhaltenen Pfarrhause zu Schweitenkirchen hinreichend Raum für eine Hilfspriester-Wohnung ist, und der Herr Pfarrer daselbst sie zu diesem Zwecke gerne anließe, der Hilfspriester daselbst seinen Wohnsitz nehmen,

c) das ärgerliche Gedränge in der Kirche zu Schweitenkirchen unterbleiben;

d) meiner Clienten Wunsch und Wohlfahrt in geistlicher Beziehung wäre geborgen;

e) da sie ohnehin dem Landgerichte, Rentamte, der Armenpflege und dem Schul-Distrikte nach zum königlichen Land-Gerichte Pfaffenhofen, und nur der Pfarrei nach zum königlichen Land-Gerichte Moosburg, gehören, so wären auch alle diese Mißstände beseitiget;

allein leider ist zwar der Herr Pfarrer in Wolfersdorf bereit, meine Clienten aus dem Pfarr-Verbande zu entlassen, hat jedoch erklärt, gleichwohl von ihren Leistungen (zum Beispiel obigen Zehent) nicht das Geringste nachlassen zu wollen.

Unter diesen Verhältnissen mangeln die Mittel, im Falle der Auspfarrung einen Hilfs-Priester zu unterhalten. Das Expediens dürfte unzielsetzlichst nur darin liegen, wenn Herr Pfarrer Egger auf das Mißverhältnis zwischen Pflicht-Leistung und Rechts-Ausübung hingewiesen und oberhirtlich angewiesen würde, zur Erhaltung eines Hilfs-Priesters (welcher im Pfarr-Hause zu Schweitenkirchen seinen freien Wohnsitz erhielte) entweder einen angemessenen jährlichen Zuschuß zu leisten oder aber in die Auspfarrung meiner Clienten und in ihre Entlassung aus dem Pfarrzehent-Verbande von Wolfersdorf zu willigen.

Zur näheren Würdigung dieser ehrfurchtsvollsten Vorstellung und Bitte überreiche ich (gegen gnädigste seinerzeitige Remission)

1. eine Karte des Land-Gerichts-Bezirkes Pfaffenhofen, worauf die betreffenden Orte roth unterstrichen sind;
2. ein Zeugnis der Land-Gemeinde Dirnzhausen de dato 5ten dies Monats wegen Nichtablassung des Expositus von Pünzhausen;
3. ein Zeugnis gleichen Betreffs der Land-Gemeinde Pünzhausen de dato 7ten dies Monats;
4. ein Zeugnis de dato 5ten dies Monats der Pfarr-Gemeinde Schweitenkirchen wegen des ärgerlichen Gedränges in der dortigen Pfarrkirche;
5. ein Zeugnis der Land-Gemeinde Aufham de dato 9ten

*dies Monats über das Wünschenswerthe der Auspfarrung
meiner Clienten;*

*6. Abschrift einer hohen Regierungs-Entschließung de dato
6ten September 1844.*

*In tiefster Ehrfurcht verharret anbei
Euerer Erzbischöflichen Excellenz
unterthänigst gehorsamster
Dr. Spengel, b. Advocat.*

Die Überlegungen des Ordinariates beanspruchten drei lange Jahre.
Erzbischof Lothar Anselm Freiherr von Gebsattel war inzwischen ver-
storben und Karl August Graf von Reisach sein Nachfolger geworden.
Als das Ordinariat in München schließlich Pfarrer Egger um Stellung-
nahme ersuchte, stürzte für diesen schier eine Welt zusammen. Am 29.
Februar 1848 antwortete er:

Wolfersdorf, den 29. Februar 1848

*Euere Excellenz!
Hochwürdigster Herr Erzbischof!
Gnädigster Herr!*

*Betreff: der lästigen Filialisten Hirschhausen u. Holz-
hausen.*

*Wahrlich, ich weiß nicht, was ich denken, wünschen, bitten und
schreiben soll; ich kenne mich in der fremdartigen Beschaffen-
heit des menschlichen Geistes bisher nicht mehr aus. Die frommen Hausväter der Vorzeit lebten zufrieden in ihrem entle-
genen Pfarrsprengel, besuchten zur Erbauung sämtlicher
Pfarrglieder die Mutterkirche, was leider von der leiden-
schaftlichen Nachgeburt nicht mehr so sichtbar erscheint. Sie
leben gerne in der Nähe der Kirche und der Wirthshäuser.*

Heiliger Ulrich, 17. Jahrhundert, Holzhausen

Bey diesem jungen Menschenschlage ist der stolze Bauern-
geist und die Bequemlichkeitslust herangewachsen, was nicht
sogleich kann ausgerottet werden als durch eine weise Anordnung von oben und gehorsames Befehlen.

Die kühne junge Leidenschaft zu Erreichung ihres Zweckes
benützt ein Hauptcrimen des Pfarramtes – eine Fassions-
Verfälschung, was aber bisher die Gerechtigkeit beschützt hat,
und die K. Regierung bescheidet, und tröstete ihre frommen
Gesuche auf einen zukünftigen Veränderungsfalle.

Die gnädigste Resignation schließt sich würklich hiezu an.
Aber wie soll es? Der Herr über Leben und Tod hat mich
dreimal in jungen Priesterjahren auf das Sterbebett gelegt
und doch bisher erhalten – ja, Ihm sey höchster Dank und
Preis!, daß ich noch sehr gesund in Seinem hl. Dienste ...
pflichtschuldigst würken kann, und daher keines Zeugnisses
zur Last des Erzb. Emeritenfonds bedarf, wie auch des wohl-
thätigen Beytrages à 100 (fl.) von den jungen, stolzen, be-
quemen Herrn nicht bedürftig bin, was sie noch für sich anzu-
wenden brauchen, um den noch rückständigen (Zehent) zu
bezahlen, wie auch alte Ausstände des Schulgeldes für ihre
Kinder; ...wenn sie selbe (100 fl.) zum Kirchenbau verwenden, wovon sie nichts hören wollen, wie auch von Schar-
werken nichts. Sie wollen nur den stolzen Ruhm, einen
Geistlichen erhalten zu haben!!!

Aber ich möchte wissen, wo für Selben ein Logis, und wer
dies erbaut und die nöthigen Stipendien reicht. Ich will kein
Tyrann junger Geistlicher seyn, die im Bauernsklaven-
stande stehen sollen, bey verschiedener Witterung und Stunde
sehr schlechten Holledauer Wege um 2 – 4 kr. Meßgeld und
3 – 6 kr. Opfer wandeln sollen.

...haben sie auch die ... Absicht, auch sämtliche Gottesdienste zu erhalten und die uralte pfarrkirchliche gottesdienstliche Ordnung im Religions-Unterricht zu zerstören. Was der hl. Religionsstifter verhüten wolle.

In der Vorzeit hat ohne Widerspruch die sämtliche Jugend in den hl. Fasten zum Religionsunterricht in Wolfersdorf erscheinen müssen, was ich aber vermittelt, und ich in dieser Zeit ihnen den Weg erspare und in der Filialkirche zu Holzhausen den Religionsunterricht vornehme.

Nicht alle sind mit diesem ... (ein) verstanden, und wünschen den alten Bestand, womit ich mich auch dazu verstehe, um einmal im lieben Frieden wirken zu können.

Im Bedarfsfalle stelle ich schon meine unterthänigst gehorsamste Bitte um einen Geistlichen für meine arme Seele wie auch für meine lieben Pfarrkinder.

Somit empfehle ich mich zur höchsten Huld und Gnade Euerer Erzbischöfl. Exzellenz unterthänigst, gehorsamster J. Nep. Egger, Dekan.

Eggers Brief ist ebenso von tiefer menschlicher Enttäuschung wie von unerschütterlicher pfarrherrlicher Festigkeit gekennzeichnet.

Vier Jahre vergingen nun, ohne daß das Ordinariat am Wolfersdorfer Pfarrgebiet eine Veränderung vorgenommen hätte. Den Wünschen der Filialisten um verstärkte seelsorgliche Betreuung kam München jedoch zumindest teilweise entgegen, indem es Pfarrer Egger einen Koadjutor zur Seite gab, der sich von Wolfersdorf aus besonders den beiden Filialen widmete.

Dann schmiedeten sechzehn Männer aus Hirschhausen und Preinersdorf das heiße Eisen erneut. Am 25. Februar 1852 richteten sie eine Petition an den Oberhirten betreff „Auspfarrung aus der Pfarrey Wolfersdorf" und unterschrieben sie namentlich, wobei freilich sieben von ihnen, weil sie nicht Schreiben gelernt hatten, mit einem Kreuz als Handzeichen signierten. Das Anliegen lautete unverändert:

„Da unsere Ortschaften, nämlich Preinersdorf und Hirschhausen, zwey Stunden vom Pfarrsitze Wolfersdorf entfernt sind und bey den schlechten Wegen, die dahin führen, unmöglich gehörig pastoriert werden können — sohin wir uns meistens, vorzüglich in Krankheitsfällen, nach dem nur 1 Viertelstunde entfernten Pfarrorte Schweittenkirchen wenden müssen, um geistliche Hilfe zu erlangen — so stellen die unterthänigst gehorsamst unterzeichneten Bewohner der genannten zwey Ortschaften an Euere Erzbischöfliche Exzellenz die unterthänigste Bitte um Auspfarrung aus dem Pfarrverbande Wolfersdorf und Einverleibung in die Pfarrey Schweittenkirchen, und zwar aus folgenden Gründen:

1. Wegen der zu weiten Entfernung vom Pfarrsitze Wolfersdorf; indem man im Falle einer Krankheit der Gefahr ausgesetzt wäre, ohne heilige Sakramente zu sterben, wenn wir nicht von Schweittenkirchen aus Hilfe erlangen würden...

2. Haben wir von der Pfarrey Wolfersdorf gar keine Vortheile, da wir bey schlechtem Wetter an Sonn- und Festtagen nach Schweittenkirchen in den Gottesdienst gehen...

3. Werden die Zahlungen immer mehr, so daß viele von uns, welche ohnehin nur ein spärliches Auskommen haben, nicht mehr im Stande sind, solche Zahlungen, welche uns durch Haltung eines Coadjutors aufgebürdet wurden, zu leisten. Wir wollen gerne den Zehent nach Wolfersdorf zahlen, wenn wir nur gegen die Stolgebühren nach Schweittenkirchen eingepfarrt werden..."

120

Noch einmal dauerte es eineinhalb Jahre, bis die Beharrlichkeit der Filialisten schließlich belohnt wurde. Mit Schreiben vom 1. Juni 1854 genehmigte der Königlich Bayerische Staatsminister des Innern, Theodor von Zwehl, die Umpfarrung:

„Auf den Bericht vom 26. v. M. im bezeichneten Betreffe wird die Auspfarrung der Ortschaften Hirschhausen, Holzhausen, Loipersdorf und Preinersdorf aus der katholischen Pfarrei Wolfersdorf, k. Landgerichts Moosburg, und die Zutheilung derselben zu der katholischen Pfarrei Schweitenkirchen, k. Landgerichts Pfaffenhofen, genehmigt."

Vorbehalt war, daß die Filialisten die Zehentrenten an den Pfründebesitzer Pfarrer Egger bis zur „eintretenden nächsten Erledigung der Pfarrei Wolfersdorf" bezahlten und erst bei der Neubesetzung von Wolfersdorf „die Frage einer genauen Erörterung unterstellt werde, ob die fraglichen Zehentrenten der Pfarrei Wolfersdorf noch fernerhin zu belassen oder der Pfarrei Schweitenkirchen zuzuweisen seien."

Waren Hirschhausen, Holzhausen, Loipersdorf und Preinersdorf 1854 also vorläufig (provisorisch) zu Schweitenkirchen gegeben worden, so kamen sie – nachdem Pfarrer Egger 1858 verstorben war und der „Erledigungsfall" eintrat – 1860 endgültig (definitiv) zur hiesigen Sankt-Johannes-Pfarrei. Achtzehn Jahre „Kampf um Schweitenkirchen" endeten mit einem vollen Erfolg für die Filialisten.

quovis demum modo	auf welche Art auch immer
Parochianen	Pfarrangehörige
Klienten	Auftraggeber
Provisuren	Aushilfen
Cura	Sorge, hier: Seelsorge
Stolgebühren	festgesetzte Gebühren für Amtshandlungen
Expediens	Ausweg
Remission	Rücksendung
crimen	Missetat
Resignation	Amtsniederlegung
Emeritenfonds	Pensionskasse für Priester
Scharwerk	Hand- und Spanndienste
Logis	Wohnung
Stipendien	Unterhaltsgelder
Coadjutor	Amtsgehilfe (z. B. Kaplan, Vikar, Expositus)

Um die Nachfolge von Pfarrer Gastner

Von Schulmeister Simon Hollweck angeführt, erschien am Mittwoch, dem 19. Januar 1848, eine Abordnung von angesehenen Männern aus der Pfarrei Schweitenkirchen im Bischofspalais. Die guten Leute überreichten Karl August Graf von Reisach, Erzbischof von München und Freising (1846–1855), eine Bittschrift. Die Petition datierte vom 18. Januar 1848. Ihr Inhalt: der Erzbischof möge im Falle des absehbar nahen Wegzuges von Pfarrer Johann Nepomuk Gastner aus Schweitenkirchen die Pfarrstelle vorläufig nicht mit einem anderen Pfarrer besetzen, sondern den bereits hier wirkenden, allgemein beliebten, Vikar Stephan Berger als Pfarrvikar von Schweitenkirchen benennen und am Ort belassen.

Das Bittschreiben ist in zweifacher Hinsicht auch heute noch interessant: zum einen wirft es bezeichnende Schlaglichter auf den Zustand von Pfarrei, Pfarrkirche und Schule um die Mitte des 19. Jahrhunderts; zum anderen schwelgen die Formulierungen in barocker Üppigkeit und erhellen, mit welcher, bis zur Selbstverleugnung reichenden, untertänigen Unterwürfigkeit man seinerzeit Bittschriften einleitete, begründete und stilisierte.

Schweittenkirchen, 18. Januar 1848

Eure Excellenz!
Hochwürdigster Herr Erzbischof!
Gnädigster Herr!

Wenn die ehrerbietig gehorsamst unterzeichnete Pfarrgemeinde es wagt, Abgeordnete aus ihrer Mitte an Euere Erzbischöfliche Excellenz abzuordnen, so geschieht es dem innern Drange des Herzens zufolge aus wichtigen Beweggründen. Wir Angehörige der Pfarrey Schweittenkirchen wissen in unserer bäuerlichen Unbehilflichkeit nicht, wie wir unsere kindliche Anhänglichkeit an Euere Erzbischöfliche Excellenz, sowie die Dankbarkeit für die wahrhaft väterliche Sorge, mit der Euere Erzbischöfliche Exzellenz auch unsere, an der Grenze der Erzdiözese gelegene, Pfarre umfassen, bezeugen können.

122

Euere Erzbischöfliche Exzellenz haben nämlich, besorgt für das Seelenheil aller anvertrauten Schafe, Kenntnis genommen von der geistlichen Verkümmerung unserer Gemeinde und haben derselben durch die Bestellung eines Vikars für die Seelsorge in der Person des Priesters Stephan Berger abzuhelfen gesucht.

Dieser Priester, nach unserer Beurtheilungsfähigkeit wahrhaft ein Mann nach dem Herzen Gottes, dem das Heil der ihm anvertrauten Herde Tag und Nacht am Herzen liegt, besorgt seit einem halben Jahre mit dem auffallendsten und erfreuendsten Erfolge unsere geistlichen Angelegenheiten.

Durch seinen Eifer, gleich unermüdlich in Verkündung des Wortes Gottes wie im Beichtstuhle, geht nicht bloß bey uns, sondern auch bey den umliegenden Nachbarn, die ungemein zahlreich jetzt nach Schweittenkirchen zum Gottesdienste kommen, allmählig und bereits ersichtlich eine Veränderung der Gesinnung hervor.

Unsere Pfarrkirche ist durch seine Bemühung durch milde Beyträge in Reparatur wie Paramenten aus ihrem ruinösen Zustande herausgerissen und in einen, eines Gotteshauses würdigen, Stand versetzt worden. Die Schule, von der wir zu eigener Beschämung gestehen müssen, daß sie früher sehr schlecht besucht wurde, und darum nur wenig geleistet werden konnte, hat derselbe durch die ihm eigene Energie so zu heben gewußt, daß schuldbare Versäumnisse höchst selten mehr vorkommen, denn die Kinder hängen ihm mit ganzer Seele an und gehen gerne in die Schule und lernen gerne aus Liebe zum Vikar. So geht alles, von den Kindern an bis zu uns

Älteren, eine merkliche Umgestaltung zum Bessern vor sich.

Für die Sendung eines solchen Hirten bringt nun die Pfarrgemeinde Schweittenkirchen Euer Erzbischöflichen Exzellenz ihren herzlichsten Dank dar.

Es droht aber dieses begonnene gute Werk wieder ins Stocken, der ausgestreute gute Same, der zu keimen beginnt, nicht zur Reife kommen zu wollen.

Es ist nämlich bereits bekannt, daß unser Herr Pfarrer, Priester Johann Nepomuk Gastner, auf Lichtmeß unsere Pfarre niederlegen werde, was die Wiederbesetzung derselben zur Folge hat, nach welcher wir unsern geliebten Herrn Vikar verlieren werden.

Nun sind wir aber durch eine lange, traurige Erfahrung belehrt, daß sich um unsere Pfarre, weil die Einkünfte derselben höchst mittelmäßig sind, und (sie) durch ihre abgesonderte Lage in einer nicht gar freundlichen Gegend keine besondere Anzüglichkeit darbietet, nicht gerade die tüchtigsten Priester bewerben und an solche vergeben wird, und diese Besorgnis regt sich jetzt um so mehr, da bey dem mittelmäßigen Pfarreinkommen, außer den jährlichen Abgaben von 50 fl., auch noch eine Bauaussitzfrist von 200 fl. lastet.

Die ehrerbietig gehorsamst unterzeichnete Pfarrgemeinde wagt es darum, im Betreffe und Interesse ihres eigenen Seelenheiles, ohne dem freyen Vergebungsrechte Euer Erzbischöflichen Exzellenz zu nahe treten zu wollen, an Euere Erzbischöfliche Exzellenz die unterthänigste Bitte zu stellen, es möchte die Pfarrey Schweittenkirchen, in Berücksichtigung der oben angegebenen Gründe, bis nach gänzlicher

124

Abtragung jener Bauaussitzfrist, nur von einem jedesweili-
gen Vikar versehen und für diesen Fall dem gegenwärtigen
Pfarrvikar, Priester Stephan Berger, übertragen werden.

Im Vertrauen, daß Gott es schon so fügen werde, daß wir ei-
nen guten Hirten bekommen, unterwirft sich in willigstem
Gehorsam und unbedingter Ergebenheit

Euer Erzbischöflichen Exzellenz
unterthänigst treugehorsamste Pfarrgemeinde
Schweittenkirchen.

Erzbischof Karl August Graf von Reisach konnte den Wunsch der Bitt-
steller nicht erfüllen. Nachfolger von Pfarrer Gastner wurde 1848 Pfarrer Johann Baptist Nobel.[96]

Pfarrer
J. Straßer
1902–1917

Die Weihe der neuerbauten Pfarrkirche

Benedictus qui venit in nomine Domini!
Gesegnet sei, der da kommt im Namen des Herrn!

Schweitenkirchen hatte durch seinen Pfarrer Jakob Straßer (1902–1917) im Jahre 1909 eine neue Pfarrkirche bekommmen. Im selben Jahre 1909 hatte die Erzdiözese München und Freising mit Franz Ritter von Bettinger (1909–1917) ihren neuen Erzbischof bekommen. Der nachmalige Kardinal (1914) kam am Samstag, dem 18. September 1909, in Schweitenkirchen an und weihte am Sonntag, dem 19. September 1909, das neue Gotteshaus. Für den Oberhirten war es die erste auswärtige Amtshandlung und Kirchenweihe in seinem Erzbistum. Für die Bevölkerung waren es zwei unvergeßliche Festtage. Pfarrei und Gemeinde hatten auch schon die ganze Woche vorher alles Menschenmögliche getan, um das große Ereignis besonders prunkvoll zu gestalten.

In zwei Artikeln berichtete die Pfaffenhofener Zeitung vom Ankunftstag:

„Am Samstag, abends halb sechs Uhr, traf Seine Exzellenz... am hiesigen Bahnhof ein, um sich nach Schweitenkirchen zu begeben. Die ganze Pfarr- und Schulgemeinde holte den Kirchenfürsten hier ab, und in feierlichem Zuge ging es durch die Stadt. Eine große Anzahl Reiter, Radler und Fuhrwerke, festlich geschmückt, befand sich im Zuge neben der Geistlichkeit, der Gemeindevertretung und der Schuljugend. "[97]

„Mit sehnsuchtsvoller Erwartung und großer Begeisterung versammelten sich am Samstag nachmittag in Schweitenkirchen die Pfarrangehörigen, um teils zu Pferd, teils per Rad, teils in Chaisen und prächtig gezierten Wagen, auf denen weißgekleidete Mädchen und prangende Jungfrauen saßen, dem neugeweihten Hochw. Herrn Erzbischof entgegenzuziehen und ihn würdig am Bahnhof in Pfaffenhofen zu empfangen und alsdann in einem langen und herrlichen Zuge in das Pfarrdorf zu geleiten. Leider wurde diese große Freude der Pfarrgemeinde getrübt... durch die Ungunst der Witterung und durch die plötzlich hereinbrechende Dunkelheit. Trotz der schlechten Witterung hatten sich auch viele begeisterte Zuschauer aus umliegenden Ortschaften eingefunden.

Nachdem Seine Exzellenz in Schweitenkirchen unter dem Geläute sämtlicher Glocken angelangt war, zog er unter Vorantritt der Schuljugend und der aufgestellten Vereine durch das herrlich geschmückte Dorf in die prächtig de-

Kirchenbautrupp Schweitenkirchen, 1906

korierte Pfarrkirche ein. Dicht füllten sich die Räume des schönen Gotteshauses. Seine Exzellenz hielt nach den Gebeten eine ergreifende Ansprache
an das gläubige Volk, in der er seinen Dank für den lieben Empfang ausdrückte und seiner Freude Ausdruck gab, die sein Herz empfinde, da gerade
diese Kirchweihe seine erste sei, die er zeitlebens im Gedächtnis behalten
werde. Er wies dann auf die Bedeutung des neuen Gotteshauses hin und auf
die vielen Opfer, welche die Pfarrgemeinde gebracht hat, mit der Bitte, auch
fernerhin nicht zu erlahmen und die noch nötigen weiteren Gaben und Beiträge gerne zu leisten. Zum Dank für all die vielen Mühen und Opfer erteilte
er den lieben Pfarrangehörigen seinen Segen. Danach wurde der Hochwürdigste Herr Erzbischof in den Pfarrhof geleitet, woselbst er Wohnung nahm.
Während der Nacht wurden von den Gläubigen die Betstunden vor den heiligen Reliquien in der Kirche gehalten."[98].

Über den Tag der Weihe berichtete die Zeitung:
„Am Sonntag, morgens halb acht Uhr, begannen die feierlichen heiligen Zeremonien der Kircheinweihung, denen sich eine kurze Predigt des H. H.
Dekans von Wolfersdorf anschloß; alsdann zelebrierte Seine Exzellenz die
heilige Pontifikalmesse. Während derselben brachte der Männergesangverein ‚Liederhort'-Pfaffenhofen eine sehr hübsche Männermesse von Dr. O.
Müller zur Aufführung; es sei dem opferwilligen und eifrigen Verein für dessen gediegene, musterhafte Leistung der wärmste Dank und die öffentliche

Anerkennung ausgesprochen. Mit einem feierlichen Te deum laudamus endigte um 12 Uhr die erhabene Feier, die gewiß in den Herzen und im Gedächtnis aller Pfarrangehörigen ein ewiges Andenken hinterlassen und eingeprägt hat. Zahlreiche Gläubige von nah und fern waren erschienen, um dieser herrlichen Feier beizuwohnen, und wäre die Witterung günstiger gewesen, würde der Andrang noch viel größer gewesen sein.

In den beiden Gasthäusern herrschte nach der Feier reges Leben, und die Wirte hatten vollauf zu tun, um die leiblichen Bedürfnisse der Gäste zu befriedigen. Seine Exzellenz und der Hochwürdige Klerus hatten sich im Pfarrhof zu einem Diner versammelt, an welchem auch unser verehrter Herr Bezirksamtmann Dr. Gabler und Herr Kirchenarchitekt Schott von München teilnahmen. Während der Tafel brachte der Männergesangverein ‚Liederhort' im Vorhof des Pfarrhauses drei geeignete Lieder zum Vortrag, von denen besonders die beiden letzten sehr großen Gefallen ernteten; Seine Exzellenz sprach den Sängern für die liebe Aufmerksamkeit und für die vorzüglichen Leistungen persönlich seinen speziellen Dank aus.

Nachmittags 3 Uhr verließ Seine Exzellenz unter dem Geläute aller Glocken das Dorf, an dessen Straßen sich wieder eine Menge Gläubige versammelt hatte.

Mit Freude und Stolz kann die Pfarrgemeinde Schweitenkirchen an diese herrliche Feier zurückdenken und zu dem schönen Gotteshause emporblicken. Möge alle, die zur Erbauung dieses herrlichen Gotteshauses beigetragen haben, Gottes Segen reichlich beglücken!" [99]

Die Glockenweihe

Im Kriegsjahr 1942 hatte die Pfarrei Schweitenkirchen alle drei Glokken aus dem Turm ihrer Pfarrkirche abhängen und abliefern müssen. Die Glocken wurden zertrümmert und für Rüstungszwecke eingeschmolzen.

1950 konnte das heutige Geläute, vier Glocken im Gesamtgewicht von 2355 Kilogramm, erworben, eingeholt, geweiht und aufgezogen werden. Dabei befand sich als fünfte Glocke die Sankt-Margareta-Glocke für die Filialkirche in Frickendorf. Die fünf Glocken wurden in Schweitenkirchen am Samstag, dem 21. Oktober 1950, festlich empfangen und am Sonntag, dem 22. Oktober 1950, feierlich geweiht.

Expositus Josef Drescher von Sünzhausen berichtet davon:
„Bereits am Samstag wurden bei strahlendem Herbstwetter die neuen Glokken feierlich empfangen und eingeholt. Von Dietersdorf aus bewegte sich der festliche Zug zur Pfarrei: voraus Radfahrer auf geschmückten Rädern, dann Reiter, danach verschiedene Wagen, auf dem ersten die Musik, auf dem zweiten die Meßdiener mit dem Kreuz und weißgekleidete Mädchen, dann der Glockenwagen, schließlich die Kutsche mit Herrn Pfarrer Ludwig Betzinger. Auch Expositus Max Heininger von Niederthann war erschienen. Leider war Expositus Alfred Schopka von Dürnzhausen nicht dabei, da er zur Kur in Bad Wörishofen weilte. Die Häuser von Schweitenkirchen waren mit Tannengrün und bunten Fähnchen geschmückt. Vor dem Presbyterium der Pfarrkirche prangte eine mächtige Tannengirlande. Die Wagen hielten vor dem Hauptportal, wo sich eine zahllose Volksmenge, wie bei einer Primiz, staute. Die Musik spielte. Der Männerchor sang den ‚Tag des Herrn‘. Kindergruppen schilderten in Versen die verschiedenen Aufgaben der Kirchenglocken. Pfarrer Betzinger stellte in seiner Ansprache die neuen Glocken einzeln vor, gab der allgemeinen Freude Ausdruck und dankte allen Beteiligten; auch machte er bekannt, daß die große Marienglocke bis zum Friedensschluß unter den Völkern jeden Samstagabend geläutet werde und jedermann, der das Läuten höre, möge dabei ein Vaterunser mit dem Zusatz ‚Maria, Königin des Friedens, bitte für uns!‘ beten. Zum Beschluß wurde in der Pfarrkirche ein Dankrosenkranz für die Stifter und Wohltäter des neuen Geläutes gebetet.

Am Sonntag konsekrierte Prälat Dr. Michael Hartig aus München die neuen Glocken. Die Feierlichkeiten begannen um 9 Uhr vormittags. In seiner Predigt erläuterte der Prälat den Weiheritus und würdigte die Bedeutung und das Wirken der Schutzheiligen der fünf neuen Glocken. Dann erfolgte

vor dem Kirchenportal die Weihe der Glocken: Taufe, Salbung und Beräu-
cherung mit Weihrauch, Myrrhe und Thymian. Dabei standen die Glocken,
noch vom Empfang her, auf ihrem Glockenwagen. Während der Psalmen
sang der Chor unter anderem das Haec dies von Ett. Nach dem Weihe-Evan-
gelium sangen alle ‚Großer Gott, wir loben Dich!‘ Nun bewegte sich der
Zug wieder in die Kirche hinein zum anschließennden Hochamt. Pfarrkurat Georg Winstetter von Güntersdorf und ich levitierten. Zeremoniar war
cand. theol. Josef Auer aus Freising. Pfarrer Jakob Straßer, der Erbauer unserer Pfarrkirche, wohnte der Feier bei. Nach dem letzten Evangelium
dankte Pfarrer Betzinger der gesamten Kirchengemeinde, insbesondere
auch Prälat Hartig und Pfarrer Straßer.[100]

Das Glockengutachten

Prof. Ludwig Berberich
München-Neubiberg, 15. Oktober 1950

Gutachten, betr. Glocken von Schweitenkirchen

*Das neue Viergeläute von Schweitenkirchen, ein Salve-regina-Motiv, stellt
eine Mischung von Bronce- und Euphon-Glocken dar. Ich trete dafür ganz
und gar ein, weil der Toncharakter oder die Klangfarbe von Euphon nicht
anders ist als von Bronce. Handelt es sich bei Euphon um die große Glocke,
wie in unserm Falle, so wird das Einfallen dieses Glockentones in das Geläute immer von starker Wirkung sein, um so mehr, wenn die Glocken gut
aufeinander abgestimmt sind; und das ist in Schweitenkirchen der Fall. Die
Glocken sind um eine Kleinigkeit tiefer als die Normalstimmung, etwa so,
wie die Kirchenorgeln den größten Teil des Jahres stimmen.*
Die Prüfung der Glocken ergab folgendes Klangbild:

	Schlag-ton	Prim	Terz	Quint	Ober-oktav	Unter-oktav
1)	es' –1/4	es' – 7/16	ges' –3/16	b' –3/4	es'' –1/4	es° –7/8
2)	g' –1/4	g' –11/16	b' –3/8	d'' –5/16	g'' –5/16	g° –5/8
3)	b' –1/4	b' – 5/16	des'' –1/4	f' –1/2	b'' –1/4	b° –3/8
4)	c'' –1/4	c'' + 0	es'' –2/16	g'' –1/16	c''' –1/4	c' –3/8

*Das ist stimmungsmäßig ein sehr gutes Resultat: die vier Schlagtöne mathe-
matisch genau auf der gleichen Linie! Prim, Oberoktav und Unteroktav
kaum vom Schlagton abweichend! Kleine Divergenzen sind als erwünschte
Schwebungen zu werten. Mollterzen und Quinten ohne Beanstandung!*
                                                 Berberich L., Professor.[101]

Zum 50. Jahrestag der Kirchenweihe

Am Erntedankfest 1959 gedachte die Pfarrgemeinde in einem Festgottesdienst jenes 19. Septembers vor fünfzig Jahren, als Erzbischof Franz v. Bettinger die neuerbaute Pfarrkirche geweiht hatte.

Die Heimatzeitung berichtete:

„Herbstblumen in ihrer bunten Pracht zierten die Kirche. Die große, helle Kirche, deren grüner Zwiebelturm weit hinaus in das Land grüßt, zeugt vom Glauben und der Opferbereitschaft unserer Vorfahren. Zu ihrem Jubiläum bekam sie ein neues Gesicht. Nachdem bereits im Vorjahr die Decke von dem bekannten Kunstmaler Weingartner aus Pfaffenhofen mit Fresken geschmückt worden war, wurde heuer das Kirchenschiff in harmonisch abgestimmten Farben getüncht. Auch die alten Fenster wurden durch Butzenscheiben ersetzt. In seiner Festpredigt dankte der H. H. Pfarrer Bichler allen Pfarrkindern, die durch ihre Opferfreudigkeit die Renovierung der Kirche ermöglicht hatten, von Herzen und gab der Hoffnung Ausdruck, daß sie auch weiterhin der Ort bleiben möge, von dem ständige Gnade ausströme. Man kann dem Pfarrherrn, der Initiator der Renovierung war, und der Kirchengemeinde zu diesem würdigen Gotteshaus nur gratulieren.“ [102]

Die Primiz von H. H. Anton Graßl

Wie heißt es doch im österlichen Lied?: Das ist der Tag, den Gott gemacht, / der Freud in alle Welt gebracht. / Es freu' sich, was sich freuen kann, / denn Wunder hat der Herr getan.

Der 7. Juli 1963 war so ein Tag! Primizsonntag in Schweitenkirchen! Die Sonne strahlte, und über dem blumengeschmückten Dorf wölbte sich der weißblaue Himmel. Tausende waren von fern und nah gekommen, füllten den Sportplatz, in dem der Primizaltar aufgebaut stand und warteten auf Schweitenkirchens Primizianten Anton Graßl.

„Als der Neupriester unter Glockengeläute sein Elternhaus verließ, trugen drei Kinder gute Wünsche zum hohen Ehrentage vor. Der Kirchenchor sang ein Begrüßungslied. Nun bewegte sich, unter Vorantritt der Musikkapelle, der lange, bunte Festzug durch das Dorf. Viele Kinder, mit Blumen in den Händen, alle Vereine mit ihren Fahnen, der Gemeinderat mit Bürgermeister Weber an der Spitze, Landrat Dr. Eisenmann, der Kirchenausschuß, zahl-

reiche Klosterfrauen und geistliche Mitbrüder begeleiteten den Neupriester
zum Weihealtar… Pfarrer Kaindl hielt die Festpredigt: Der Myrtenkranz,
den der Neupriester heute an seinem Ehrentage trage, sei Symbol der
Freude, aber auch des Leidens; das schönste, was man einem Priester am
Ende eines arbeitsreichen Lebens nachrufen könne, wäre: Vergelt's Gott für
Deine Güte und Liebe! Der Kirchenchor und ein Bläserquintett unter Chor-
regent Georg Kaindl umrahmten den Festgottesdienst mit Gesang und Mu-
sik. Viele Gläubige empfingen die heilige Kommunion. Der Primiziant
schloß in seine Fürbitten besonders seinen Vater ein, der erst im Herbst ver-
gangenen Jahres verstorben war und diesen Freudentag seines Sohnes jetzt
nicht mehr erleben konnte. Am Nachmittag trafen sich etwa 250 Gäste zum
gemeinsamen Mahl. Auch hierbei trugen Kinder Gedichte vor… Schwei-
tenkirchens hoher Festtag ging in Harmonie zu Ende. Noch lange wird man
von diesem erlebnisinnigen Tag sprechen…"[103]

Schweitenkirchen empfängt den Erzbischof

Am 29. Oktober 1982 ernannte Papst Johannes Paul II. den bisherigen
Bischof von Speyer, Dr. Friedrich Wetter, acht Monate nach dem Weggang von Erzbischof Joseph Kardinal Ratzinger nach Rom, zum neuen
Erzbischof von München und Freising und damit zum 72. Nachfolger
auf dem Stuhl des heiligen Korbinian.

Am 8. Dezember 1982 betrat der neue Oberhirte auf seiner Fahrt von
Speyer nach München in Schweitenkirchen erstmals seine Erzdiözese
und wurde vor dem Rathaus von Pfarrer Engelbert Wagner offiziell begrüßt.

Die Kirchenzeitung berichtete:

„Erste Station des Erzbischofs: Schweitenkirchen, an der Nordgrenze der
Erzdiözese. Böller krachten, die Glocken jubelten, die Blasmusik spielte.
Die Vereine waren mit ihren Fahnen gekommen, das Rathaus war festlich ge-
schmückt, der ganze Ort war auf den Beinen, um den ‚neuen Bischof' zu se-
hen.

Als er dann da war – eine Ehreneskorte der Polizei hatte ihn am Rasthaus
Holledau empfangen – nützte alle Absperrung nichts mehr. Am Rednerpult
waren er, Pfarrer Engelbert Wagner und seine Mitbrüder aus dem Dekanat,
Bürgermeister Max Elfinger, Landrat Dr. Traugott Scherg und weitere Ho-
noratioren fast eingekeilt. Man konnte den Bischof kaum sehen; aber seine

herzlichen, freundlichen Worte konnte man über Lautsprecher vernehmen. Es hatte das begonnen, was Bischof Wetter Tage später als ‚so viel Liebenswürdigkeit' bezeichnete, die ‚mir begegnet ist und entgegengebracht wurde', und was er ‚einen guten Anfang' nannte.

Alle geleiteten ihn danach zur Kirche zu einer Segensandacht. Viele Hände mußte er auf dem Weg von der Kirche zu seinem Wagen drücken.

Regionalbischof Heinrich Graf von Soden-Fraunhofen geleitete den Oberhirten nach München, wo die Münchner schon Kopf an Kopf vor dem Dom standen... " [104]

Verse zur Begrüßung

Beim Empfang von Erzbischof Dr. Friedrich Wetter am 8. Dezember 1982 in Schweitenkirchen, trugen zwei Kinder, der kleine Max Weber aus Schweitenkirchen und die kleine Gabriele Hirschberger aus Frikkendorf, Begrüßungsverse vor, die Rektor Josef Müller, Schweitenkirchens Schulleiter, in der Mundart gereimt hatte:

Wein, wia in Ihra Heimat, wachst bei uns natürlich net;
aber, daß da so mancher Hopfengarten steht,
dös sagt Eahna ganz genau:
Sie san hier in der Holledau!

Daß Sie an dös und an uns denga,
woll' ma Eahna an Kranz aus Hopfa schenga.
Wir hoff'n alle: es könnt doch sei',
Sie kehratn wieder amoi in Schweitenkircha ein'! [105]

. . .

Pfarrer Wagner begrüßt den Erzbischof

Grüß Gott, Herr Erzbischof, in unserer Diözese München und Freising!

Der Pfarrei Schweitenkirchen ist das unverhoffte Glück zugefallen, an der Diözesangrenze Sie, den neuen Erzbischof, begrüßen zu dürfen. Im Namen unserer Pfarrei und der hier anwesenden Priester aus dem Dekanat Scheyern heiße ich Sie herzlich willkommen!

Von Speyer her ist Ihnen der Ruf vorausgeeilt, ein besonders menschenfreundlicher Bischof zu sein. Darum haben wir Sie auch hier gleich in unsere Mitte genommen und hoffen, daß wir uns schon heute bei Ihnen einen guten Platz erobert haben.
Nach der Segensandacht in unserer Pfarrkirche werden Sie in Ihre Bischofsstadt München fahren. Was können wir Ihnen mitgeben?
Da ist zuallererst unsere Freude darüber, daß Sie bei uns da sind, daß Sie unser Bischof sein wollen, daß wir Ihnen als erste die Hände schütteln und den Friedensgruß anbieten dürfen.
Dann haben wir Ihnen unseren Kirchenpatron, den heiligen Johannes den Täufer, als guten Weggefährten an die Seite zu geben: einen Mann des Glaubens, der auch Ihre Aufgabe charakterisiert: Vorläufer und Wegbereiter des Herrn zu sein.

In das Marschgepäck müssen wir freilich auch einige Anliegen packen, die unsere Landpfarreien drücken: Immer mehr Pfarreien bekommen keinen eigenen Seelsorger mehr; ein Pfarrer ist zumeist Seelsorger für mehrere Pfarreien. Lebendige, aktive Verbundenheit mit der Kirche ist auch auf dem Lande keine Selbstverständlichkeit mehr. Umgekehrt aber, Herr Erzbischof, ist die Bereitschaft der Laien groß, in der Kirche mitzuarbeiten. Das ist ein Lichtblick, den Sie mitnehmen mögen.

Unsere Freundschaft dürfen wir Ihnen anbieten und mitgeben, nachdem Sie jetzt „ein Schweitenkirchener" geworden sind. Sollte Ihnen die Stadt einmal gar zu anstrengend werden, dann wenden Sie, bitte, Ihren Blick doch einfach in den Norden Ihrer Diözese: Sie werden Schweitenkirchen und die Hallertau sehen! Dann wissen Sie: Bei uns sind Sie immer zuhause! Bei uns bekommen Sie, was gut ist für Leib und Seele: Gastfreundschaft und Herzlichkeit, garniert mit einer Maß Bier und einer kernigen Bauernbrotzeit.

Herr Erzbischof! Gott begleite Sie auf Ihrem Weg! Er gebe Ihnen Kraft und Zuversicht für Ihre nicht leichte Aufgabe, die Erzdiözese München und Freising zu leiten und uns alle im Glauben zu bestärken!

135

Kelch von Meister Marx Daniel Weinold, um 1689, Schweitenkirchen

Die Dankansprache des Erzbischofs

Erzbischof Dr. Friedrich Wetter hielt anläßlich des Willkomm-Empfanges am 8. Dezember 1982 in Schweitenkirchen eine Dankansprache:

Der Empfang, den Sie mir bereitet haben, zeigt, daß Sie mir nicht nur das Tor der Diözese geöffnet haben, sondern auch Ihre Herzen – und dafür möchte ich Ihnen herzlich danken. Denn das, was ich Ihnen zu bringen habe, darf ja nicht außen bleiben; das muß in Ihr Herz eindringen: das ist die Frohbotschaft von Gottes Liebe und Erbarmen! Als Bischof habe ich Ihnen Christus zu bringen, daß er in Ihr Herz einzieht und dort herrscht.

Deshalb sage ich Ihnen heute, was der Heilige Vater bei seiner Amtsübernahme in der Nachfolge Petri gesagt hat: Reißt weit auf die Tore für Christus! Daß Christus immer bei Ihnen ist, in Ihrem Denken, Planen und Entscheiden, in Ihren Familien und an Ihrer Arbeitsstätte, hier in Ihrer Pfarrgemeinde und in Ihrer bürgerlichen Gemeinde!

Vergessen wir nicht: Ohne Christus ist alles zu wenig! So kostbar, so schön die Dinge, die uns unsere Welt bietet, sein mögen: Ohne Christus ist alles zu wenig! Und das müssen unsere Kinder und Jugendlichen lernen! Dann wird ihr Leben auf dem rechten Weg verlaufen; sie werden glückliche und frohe Menschen werden. Das möchte ich gerade Euch Kindern und Jugendlichen bei meinem ersten Besuch wünschen.

Sie haben mir Ihre Herzen geöffnet. Und ich möchte Ihnen sagen, daß auch ich mit einem weit geöffneten Herzen zu Ihnen komme.

Ich darf Ihr Bischof sein, Ihr Hirte; darf Sie führen auf dem Weg des Heiles. Aber das heißt auch, diesen Weg mit Ihnen zu gehen. Und ich darf auf diesem Weg mit Ihnen alles teilen: Ihre Freude, aber auch Ihre Sorgen und Ihre Nöte.

Und ich bitte Sie um Ihr Gebet: daß ich den Auftrag, den mir Christus gegeben hat, als Hirte der Kirche von München und Freising gut erfüllen kann; daß ich einmal mit einem guten Gewissen vor dem Richterstuhl Gottes Rechenschaft ablegen kann für diese Phase meines Lebens, die in diesen Tagen in Ihrer Mitte beginnt; daß ich allen ein guter Hirte sein kann. Vielen Dank![106]

Erzbischof Dr. Friedrich Wetter (rechts), Bürgermeister Max Elfinger (mitte), Pfarrer Engelbert Wagner (links), am 8. Dezember 1982 in Schweitenkirchen.

Der Lebenslauf des Erzbischofs

Friedrich Wetter wurde am 20. Februar 1928 als drittes Kind einer Eisenbahnerfamilie in Landau/Pfalz geboren und dort in der Marienkirche getauft. Eine seiner beiden älteren Schwestern ist Generaloberin der ‚Englischen Fräulein‘. In Landau besuchte er Volksschule und Gymnasium. Der Abiturient wurde noch Ende des II. Weltkrieges als Luftwaffenhelfer zum Militärdienst eingezogen.

Unmittelbar nach dem Krieg begann Wetter seine philosophischen Studien an der Hochschule St. Georgen in Frankfurt a. Main. 1948 setzte er seine Studien als Student des Collegium Germanicum et Hungaricum an der Päpstlichen Universität Gregoriana in Rom fort. Am 10. Oktober 1953 wurde er in der Kirche des Germanicums durch Kardinal Micara zum Priester geweiht. Der Neupriester setzte sein Studium in Rom fort und schloß es 1956 mit der Promotion zum Doktor der Theologie ab.

Nach seinen römischen Studien war Wetter von 1956 bis April 1958 Kaplan der Pfarrei St. Josef in Speyer. 1958 wurde er als Assistent an das Priesterseminar des Bistums Speyer berufen. Am 1. April 1961 wurde er zum Studium in München beurlaubt, wo er sich bei Prof. Dr. Michael Schmaus mit einer Arbeit über „Die Trinitätslehre des Johannes Duns Scotus" habilitierte. Nach kurzer Tätigkeit als Privatdozent an der Theologischen Fakultät der Universität München erhielt er 1962 einen Ruf als Professor für Fundamentaltheologie an die Philosophisch-Theologische Hochschule Eichstätt und 1967 als Professor für Dogmatik an die Universität Mainz.

Papst Paul VI. ernannte ihn am 28. Mai 1968 zum Bischof von Speyer. Am 29. Juni 1968 erhielt er im Speyerer Dom die Bischofsweihe.

Viele Jahre leitete er in der Deutschen Bischofskonferenz die Kommission „Wissenschaft und Kultur", gab deren Vorsitz aber im September 1982 ab, da ihm die Deutsche Bischofskonferenz die Leitung der Glaubenskommission in der Nachfolge von Kardinal Ratzinger übertrug.

Am 29. Oktober 1982 ernannte Papst Johannes Paul II. den Bischof von Speyer, Dr. Friedrich Wetter, zum Erzbischof der Erzdiözese München und Freising. Der neue Oberhirte übernahm im Liebfrauendom zu München, seiner Kathedrale, am 12. Dezember 1982 sein Amt.[107]
Ad multos annos!

Grundsteinlegungs-Urkunde zum Pfarrheimbau

U R K U N D E

Unter Vorsitz von Pfarrer Anton Bichler beschloß die Kirchenverwaltung Schweitenkirchen am 19. März 1978, beim Erzbischöflichen Ordinariat in München den Antrag auf Errichtung eines Pfarrheimes in Schweitenkirchen zu stellen.

In Absprache mit dem Pfarrgemeinderat ergänzte und präzisierte am 27. Januar 1981 die Kirchenverwaltung unter Vorsitz von Pfarrer Engelbert Wagner den Beschluß vom 19. März 1978.

Der Bau wird nach den Plänen des Architekten Franz Grahammer, Pischelsdorf, ausgeführt. Die Bauaufsicht liegt in den Händen des Erzbischöflichen Baureferates München unter Leitung von Ordinariatsrat Carl Theodor Horn.

Am Markustag, dem 25. April 1984, begann die Firma Birnbeck, Freising, mit den Rohbauarbeiten.

Die Grundsteinlegung fällt auf den Tag der Amtsübernahme von Richard von Weizsäcker, Bundespräsident der Bundesrepublik Deutschland, und in die Amtszeit von Dr. h. c. Franz Josef Strauß, Ministerpräsident des Freistaates Bayern, und Max Elfinger, Bürgermeister der Gemeinde Schweitenkirchen.

Oberhaupt der Katholischen Kirche ist der Bischof von Rom, Papst Johannes Paul II.

Erzbischof Dr. Friedrich Wetter leitet die Erzdiözese München und Freising.

In der Region Nord der Erzdiözese wirkt Weihbischof Heinrich Graf von Soden-Fraunhofen.

In Anwesenheit der Mitglieder der Kirchenverwaltung und des Pfarrgemeinderates und der Pfarrgemeinde wird heute diese Urkunde mit Dokumentation, den Bauplänen, einer Ausgabe der Heimatzeitung, der Münchener Katholischen Kirchenzeitung, Pfarrbriefen, der Liste der Kirchenverwaltung und Pfarrgemeinderäte und den zur Zeit gültigen Geldmünzen eingemauert.

Schweitenkirchen, 1. Juli 1984

Engelbert Wagner	Johann Biebel	Manfred Krabichler
Pfarrer	Kirchenpfleger	Pfarrgemeinderats-vorsitzender

Gemeinsam Pfarrgemeinde gestalten

Kirche sind wir alle

Suchende, Fragende, Glaubende, Hoffende, Liebende; von Gott Angesprochene; von Jesus Christus Zusammengerufene; in der Taufe mit gutem Geist Beschenkte; in der Firmung zum Glaubenszeugnis Berufene; durch die Kommunion mit Leben Erfüllte; durch die Buße Versöhnte; – Wir alle sind Kirche!

„Wo zwei oder drei in meinem Namen versammelt sind, da bin ich mitten unter ihnen" (Mt 18,20). Christliche Kirche findet sich dort, wo im Namen Jesu Gemeinschaft entsteht.

Kirche ist nicht der „Einmannbetrieb" eines Pfarrers. Kirchliches Leben ist mehr als schnelle Taufe, festliche Erstkommunion, stimmungsvolle Trauung, feierliche Beerdigung, zwischendurch Weihnachten, Ostern und eine Messe „lesen lassen" für die verstorbene Verwandtschaft. Kirchliches Leben ist vielmehr beständiger Austausch der Erfahrungen von Glaube, Hoffnung und Liebe, also ein Gemeinschaftswerk. Darum heißt unser Ziel: Gemeinsam Pfarrgemeinde gestalten – damit unsere Pfarrgemeinde lebt!

Die Situation unserer Kirche und unserer Pfarreien hat sich in den letzten zwanzig Jahren grundlegend gewandelt. Veränderungen in der Gesellschaft bringen auch Wandlungen in der Kirche mit sich. Das betrifft die persönliche Einstellung zur Kirche, die Kirchlichkeit, unterschiedliche Auffassungen in Fragen des Glaubens und der Moral und Neuüberlegungen für eine zeitgemäße und menschengerechte Organisation der Kirche.

Im kommunalen Bereich entstanden bereits durch die Landkreis- und Gemeindereform neue Größenordnungen. Schulverbände fassen nun die Schüler zahlreicher Orte in Mittelpunktschulen zusammen. Auch die Kirche ist hier gefordert. Sie leistet ihren Beitrag zum Gelingen der zukunftweisenden Neuorganisation des Lebens in Dorf, Pfarrei und Gemeinde. Dieser Beitrag heißt: Planung zur *Bildung von Pfarrverbänden!* Damit ist gemeint, daß mehrere Pfarreien eine Pfarreiengemeinschaft bilden und ihr kirchliches Leben aufeinander abstimmen. Ein „Pfarrverband Schweitenkirchen" könnte die Pfarreien Schweitenkirchen, Niederthann, Sünzhausen, Güntersdorf, Dürnzhausen, Paunzhausen und Förnbach umfassen. Die Pfarreien bleiben selbständige Kir-

chengemeinden mit eigener Kirchenverwaltung, eigenem Pfarrgemeinderat, eigenem sonntäglichen Gottesdienst und den vielen anderen
Möglichkeiten, selbst aktiv örtliches kirchliches Leben zu gestalten.
Pfarrverband will sowohl Eigenleben der Pfarrei als auch Zusammenarbeit mit den Nachbarpfarreien. Im Grunde heißt das: „Die Kirche beim
Dorf lassen, aber über den Kirchturm hinausschauen!" Pfarrverband ist
nicht allein eine schwierige organisatorische Frage; er ist die Probe aufs
Exempel, ob Christengemeinden ihren Weg finden von der „total ver-
sorgten Pfarrei zur eigenverantwortlichen lebendigen Gemeinde", und
ob sie bereit sind, ihr Glaubensleben mit den Nachbarpfarreien zu teilen. Wenn zum Wesen unserer Kirche das „Kommunizieren" gehört,
dann ist Pfarrverband die Kommuniongemeinschaft der Pfarreien.
Wird der Weg der größeren Gemeinsamkeit gelingen?

Der zunehmende *Priestermangel* trifft auch und vor allem die Landpfarreien. Er wirkt sich bei uns in der Weise aus, daß für etwa drei Pfarreien
nur mehr ein Priester zur Verfügung steht und notfalls auch am Samstagabend beziehungsweise Sonntag statt einer Eucharistiefeier ein Wortgottesdienst mit Kommunionfeier gehalten wird. Wie können wir durch
Mitarbeit und Übernahme von Diensten, aber auch durch Bewußtseins-
bildung in der Pfarrei, vor allem in jenen Pfarreien, in denen kein Pfarrer mehr wohnt, ein Zerbröckeln der Kirchengemeinde verhindern?

Das *Pfarrheim in Schweitenkirchen* will der Pfarrei und einem künftigen
Pfarrverband dienen. Es stellt die für Zusammenkünfte aller Altersstu-
fen nötigen Räume zur Verfügung: Gruppenräume zum Spielen, Ba-
steln, Singen, Planen, Diskutieren und Unterhalten, einen Saal für
pfarrliche und kirchliche Veranstaltungen und die „Gemeindebücherei
Schweitenkirchen."

In den letzten Jahren gab es bei uns einen starken *Zuwachs der Bevölkerung,* der das geschlossene und einheitliche Bild eines Dorfes und einer
Pfarrei verändert, hin zu einer differenzierten Glaubensgemeinde, und
der auch die Gemeindementalität neu prägt. Wie können wir als Kirche
den vielen gerecht werden, und wie können sich die vielen in Kirche und
Gemeinde zuhause fühlen?

Partnerschaftliches Verhalten und selbstverständliches Zusammenleben will manchen Familien nicht mehr so recht gelingen. Dies zieht auch
eine Krise im *Glaubensleben der Familie* nach sich. Wir alle wissen: Ge-
meinsames Gebet, Tischgebet, Glaubensgespräch, religiöses Brauchtum im Kirchenjahr, Mitfeiern der Gemeindeliturgie und Weitergabe
des Glaubens durch gutes Vorbild geben der Familie einen inneren Halt

Heiliger Nikolaus von der Flüe, Fresko von M. P. Weingartner, 1957, Schweitenkirchen

und tragen zum Gelingen der Gemeinschaft im Dorf bei. Hat das Gebet der Familie, nicht nur das der kleinen Kinder, seinen festen Platz? Die *Feier der Sakramente* wird vielfach als Privatangelegenheit und weniger als Glaubensfeier der ganzen Kirche betrachtet. Sakramente sind Feiern des Glaubens einer Kirchengemeinschaft; Zeichen, sichtbar, hörbar, greifbar, in denen Gott uns seine Gemeinschaft schenkt; Berührungs- und Kristallisationspunkte zwischen Gott, Christus, Kirche, Mensch; Ausdruck eines persönlichen, aber dennoch gemeinschaftsbezogenen Glaubens. Die sieben Sakramente – Taufe, Firmung, Kommunion, Buße, Krankensalbung, Trauung, Priesterweihe – sind keine Dinge, die wie Waren in einem Kaufhaus zu bestellen, zu holen und zu kaufen sind. Sakramente wollen Menschen untereinander und mit Gott in Beziehung bringen. Dies liegt im Wort und Beispiel Jesu begründet. Werden wir von der einzelnen „Spendung" zur gemeinsamen „Feier" der Sakramente finden?

Der gesunde Rhythmus, der das *Kirchenjahr* – Advent, Weihnachten, Fastenzeit, Ostern und die dazwischenliegenden Feiertage – durchzieht, läßt die Menschen die verschiedenen Schwerpunkte und ab-

142

wechslungsreiche Akzente ihres Glaubens bewußter erleben. Können wir mit unserer Zeit und den Zeiten des Jahres gut umgehen?

Eine Wohltat für Leib und Seele ist der *Sonntag*. So ist er jedenfalls gedacht: „Der Sabbat ist für den Menschen da" (Mk 2, 27), damit der Mensch endlich das hat, was er anscheinend oft nicht mehr hat: Zeit für sich, Zeit für den anderen, Zeit für Gott.

Am Tag der Auferstehung des Herrn, am Sonntag, feiert die Christengemeinde seit beinahe 2000 Jahren Eucharistie: Dankfeier für das Geschenk des Lebens und des Glaubens, Angelpunkt des kirchlichen Lebens. Ist der Sonntag für Christen ein „Feiertag" oder eben auch nur ein „freier Tag"? Wird der Kirchenbesuch noch weiter zurückgehen und werden Diasporakirchen entstehen, wie einer der bedeutendsten deutschen Theologen, Karl Rahner († 1984), annimmt? Kann man später auch von uns sagen, was man vom Gemeindeleben der ersten Christen erzählt: „Sie beharrten in der Lehre der Apostel und in der Gemeinschaft, im Brechen des Brotes und in den Gebeten" (Apg 2, 42)?

In den Märtyrerakten von Abitinae/Nordafrika (304 n. Chr.) lesen wir, daß die Christen vom Richter gefragt wurden, warum sie am Sonntag zusammenkommen, und daß die Angeklagten antworteten: „Weil wir ohne Versammlung und ohne das Herrenmahl nicht leben können!" Dafür sind sie in den Tod gegangen – und zur Auferstehung gelangt.

Pfarrheim Schweitenkirchen, erbaut 1984–1985

Mitarbeiter in Kirche und Pfarrgemeinde

Die Mitarbeiter sind wichtige Stützen kirchlichen Lebens im Bereich der Liturgie und der gesamten Gemeindeseelsorge.

Der Mesner kümmert sich um den Raum der Kirche, öffnet morgens das Gotteshaus für Besucher und Beter, trifft die Vorbereitungen für die Feier des Gottesdienstes und besorgt zusammen mit Helferinnen das Reinigen und das Schmücken der Kirche.

Lektoren tragen beim Gottesdienst die Lesungen vor. Andacht und Rosenkranz werden durch Vorbeter gestaltet. Kommunionhelfer wirken neben dem Priester bei der Kommunionspendung mit. Ministranten übernehmen den Altardienst.

Organisten stimmen durch ihr Spiel die Gemeinde auf die gottesdienstliche Feier ein, begleiten den Gesang und geben der Liturgie festliches Gepräge.

Vorsänger und Vorsängerinnen tragen die Psalmen (alttestamentliche Lieder) und, der Festfeier entsprechende, liturgische Gesänge vor. Die Vorsängergruppe, die Schola, ermöglicht abwechselndes und abwechslungsreiches Singen mit der feiernden Gemeinde.

Der Kirchenchor ist eine große Bereicherung für die Liturgie, vor allem an Festtagen. Guter Kirchengesang ist Verkündigung des Evangeliums, Lobpreis auf Gott und Einladung an die Gemeinde, das Gotteslob begeistert mitzusingen.

Leiter von Wortgottesdiensten ermöglichen der Gemeinde an jenen Sonntagen, an denen keine Eucharistiefeier begangen werden kann, die Feier des Wortgottesdienstes.

Die Palette der Mitarbeiter umfaßt unter vielen anderen Aktiven auch Firmhelfer, Kommunionmütter, Gruppenleiter, Caritassammler, Kirchenzeitungs- und Pfarrbriefausträger und jene, die in aller Stille Kranke besuchen, Einsame und Trauernde trösten, Verzagten beistehen, bei Ratlosen aushalten, Nachbarn helfen, Zwistigkeiten ausgleichen und Frieden stiften sowie zuhause oder in der Kirche füreinander beten.

Die Kirchenverwaltung

Die Kirchenverwaltung ist das älteste rechtliche Organ einer Kirchengemeinde. Sie wird auf 6 Jahre gewählt. Ihre Aufgabe besteht vor allem in der guten und getreuen Verwaltung der „irdischen und vergänglichen Güter", also des Vermögens einer Kirchengemeinde. Dies bedeutet:

Erstellung des Haushaltsplanes und der Kirchenrechnung, Einheben der jährlichen Kirchenumlage für die Pfarrei, Erhaltung und Restaurierung der Kirchen, Pflege von kirchlichen Friedhöfen, Durchführung von Sammlungen für die eigene Kirche und von großen Hilfsaktionen wie MISEREOR, ADVENIAT, CARITAS, MISSIO und anderen.

Die Kirchenverwaltung übt ihr Amt im Auftrage der Kirchengemeinde aus. Sie hortet nicht die von den Gläubigen zur Verfügung gestellten Gelder, sondern verwendet sie so, daß damit den Menschen gedient ist. Dabei vertraut sie auf die Solidarität und die Großzügigkeit aller, die zu ihrer Kirche stehen.

Der Pfarrgemeinderat

In zunehmendem Maße ist in der Kirche das Bewußtsein gewachsen, daß alle Mitglieder der Kirche, Laien wie Priester, eine gemeinsame Verantwortung haben für die Heilssendung der Kirche. Katholische Aktion und Verbände der katholischen Laienbewegung haben in den Pfarrgemeinden den Weg geebnet für ein Organ der Mitverantwortung, das wir Pfarrgemeinderat nennen.

In vielen Pfarreien wurde in den sechziger Jahren, ermutigt durch das II. Vatikanische Konzil, das Gremium der Pfarrgemeinderäte gebildet. Durch den Beschluß der Gemeinsamen Synode der Bistümer der Bundesrepublik Deutschland (1971–1975) ist der Pfarrgemeinderat zu einer festen Einrichtung geworden. Seine Amtszeit beträgt 4 Jahre. Er wird von den Mitgliedern der Pfarrei gewählt.

Was sind Pfarrgemeinderäte?
Frauen und Männer, die sich zur Mitarbeit in der Pfarrei bereiterklärt haben, die mit dem Pfarrer und der Kirchenverwaltung zusammenarbeiten wollen und so gemeinsam Pfarrgemeinde gestalten. Der Pfarrgemeinderat stellt gewissermaßen den Seelsorgerat einer Pfarrei dar. In regelmäßigen Sitzungen und Gesprächen überlegt er, was der Pfarrei dient. Er versucht nach besten Kräften, das kirchliche Leben in Schwung zu bringen durch verschiedene Dienste – etwa in der Gestaltung von Festen und Feiern im Laufe des Kirchenjahres, in der Liturgie, in der Organisation von Veranstaltungen mit verschiedenen Gruppen, im sozialen Bereich, in der Sorge um Kranke und Bedürftige, in der Kontaktaufnahme mit Neubürgern, in der ökumenischen Zusammenarbeit, in Gemeindekatechese, in Bildungsarbeit, durch Einbeziehung der Pfarrei in die Probleme von Mission und Dritter Welt, in Zusammenarbeit und Gedankenaustausch mit Pfarrgemeinderäten der Nachbarpfarreien. Pfarrgemeinderäte knüpfen das Band der Zusammengehörigkeit von Kirche und Dorf.

Pfarrer von Schweitenkirchen

1348	Eglof, Dechant
1407	Rotteneckker Berchtold
1474	Kastner Konrad
1518	Haid Georg
1568	Schweblmair Johann
1575	Lindner Thomas
1636 – 1648	Schäffer (Schaffler) Simon Viktor
1661	Wagner Johann
1692	Riedtmayr Matthaeus, Dechant
1695 – 1703	Hitl Johann Georg
1703	Heinz Willibald
1704 – 1712	Wagner Gregor, Dekan
1712 – 1726	Koegler Martin
1726 – 1747	Fink Johann Matthias
1748 – 1757	Keller (Kellerer) Johann Bernhard
1757 – 1763	Eisenrieth Matthias
1777	Dombrunner Michael Sebastian
1782 – 1786	Thaler (Thaller) Franz Joseph
1786 – 1819	Strasser Johann Michael
1819 – 1831	Armstein Martin
1831 – 1837	Angermann Joseph
1837 – 1847	Gastner Johann Nepomuk
1848 – 1856	Nobel Johann Baptist
1856 – 1877	Zintl Aegidius
1877 – 1888	Stangl Alois
1888 – 1898	Huber Joseph
1898 – 1902	Vogel v. Vogelstein, Karl
1902 – 1917	Straßer Jakob, Dekan
1917 – 1931	Rothmayr Georg
1931 – 1938	Lehmayr Franz Xaver
1938 – 1939	Metzler Alexius
1940 – 1949	Albertshauser Josef
1949 – 1955	Betzinger Ludwig
1955 – 1979	Bichler Anton
1979 –	Wagner Engelbert, Dekan

*„Deinen Tod, o Herr, verkünden wir, und deine Auferstehung
preisen wir, bis du kommst in Herrlichkeit!"*

(Akklamation zur Wandlung)

AMPERTSHAUSEN

Ein Kirchdorf (501 m NN, 70 Einwohner), westlich des ausgedehnten Waldgebietes, das schon um 1500 „forst Hollerthaw"[108] heißt, 1568 bei Apian als „Halberthaw" eingezeichnet ist, an der Straße von Schweitenkirchen über Dietersdorf nach Kirchdorf a. d. Amper. Filiale der Pfarrkuratie Güntersdorf.
Ampert = Personenname Hainpreht; Häuser des Heinpreht.

1260–1290 Hainprehtshusen[109]. 1291 Haimprehteshawsen[110]. 1315 Hamperchtshausen[111/112]. 1447 Hampertzhausen[113]. 1455 Hamperßhaussen[114]. 1524 Ambpertzhausen[115]. 1582 Ampertzhausen[116]. 1597 Ampertshausen[117]. 1817 15 Häuser, 70 Seelen. Bis 27. Februar 1823 Teil der Gemeinde (ehemals Hofmark) Nörting im Landgericht Pfaffenhofen. 28. Februar 1823 Teil der Gemeinde Aufham im Landgericht Moosburg. 26. Februar 1841 als Teil der Gemeinde Aufham mit dieser zurück zum Landgericht Pfaffenhofen[118]. Seit 1. Mai 1978 Gemeinde Schweitenkirchen.

P. Joseph Maria (Michael) Eisenmann OSB: geb. 12. September 1853 Ampertshausen, 29. Juni 1880 Priesterweihe, 1886–1891 Pfarrer in Paunzhausen, 13. September 1891 Profeß als Benediktiner (Ordensname: Joseph Maria) in Kloster Schäftlarn, hochangesehen als Prior, Ökonom, Pfarrer, Verehrer der Eucharistie, gest. 14. Mai 1929.

Simon Eisenmann: geb. 27. Oktober 1862 Ampertshausen, Bruder von P. Joseph Maria (Michael) Eisenmann OSB, 29. Juni 1889 Priesterweihe, 1895–1902 Pfarrer in Abens, 1899–1918 Landtagsabgeordneter, Initiator der Holledauer Eisenbahn Wolnzach–Nandlstadt–Freising, 1906–1938 Loreto-Benefiziat in Rosenheim und Stifter des Tabernakels zum Aufblühen der Wallfahrt durch Verehrung des allerheiligsten Altarsakramentes, 1917 Geistlicher Rat, gest. 6. Oktober 1938 Rosenheim.

Georg Schneller: geb. 21. April 1863 Ampertshausen, 29. Juni 1889 Priesterweihe, 1897–1902 Pfarrer in Mitterndorf bei Dachau, freiresigniert 15. Januar 1902, 1902–1936 Benefiziumsverweser und Benefiziat in Höhenkirchen, gest. 12. August 1949 Höhenkirchen.

Bartholomäus Schrall: geb. 16. Juli 1864 Ampertshausen, 24. Juni 1892 Priesterweihe, 1910–1934 Pfarrer in Glonn, 1928 Kammerer, 1932 Dekan des Dekanates Ebersberg, Ehrenbürger von Glonn, gest. 16. Juni 1938 Glonn.

Kirche Sankt Peter und Paul

1315 Hamperchtshausen, Kirche ohne Friedhof, Filiale der Pfarrei
Kirchdorf a. d. Amper. 1524 Ambpertzhausen, Kirche St. Vitus mit
Friedhof, Filiale der Pfarrei Kirchdorf a. d. Amper. ? Patroziniums-
Wechsel von St. Veit (Vitus) auf St. Petrus und Paulus. 1740 „... ist ganz
baufällig, weshalb hier der Gottesdienst verboten ist. Jetzt wird sie aber
repariert... Der Hochaltar ist den hl. Petrus und Paulus, der andere St.
Veit geweiht... Eine Sakristei war nicht hier..."[119]

Um 1805 nach der Säkularisation „als unnütz" zum Abbruch bestimmt[120]; Anfrage beim Landgericht Moosburg, „ob diese Filialkirche
,nicht allenfalls zu demolieren geeignet' sei."[121] 1859 Bauplan zur Ver-

längerung, da die Kirche „ziemlich klein und... im Lauf der Zeit sehr baufällig"[122]. 1877 „besichtigt das Bezirksamt Pfaffenhofen die Kirche und befiehlt sie zu schließen und das Gebäude abzubrechen."[123] 1880 ist sie laut Schreiben des Ordinariates von „hoher, nicht mehr unbedenklicher Baufälligkeit... Gottesdienst (könne) in der genannten Filialkirche vorläufig nicht mehr abgehalten werden."[124]

1884 Erweiterung des Langhauses, „Aufbau des Turmes und die Herstellung der Kirche in ihrer heutigen Gestalt."[125] 1885 Zwei Seitenaltäre von Kunstschreiner Joseph Schmid, München, mit Figuren hl. Maria und hl. Josef. 1966–1972 Renovierung. Entfernung der zwei „schreinergotischen" Seitenaltäre (ausgenommen Figuren hl. Maria und hl. Josef) von 1885. 3. März 1974 Weihe der Aussegnungshalle.

Auf kleiner Anhöhe im Westen des Ortes im 14. Jh. „im Basiliken-Stile erbaut."[126] *Langhaus* einschiffig, 1884 erweitert, flachgewölbt, Empore, Rundbogen-Scheidwand. – *Chor* mit 5/8-Schluß, „Gewölbe, dessen Rippen einfach von den Ecken nach dem Schlußstein laufen."[127]; im Schlußstein farbig gefaßtes Halbrelief St. Paulus mit Buch und Schwert; „Chor im letzten Jahrhundert neu gebaut"[128]. – *Sakristei* oben und unten. – *Turm* im Westen, vom Quadrat in Achteck (1884) und Spitzhelm übergehend, 27 m H. – *Altar*, barock, Drehsäulen, Gemälde „Alle Heiligen bittet für uns", Seitenfiguren St. Petrus, St. Paulus; im Auszug Gemälde St. Antonius mit Jesuskind. – *Priestergedenktafel*, Schwarzmarmor, an der Langhaus-Südwand innen. – *Missale*, gedruckt bei Balleoni, Venedig, 1718.

Glocken: Glockenstuhl von 1884. a) St. Marien, Ton c, 250 kg, gegossen von Wolfgang Hubinger, München, 1828. – b) St. Peter und Paul, Ton a, 450 kg, Gießerei Czudnochowsky, Erding, 1948.

Gedenktafel: An der äußeren Chorwand „Hier ruht der ehrengeachtete Herr Jakob Probst, Gräflich Holnstein'scher GutsFörster in Ampertshausen, geb. 3. Mai 1826, gest. 7. Mai 1886. R. I. P."

St. Petrus, Apostel
(29. Juni)

Obwohl das Neue Testament, was Personenschilderungen betrifft, sehr zurückhaltend ist, zeigt es uns vom Apostel Petrus ein sehr plastisches Bild.

Der Fischer vom See Gennesaret war einer der engsten Vertrauten des Herrn und bei vielen Wundern zugegen.
Ihm war im Heilsplan Gottes eine besondere Stelle zugedacht. Er erhielt näm-

150

lich von Christus Vollmacht, nach seinem Tode der Gemeinschaft der Gläubigen vorzustehen und sie zu leiten:

„Du bist Petrus, und auf diesen Felsen werde ich meine Kirche bauen, und die Mächte der Unterwelt werden sie nicht überwältigen. Ich werde dir die Schlüssel des Himmelreichs geben; was du auf Erden binden wirst, das wird auch im Himmel gebunden sein, und was du auf Erden lösen wirst, das wird auch im Himmel gelöst sein." (Mt 16, 18–19).

Auch nach seinem Tode zeichnete Jesus diesen Apostel besonders aus. Er erschien ihm nach seiner Auferstehung zuerst.

Sein apostolisches Wirken begann Petrus in Palästina und Samaria. Dann dehnte er seine Tätigkeit auf Kleinasien aus. Dabei nahm er auch Heidenchristen in die Gemeinschaft der Gläubigen auf und setzte sich auf dem Apostelkonzil dafür ein, die Heiden direkt, ohne den Umweg über die jüdischen Gesetze und Bräuche, zur christlichen Kirche zuzulassen.

Historisch belegt ist sein Aufenthalt in Rom und sein Kreuzestod. Dieses Martyrium erlitt Petrus wahrscheinlich im Jahre 64, nach anderen aber Anno 67. Seit 258 schon wird das Fest seines Martyriums gemeinsam mit dem des Völkerapostels Paulus gefeiert.

Die bekanntesten Attribute des heiligen Petrus sind ein oder zwei Schlüssel, ein Hahn und das umgekehrte Kreuz. Frühe Darstellungen zeigen Petrus mit einem Rundkopf, Backenbart und Lockenkranz; auf späteren trägt er meist nur eine Stirnlocke. Als Apostel ist er in Tunika und Mantel abgebildet. Ab dem 13. Jahrhundert erscheint seine Gestalt auch als Papst in pontifikaler Kleidung mit Tiara.

St. Paulus, Apostel
(29. Juni)

Bei der Steinigung des Stephanus legten die Männer, die Zeugen waren, ihre Kleider zu Füßen eines jungen Mannes nieder, der Saulus hieß. Dieser Saulus war, obwohl strenger Jude, ein römischer Bürger aus Tarsus in Kilikien. Er besaß hebräisch-biblische Bildung und sprach griechisch so fließend wie seine aramäische Muttersprache. Um das Jahr 30 studierte er an der Jerusalemer Tempelakademie unter dem berühmten Gesetzeslehrer Gamaliel, um den Beruf des Rabbiners ausüben zu können.

Saulus, geprägt durch strenge pharisäische Ausbildung, war ein fanatischer Christenhasser und setzte auch nach der Steinigung Stephans die Verfolgung mit gleicher Härte fort, bis er, vor den Toren von Damaskus durch die übermächtige Erscheinung Christi getroffen, zu Boden sank. Aus dem Christenverfolger Saulus wurde der Völkerapostel Paulus.

Nach Jahren der Zurückgezogenheit in der arabischen Wüste unternahm er von Antiochia aus seine großen Missionsreisen.

Die erste Reise in den Jahren zwischen 45 und 48 ging nach Zypern und Kleinasien; die zweite, die er 49/50–52/53 unternahm, hatte als Ziel die Provinzen Mazedonien und Achaja (Griechenland), und die dritte Reise, 52/53–56/57, führte ihn nach Ephesus.

57/58 reiste er nach Jerusalem, wo er in römische Haft geriet. Da er sich auf den Kaiser berief, wurde er nach Rom überführt und nach zwei weiteren Jahren im Gefängnis endlich freigelassen. Unter Kaiser Nero wurde er zum zweitenmal verhaftet und seines Glaubens wegen zum Tode verurteilt. Er starb, wahrscheinlich im Jahre 67, durch das Schwert. Paulus ist der Verfasser von vierzehn Briefen des Neuen Testaments.

Seit dem 13. Jahrhundert sind Schwert und Buch seine eigentlichen Kennzeichen.

Dr. Hans Eisenmann

Geboren 15. April 1923 als Ältester von neun Geschwistern „beim Glück" in Ampertshausen. 1941 Abitur. 1941–1945 Arbeitsdienst, Wehrdienst, Flugzeugführer und Fluglehrer. 1950 CSU-Landtagsabgeordneter. 1954–1958 Direktor des Landwirtschaftsamtes und der Landwirtschafts- und Hopfenbaufachschule in Pfaffenhofen a. d. Ilm. 1958–1969 Landrat des Landkreises Pfaffenhofen a. d. Ilm. Seit 11. März 1969 Bayerischer Staatsminister für Ernährung, Landwirtschaft und Forsten.

Staatsminister Dr. Hans Eisenmann erzählt:

Aufgewachsen bin ich auf dem elterlichen Bauernhof, dem „Glückhof", in Ampertshausen. Der Glückhof ist seit 1706 in der Familie. Jetzt ist er auch landwirtschaftlicher Lehrbetrieb. Bis zum Abitur habe ich daheim mitgeholfen.
Von 1946 bis 1948 studierte ich an der Technischen Hochschule in München Landwirtschaft und Volkswirtschaft. 1950 legte ich das Staatsexamen für den höheren landwirtschaftlichen Staatsdienst ab.

Als ich 1950 in den Bayerischen Landtag gewählt wurde, war ich mit erst siebenundzwanzig Jahren Bayerns jüngster Landtagsabgeordneter. Ich wurde Mitglied des Haushalts- und Finanzausschusses und von 1966 bis 1969 dessen Vorsitzender. 1959 promovierte ich an der Technischen Hochschule München (Weihenstephan) zum Dr. agr., also zum Doktor der Landwirtschaft.
„Dienst am Mitmenschen" ist meine Devise. Schwerpunkte meiner Landwirtschaftspolitik sind die Erhaltung einer bäuerlichen Landwirtschaft, die Pflege der Kulturlandschaft und die Erhaltung eines gesunden Lebensrau-

Eine menschliche Zukunft wird davon abhängen, daß wir uns wieder zu den christlichen Grundsätzen und zum christlichen Menschenbild bekennen, daß wir aus unserem Glauben Hoffnung für die Zukunft schöpfen und damit die immer stärker um sich greifende Angst überwinden.[129]

mes, die gesunde Ernährung und die Stärkung unseres ländlichen Raumes. Marksteine waren 1970 das „Gesetz zur Förderung der bayerischen Landwirtschaft" als sogenannter Bayerischer Weg, 1971 das bayerische „Grünlandprogramm", 1975 das „Waldgesetz für Bayern", 1978 als Landesprogramm das bayerische „Agrarkreditprogramm für die Landwirtschaft" und 1982 die Novellierung zum „Waldgesetz für Bayern".
Natürlich widme ich unserem Hopfen große Aufmerksamkeit. Als Liebhaber unseres bayerischen Bieres verfechte ich leidenschaftlich das bayerische Reinheitsgebot. Aber auch ein Gläschen Frankenwein weiß ich sehr wohl zu schätzen.

1952 heiratete ich Irmgard Berger. Wir haben zwei Kinder: die Cornelia und die Gertrud. Für mich als Politiker sind Freizeit und Urlaub recht knapp bemessen. Bleibt hin und wieder Zeit für ein paar freie Stunden oder für ein paar Tage Urlaub, dann verbringe ich sie am liebsten zuhause im Kreise meiner Familie. Meine Leibspeisen sind einfache bayerische Küchengerichte, wie sie meine Frau besonders schmackhaft kochen kann. Viel Freude habe ich auch bei der Beschäftigung mit Pferden, am Wandern in unseren Bergen und beim Lesen kulturphilosophischer Bücher.

153

Kapelle Sankt Marien

Privatkapelle „Gaiigl-Kapelle"[130]. Besitzer Andreas Brummer. Nordöstlich des Ortes, am westlichen Hallertau-Waldrand.

1946–1947 Bau einer ersten Kapelle durch Andreas Brummer; 1963 Abbruch, da durch ein Langholzfuhrwerk stark beschädigt. 1964 Errichtung der jetzigen Kapelle durch Andreas Brummer, den gleichnamigen Sohn des Erbauers der ersten Kapelle. 28. Mai 1964 (Fronleichnam) Weihe durch Pfarrkurat Theodor Gramlich, Güntersdorf.

Einschiffiger Raum, Rundfenster, halbrunder Schluß. – Ölgemälde Maria mit dem geneigten Haupt, Inschrift „Monstra te esse matrem" (Zeige, daß du Mutter bist!), von Seibold, Freising[131]. – Wandinschrift „Ein guter Christ kann nicht verderben, er nimmt bei jedem Schritt und Tritt, er nimmt im Leben und im Sterben die Mutter in Maria mit."

Eine Kirche, die in Beziehung zur Landwirtschaft bleiben möchte, braucht die örtliche Nähe zu dieser. Örtliche Nähe, das heißt: Eine pastorale Organisation, die sich nicht verflüchtigt und nur gelegentlich noch für den Landwirt und seine Familie anzutreffen ist, sondern Kirche, die am Ort präsent ist...
Die Gemeinschaft wird einigermaßen bleiben, wenn die Kirche sich müht, daß Landwirtschaftsfamilien so etwas wie Hauskirche bilden. Möglicherweise war dies das eigentlich stabilisierende Element der sogenannten Frömmigkeit der Bauern, daß ihre Familien Hauskirche waren, in denen gebetet und gefeiert, geglaubt und christliches Leben gelebt wurde. Was stabilisiert, ist die gelebte Religiosität in der Familiengemeinsamkeit...
Es braucht eine Kirche mit Feiern, mit Liturgie, mit Brauchtum, in der das Leben der Menschen, das Auf und Ab, zumal auch der Saisonen im Laufe des Jahres, erfaßt und bejaht wird. Für den Menschen ist es wichtig, daß sein Leben gefeiert wird. Er schätzt eine Kirche, die das tut.
Die Kirche muß den Eindruck machen, daß sie Sinn hat für die Interessen der Menschen.[132]

AUFHAM

Ein Kirchdorf (460 m NN, 195 Einwohner), am Otterbach, an der Einmündung des Etztales in das Otterbachtal, südlich von Schweitenkirchen, an der Straße von Schweitenkirchen über Dietersdorf nach Nörting. Filiale der Pfarrkuratie Güntersdorf.

Auf = ahd., mhd. uf, „von unten an etwas heran oder hinauf"; heim = Haus, Wohnung, Aufenthaltsort, Heimat, ahd. und mhd. heim; „hoch gelegenes Heim... vom Blickwinkel des Mutterdorfes Nörting im Ampertal (LK Freising) aus gesehen, von dem aus es als hoch gelegen erscheint."[133]

851 Operun-Nertinga[134], d. i. Ober-Nörting; „Die Bezeichnung... Ober-Nerting... konnte sich gegen Aufheim nicht durchsetzen, obwohl Aufheim als Ausbausiedlung des älteren -ing-Ortes Nörting angesehen werden muß."[135] Einer der urkundlich erstgenannten Ortsnamen im Altlandkreis Pfaffenhofen a. d. Ilm. 851 Uotilineigan[136], Personenname Uotilo, dazu ahd. eigan = eigen, Eigentum, also Haus und Hof, des Erstsiedlers Uotilo in Operun-Nertinga. 977–981 Ufheim[137]. 1315 Aufheim[138]. 1818 Aufham, 20 Häuser, 89 Einwohner. 26. Februar 1841 Gemeinde Aufham vom Landgericht Moosburg zum Landgericht Pfaffenhofen.[139] 30. April 1978 Ende der selbständigen Gemeinde Aufham. Seit 1. Mai 1978 Gemeinde Schweitenkirchen.

Kirche Sankt Nikolaus

1315 Aufheim mit Filialkirche und Friedhof gehört zur Pfarrei Kirchdorf a. d. Amper. 1524 Auffhaim mit Filialkirche St. Nikolaus. 1738 ist die „künstlerische Ausschmückung... gering. Es sind drei Altäre da; der Hochaltar ist dem hl. Bischof Nikolaus geweiht, die beiden anderen (der hl. Maria und des hl. Silvester) wurden nicht geweiht."[140] 1805 „wird vom Generalkommissariat von Baiern angefragt, ob die Kirche von Aufham nicht zum Demolieren geeignet sei." 3. Juni 1806 beantwortet das Landgericht Moosburg diese Anfrage, daß es „allerdings zweckmäßig sei, wenn die Filialen Aufham und Hirschbach demoliert"[141] würden. „Zum Glück blieb aber die Kirche erhalten."[142] 1906 Restaurierung von Kircheninnerem und Hochaltar.[143] 1967–1969 Gesamtrenovierung. 1981 Restaurierung der drei Altäre durch Johann Eder, Vaterstetten.

Auf kleiner Anhöhe im Westen des Dorfes, „vermutlich noch auf romanische Anfänge zurückgehende gotische Nebenkirche... ein reizvolles

Baudenkmal von hohem Rang, das sehr eindrucksvoll auf einem Hügel innerhalb der Ortschaft thront. Der Kernbau umfaßt den Turm und etwa Zweidrittel des jetzt dreijochigen Langhauses."[144]

Langhaus einschiffig, dessen Fenster im 18. oder 19. Jh. „das Schiff offenbar gleichzeitig mit der Verlängerung um ein Joch nach Westen erhalten"[145] hat. Runder Scheidbogen. Auf der Empore altes, hölzernes Gestühl. Flachdecke, Holz, 1970. Kleiner Karner an der Südwand außen. – *Chor* im Untergeschoß des Turmes, „wohl aus dem Ende des 13. Jahrhunderts"[146], mit „Kreuzgewölbe auf derben Rippen"[147], Schlußstein mit Halbrelief St. Nikolaus. – *Turm* mit wehrhaftem Untergeschoß mit Bogenstellungen und Deutschem Band, wohl Ende 13. Jh.; „das eingezogene Obergeschoß sichtlich eine spätere Zutat"[148]; Satteldach.

Choraltar Ende 17. Jh.; darin gute Figur St. Nikolaus, Holz, gotisch. – *Seitenaltäre* links St. Maria, rechts hl. Kreuz. – Vier *Medaillonplatten* in Rundform seitlich des Schlußsteines im Chor: Karolingisches Kreuz[149], IHS, Hand Gottes, Stern.

Glocken: a) St. Johannes d. T., Ton g, 600 kg, Gießerei Czudnochowsky, Erding, 1949. – b) St. Nikolaus, Umschrift „Sankt Nikolaus bitte für uns. Gestiftet von der Ortsgemeinde Aufham", Ton a, 450 kg, Gießerei Czudnochowsky, Erding, 1960.

St. Nikolaus von Myra (6. Dezember)

Von diesem beliebten und bekannten Volksheiligen können wir fast keine historischen Daten nennen. Daß er als Bischof von Myra (Türkei) am Konzil von Nizäa teilnahm und 350 starb, ist alles, was uns die Geschichte berichtet. Seit dem 6. Jahrhundert wird Nikolaus in der Ostkirche verehrt. Im 9. Jahrhundert ist sein Kult auch in Unteritalien und Rom nachzuweisen. Kaiserin Theophanu brachte im 10. Jahrhundert die Verehrung des Heiligen nach Deutschland. Die Übertragung seiner Reliquien in die apulische Hafenstadt Bari, wo sie heute noch ruhen und in hohen Ehren stehen, erfolgte im Jahr 1087. Sein Leben wurde im Laufe der Jahrhunderte mit vielen Geschichten ausgeschmückt.

Der heilige Nikolaus wird stets als Bischof dargestellt. Nikolaus war ein Mensch mit Herz und tat allen Gutes. Seine Attribute entstammen den verschiedenen Legenden. So sieht man den Heiligen oft mit einem Buch und drei Goldkugeln darauf (Legende von der Hilfe für drei Jungfrauen). Weitere Bilder zeigen ihn mit den drei unschuldig verurteilten Rittern. Wird er mit einem Schiff und einem Anker dargestellt, liegt dem die Legende von der Errettung der drei Pilger aus Seenot zugrunde. Erst im 15. Jahrhundert trägt Nikolaus drei Brote in der Hand, die auf die Legende von den Getreidehändlern verweisen.

156

Die romanische Kirche St. Nikolaus mit ihrem wehrhaften Turm thront wie eine Gottesburg auf grüner Anhöhe reizvoll über den Häusern der Ortschaft

DIETERSDORF

Dorf (485 m NN, 75 Einwohner), an der Straße von Schweitenkirchen nach Ampertshausen. Filiale der Pfarrkuratie Güntersdorf.

Dieter = Personenname Deot-rih, ahd. Diotrih; Dorf des Dietrich.

860–875 Deotrihesdorf[150]. Einer der urkundlich erstgenannten Ortsnamen im Altlandkreis Pfaffenhofen a.d. Ilm. 1022–1031 sowie 1031–1039 Dietrichesdorf[151]. 1102–1114 Ortsadelige Gebehart und Elbvuin de Dietrichestorf[152]. Um 1400 Dietelsdorf. 1465 Dyettersdorf mit Besitzung der Teyttenhofer (Teittenhover, Schloßherren zu Wolfersdorf). 1536 Giettersdorff. 1574 kauft Günter von Pinau zu Kammerberg von David Schweiberger „Syz und Gut Diettersdorff". 1582 Dietlstorf.

1630 Verleihung von Sitz und Hofmark Dietersdorf durch den Kurfürst „wegen treuer Dienste" an Geheimrat Dr. Johann Peringer. 1649 verkauft Johann Peringer die Hofmark Dietersdorf an den kurfürstlich bayerischen Ratskanzler und Lehenspropst zu Straubing, Johann Baptist de Amoni (gest. 17. Mai 1663). 1801 wird Andre de Amoni (gest. 4. April 1808) das Schloß „durch böse Leut abgebrannt". 1808 „Da das herrschaftliche Schloß in Dietersdorf schon vor mehreren Jahren weggebrannt ist, Herr von Amony sogar selbst, wenn er manchmal nur auf etliche Tage von München aus nach Dietersdorf kam, im Hause des Viehhirten logieren mußte, weil dessen Verwalter, der hiesige Landgerichtsprokurator, selbst nicht im Orte, sondern in Moosburg wohnt, so fand man gar kein mobiles Eigentum..."[153] 1808 kommt die Hofmark an Franziska von Amony, die sich bald danach mit Stadtoberleutnant Max Voit aus Hessen-Cassel verehelicht.

1810 schreibt Max Voit: „Da nun ich und meine Gemahlin in unserer Hofmark Dietersdorf zu wohnen und zu diesem Zwecke wieder ein Wohnhaus daselbst zu bauen gesonnen sind, so wollten wir auch, vorzüglich nach dem Wunsche unserer Untertanen, die ehemalige Schloßkapelle wieder aufbauen."[154] 1811 „stand das Schloß bereits fertig da." 1814 übergibt Max Voit die Hofmark an seinen Schwiegersohn, den königlichen Rechnungsrat Josef Miller. 27. Februar 1832 Patrimonialgericht II. Klasse. 1845 Verkauf der Schloßrealitäten durch Euphrosine Miller an Benedikt Faust (Rödersheim, Rheinpfalz). Faust zertrümmert nach und nach „die zum Gute gehörigen Gründe" (heute: Schloßbauer) „und erbaute auch das 1846 abgebrannte Schloß, welches früher 2 Stockwerke hatte, nur mehr mit einem Stockwerke."[155] 1. Januar 1846

Hofmarksherr wird der königliche Kämmerer und Forstmeister Freiherr von Mettingh, „das nun im Besitz eines Adeligen wieder auflebt und dessen Amtssitz nach Pfaffenhofen verlegt wird." 1848 Aufhebung der Hofmark.

29. April 1883 Auflösung der Gemeinde Dietersdorf. 1. Januar 1884 zur Gemeinde Aufham.[156] 22. September 1944 werfen US-Flugzeuge sieben Bomben am nördlichen Ortsrand ab. Seit 1. Mai 1978 Gemeinde Schweitenkirchen.

Franz Xaver Kaindl: geb. 28. April 1907 Dietersdorf, 29. Juni 1932 Priesterweihe, 1938–1950 Pfarrer in Holzhausen bei Vilsbiburg, 1950–1963 Pfarrer in Eiselfing bei Wasserburg, 1963–1977 Pfarrer in Altfraunhofen, 1977 Geistlicher Rat, seit 1978 Pfarrer an der Loreto-Muttergotteskirche in Rosenheim.

Sage: Beim Reiterkreuz, an der Straßengabelung Güntersdorf-Aufham, sahen Vorüberkommende spätnachts oft eine feurige Laterne aufleuchten.[157]

Kapelle Sankt Magdalena

Auf der Anhöhe am nordwestlichen Ortsrande, beim „Schloßbauer" (Bartholomäus Graf). „Als Nebenkirche von Güntersdorf gilt Dietersdorf eigentlich nur eine Capelle..."[158] 1660 Stiftung von sieben Jahresmessen für einhundert Gulden „durch Johann Baptist de Amoni und seine Gattin Johanna, geborene Mändl von Eisendorf, den Erbauern der Capelle."[159] 1801 beim Brand des Schlosses war die Kapelle „gar nicht stark beschädigt worden. Trotzdem ließ sie Voit von Grund aus niederreißen und verwendete ihre Materialien, um sich ein Wohnhaus zu erbauen."[160] 1835 Neubau der Kapelle durch Regierungssekretär von Miller, Weihe durch Dekan Egger (Wolfersdorf).[161] 1848, nach Auflösung der Hofmark, Schenkung der herrschaftseigenen Kapelle „samt den dieser Kapelle eigentümlichen 300 fl." an die „Gemeinde Dietersdorf"[162].

21. Mai 1931 Einsetzung des Allerheiligsten. 22. September 1944 durchschlägt ein großer, harter Lehmklumpen aus dem Explosionstrichter einer cirka 200 Meter von der Kapelle entfernt abgeworfenen Fliegerbombe das Dach und die Decke in Altarnähe.[163] 30. Oktober 1949 Glockenweihe in Güntersdorf. 1977 wird die Kapelle Eigentum der Pfarrkuratie Güntersdorf. 1979–1984 Gesamtrenovierung mit Erhöhung des Kapellen-Satteldaches und Neugestaltung des Dachreiters (Satteldach anstelle bisheriger stumpfer Viereck-Blechbedachung).

Rechteckbau, einschiffig. Nicht geostet, sondern im Westen innen hochgemauerte Altarraum-Rundung (Umgang). Je eine Eingangstüre im Osten (Haupteingang) und im Westen. Fenster halbrund geschlossen. Flachdecke über Hohlkehle. Zwei hölzerne Oratorien, an der Südwand für eine Person, an der Nordwand für zwei Personen; Marmorierung durch Restaurator Johann Eder, Vaterstetten, 1984 freigelegt. – Dachreiter mit steilem Satteldach, 2 Glocken, Scheyerer Kreuz.

Altar klassizistisch, Ende 18. Jh., Tabernakel später verändert, Antependium mit Hl. Grab, Seitenfiguren St. Joachim und St. Josef, als Aufsatz Muschel mit Strahlenkranz und IHS, am Gesims zwei girlandenhaltende Engel, Gemälde St. Magdalena (G. Kaiser, 1836). 1984 durch J. Eder restauriert. – *Deckenfresko* Maria Königin mit Ansicht von Kapelle und Ort.

Glocken: a) unbeschriftet, ca. 50 kg, 1949 aus Güntersdorf abgehängt. – b) St. Magdalena, Ton cis, ca. 45 kg.

Das Reiterkreuz: ein Passionskreuz

Wo sich in freier Feldflur südlich Dietersdorf die Straßen nach Güntersdorf und Aufham gabeln, steht ein Feldkreuz unter zwei, mehr als einhundert Jahre alten, Pappeln[164]. Reiterkreuz heißt es, und Josef Vogl
vom „Reiter" in Dietersdorf heißt sein Besitzer.
Das Reiterkreuz ist ein besonderes Kreuz: es ist ein Passionskreuz. Solche Kreuze nennt man auch Leiden-Christi-Kreuze, Arma-Christi-
Kreuze, Waffen-Christi-Kreuze und Wappen-Christi-Kreuze.
Seit dem Mittelalter in der Kunst bekannt, vereinen die Passionskreuze
all jene Werkzeuge, Geräte, Waffen und Dinge, die entweder von den
Evangelisten in der Heiligen Schrift beim Leiden und Sterben des Heilands genannt werden, oder die, in der Bibel ungenannt, erfahrungsge-
mäß dennoch zum Passionsgeschehen dazugehören. Die Schriftstellen
beginnen dabei mit dem Pakt des Judas Iskariot und dessen Verrat an Jesus, setzen sich fort mit der Gefangennahme und Verspottung des
Herrn, dem Leidensweg hinauf nach Golgota, der Kreuzigung und enden mit dem Kreuzestode und der Abnahme des Leichnams zur Grable-
gung.
Passionskreuze ragen heute noch vor allem im Bayerischen Wald, in der
Oberpfalz und in Tirol himmelwärts. Hierzulande sind sie selten geworden. Das Reiterkreuz ist eines der schönsten und am reichsten bestück-
ten Passionskreuze zwischen Isar, Ilm und Donau.
Der Auftraggeber: ein Bauer. Der Holzschnitzer: ein Handwerker.
Beide lebten mit ihrem Glauben. Beide arbeiteten aus ihrem Glauben.
Die Stärke christlicher Glaubenskraft wiegt die Schwäche künstleri-
schen Gestaltungsvermögens auf. Das Reiterkreuz ist tieffromme, reli-
giöse, ländliche Volkskunst.

Auf dem Kreuzstamm sind von unten nach oben angebracht: Blutstropfen,
Schweißtuch, IHS, Gewand, der gekreuzigte Heiland mit der Dornen-
krone, Füße mit Wundmalen, Würfel, INRI, Herz mit drei Nägeln, der
Hahn.

Blutstropfen
„...einer der Soldaten stieß mit der Lanze in seine Seite, und sogleich
floß Blut... heraus." (Joh 19, 34).[165]

Schweißtuch
Um 1300 entstand, vermutlich durch Passionsspiele, die fromme Überlieferung, Veronika habe dem kreuztragenden, zusammenbrechenden
Heiland auf dessen Kreuzweg ihr Schweißtuch gereicht, auf dem sich
dann der Abdruck von Jesu Antlitz erhielt.

IHS

Trigramm des Namens „Iesus" mit den drei Anfangsbuchstaben in griechischer Schreibweise, auch lateinische Kurzform des Namens Iesus. Volkstümliche Lesart: Jesus, Heiland, Seligmacher.

Gewand

„Nachdem die Soldaten Jesus ans Kreuz geschlagen hatten, nahmen sie seine Kleider und machten vier Teile daraus, für jeden Soldaten einen. Sie nahmen auch sein Untergewand, das von oben her ganz durchgewebt und ohne Naht war." (Joh 19, 23).

Der gekreuzigte Heiland mit der Dornenkrone

„Die Soldaten flochten einen Kranz aus Dornen; den setzten sie ihm auf..." (Joh 19, 2). – „Er trug sein Kreuz und ging hinaus zur sogenannten Schädelstätte, die auf hebräisch Golgota heißt. Dort kreuzigten sie ihn..." (Joh 19, 17–18).

Füße mit Wundmalen

Zwei der fünf Wundmale Christi; erlitten durch das Annageln der übereinandergelegten Füße an das Kreuzesholz.

Würfel

Die Soldaten losten um den Besitz des Gewandes Christi: „So sollte sich das Schriftwort erfüllen: Sie verteilten meine Kleider unter sich und warfen das Los um mein Gewand. Dies führten die Soldaten aus."

INRI

Lateinisch: Iesus Nazarenus Rex Iudaeorum. „Pilatus ließ auch ein Schild anfertigen und oben am Kreuz befestigen; die Inschrift lautete: Jesus von Nazaret, der König der Juden." (Joh 19, 19).

Herz mit drei Nägeln

„...einer der Soldaten stieß mit der Lanze in seine Seite..." (Joh 19, 34). Das durchstochene Herz und die von drei Nägeln durchbohrten Hände und übereinandergelegten Füße Christi sind die heiligen fünf Wundmale des Gottessohnes. Hymnus: „Gloria tibi, Domine, qui corde fundis gratiam!" (Preis sei Dir, Herr, aus dessen Herz die Gnade strömt!)

Hahn

Jesus entgegnete Simon Petrus beim letzten Abendmahl: „Amen, amen, das sage ich dir: Noch bevor der Hahn kräht, wirst du mich dreimal verleugnen!" (Joh 13, 38).

Das Scheyerer-Kreuz-Lied[166]

Auf dem Kreuzbalken sind von links nach rechts angebracht: Hammer, Knüppel, Stock, Schwamm, Leiter, Kelch, Geldbeutel, Hände mit Wund-malen, Hellebarde, Schwert, Laterne, Krug, Lanze, Ysopzweig, Kreuz, Geißel, Zange.

Hammer
Mit einem Hammer wurden die drei Nägel durch Christi Hände und Füße in das Kreuzesholz geschlagen.

Knüppel
„Wie gegen einen Räuber seid ihr mit Schwertern und Knüppeln ausge-zogen" (Lk 22, 52), sagte Jesus bei seiner Gefangennahme zu den Hä-schern.

Stock

„... und gaben ihm einen Stock in die rechte Hand. Sie fielen vor ihm auf die Knie und verhöhnten ihn..." (Mt 27, 29). Der Stock symbolisiert ein Herrscherszepter. Die Soldaten verspotten damit Jesus als König. „Als Jesus vor dem Statthalter stand, fragte ihn dieser: Bist du der König der Juden? Jesus antwortete: Du sagst es." (Mt 27, 11).

Schwamm

„Sie steckten einen Schwamm mit Essig auf einen Ysopzweig und hielten ihn an seinen Mund." (Joh 19, 29).

Leiter

Die Abnahme des Leichnams Jesu vom Kreuze wurde durch Pilatus Joseph aus Arimathäa erlaubt. „Also kam er und nahm den Leichnam ab." (Joh 19, 38). Dazu benötigte Joseph von Arimathäa die Leiter.

Kelch

In der Todesangst am Ölberg wandte sich Jesus an Gottvater und betete: „Vater, wenn Du willst, nimm diesen Kelch von mir! Aber nicht mein, sondern Dein Wille soll geschehen!" (Lk 22, 42). Der Leidenskelch des Herrn wird zum Heilskelch für die Menschheit; sein Gnadenschatz ist im eucharistischen Kelch bei uns und bleibt in ihm gegenwärtig bis zum Ende der Zeiten.

Geldbeutel

Im Geldbeutel verwahrte Judas Iskariot den Lohn (Judaslohn) für seinen Verrat am Herrn: „Und sie zahlten ihm dreißig Silberstücke." (Mt 26, 15).

Hände mit Wundmalen

Zwei der fünf Wundmale Christi; erlitten durch das Annageln der Hände an das Kreuzesholz.

Hellebarde

„Sie kamen dorthin mit Fackeln, Laternen und Waffen..." (Joh 18, 3). Zu den Waffen der Häscher, die Jesus gefangennahmen, gehörten auch Hellebarden: kombinierte Hieb-Stoß-Waffen für Fußvolk.

Schwert

Petrus versuchte im Garten Getsemani am Ölberg die Gefangennahme Jesu mit Waffengewalt zu verhindern: „Simon Petrus aber, der ein Schwert bei sich hatte, zog es, schlug nach dem Diener des Hohenpriesters und hieb ihm das rechte Ohr ab..." (Joh 18, 10).

Laterne
Der Verräter führte bei Dunkelheit die Häscher in den Garten Getsemani; „und sie kamen dorthin mit Fackeln, Laternen und Waffen." (Joh 18, 3).

Krug
Der Krug ist jenes Behältnis auf Golgota, von dem es heißt: „Ein Gefäß mit Essig stand da." (Joh 19, 29).

Lanze
Als die Soldaten an das Kreuz „zu Jesus kamen und sahen, daß er schon tot war, zerschlugen sie ihm die Beine nicht, sondern einer der Soldaten stieß mit der Lanze in seine Seite..." (Joh 19, 33–34).

Ysopzweig
Der gekreuzigte Heiland erhielt zu trinken: „Sie steckten einen Schwamm mit Essig auf einen Ysopzweig und hielten ihn an seinen Mund." (Joh 19, 29). Ysop ist ein duftendes, buschiges Kraut der Gattung Dosten (origanum).

Kreuz
„Als sie Jesus hinausführten, ergriffen sie einen Mann aus Zyrene namens Simon... ihm luden sie das Kreuz auf, damit er es hinter Jesus hertrage." (Lk 23, 26).

Geißel
Nach dem Verhör „ließ Pilatus Jesus geißeln." (Joh 19, 1).

Zange
Joseph von Arimathäa benötigte eine Zange zum Herausziehen der Nägel bei der Abnahme des Leichnams Jesu vom Kreuze.

An den Innenseiten der oberen, hölzernen Schrägabdeckung des Passionskreuzes ist links die Sonne, rechts der Mond angebracht.

Sonne und Mond
In der Todesstunde Christi brach „eine Finsternis über das ganze Land" (Lk 23, 44) herein. „Die Sonne verdunkelte sich" (Lk 23, 45). Die Sonne als Tagesgestirn ist Zeichen der Auferstehung Christi. Der Mond als Nachtgestirn ist Zeichen des Kreuzestodes Christi. Der heilige Hieronymus, einer der vier großen lateinischen Kirchenväter, erläutert: „... die Sonne schämt sich, den Gekreuzigten zu sehen, und der Mond seufzt nach der Erlösung."

Wahrzeichen der Heimat

Schon vor fünfundsiebzig Jahren – im Erbauungsjahr des Schweitenkirchener Gotteshauses – erinnerte das Amtsblatt des Königlichen Bezirksamtes Pfaffenhofen daran, daß Altertümer jeder Art „Wahrzeichen der engeren Heimat" sind und als Volkskunst und Kulturgüter zu Haus und Hof gehören:

Es ist eine alltägliche Erscheinung, daß Händler, Agenten und Privatsammler das Land bereisen, um Altertümer anzukaufen. Kein Dorf, keine Einöde ist so abgelegen, daß nicht Kaufliebhaber sich dort einfinden und den Leuten Altertümer abschwätzen.

Meistens wird nur ganz geringes Entgelt bezahlt, und oft werden dann die Gegenstände vom ersten Käufer an einen größeren Händler in der Stadt mit Gewinn weiterverkauft. Der größere Händler aber gibt sie wieder an reiche Sammler und geldkräftige Museen mit mehr oder minder bedeutendem Nutzen.

Vor allem gesucht sind gegenwärtig mittelalterliche Holzfiguren. Aber auch andere Schnitzereien, Wand- und Deckenvertäfelungen, Bilder, Möbel, Gitter, Wirtshausschilder, Zinngeräte, Geschirr aus Ton und Porzellan, Gläser etc. werden angekauft. Urkunden, Handschriften und alte Bücher finden Abnehmer. Tür- und Fensterverzierungen und sonstigen Schmuck entfernt man von den Häusern. Nicht einmal Flurdenkmäler, wie Steinkreuze, Martersäulen, Figuren in Feldkapellen sind sicher vor der Gewinnsucht.

Wir vertrauen der Bevölkerung, daß sie zu stolz ist, um solche Erinnerungen aus Großvaters- und Ahnenzeiten ohne Not wegzugeben ... Altertümer aber, die mit einem Baue

verbunden sind, sollten überhaupt nicht aus ihrem Zusammen-
hange gerissen werden.

Der einzelne Besitzer wie die ganze Bevölkerung, sollte eine
Ehre dareinsetzen, solche alte Wahrzeichen der engeren
Heimat an Ort und Stelle zu erhalten. [167]

DÜRNZHAUSEN

Ein Kirchdorf (501 m NN, 189 Einwohner), am Ursprung des Asbaches, einem Zufluß der Wolnzach, in waldreicher Umgebung nordöstlich von Schweitenkirchen, an der Straße von Sünzhausen nach Geroldshausen. Kuratie.

Dürnz = Personenname Teor-uni(wini); Haus des Theor.

757 Teoruneshusir, in einer Schenkungsurkunde Herzog Tassilos.[168] Zweitältester (nach Scheyern, vor 754) urkundlich genannter Ortsname im Altlandkreis Pfaffenhofen a. d. Ilm. 972 Teoroneshusun.[169] 964–1005 Tioruneshusun.[170] 1098–1104 Tierneshusan.[171] 1152 Tyrrenshusen.[172] 1156 Ortsadeliger Perhtolt de Tiernshusen.[173] 1158–1165 Tyernshuse, Tienrnshusen, Teyernshasen.[174] 1315 Tiernshausen.[175] 1465 Tyerntzhaussen.[176] 1524 Dirrentzhawsen.[177] 1582 Dürntzhausen.[178]

1818 Gemeinde Dürnzhausen. 22. Februar 1841 vom Landgericht Moosburg zum Landgericht Pfaffenhofen. 1895–1896 Schulhausbau. 1969 Auflösung der Volksschule. 30. Juni 1971 Ende der selbständigen Gemeinde Dürnzhausen. Seit 1. Juli 1971 Gemeinde Schweitenkirchen.

Kirche Sankt Georg

Um 1100 „entsteht an dieser Stelle schon eine kleine Kirche.[179] Rudimente davon in der Nordwand und möglicherweise im Turm-Untergeschoß. 1315 Tiernshausen als Filialkirche von Schweitenkirchen urkundlich genannt.[180] Um 1400 Erweiterung des Schiffes durch den Chor. Um 1800 West-Verlängerung des Schiffes, Einbau der Empore, Neugestaltung der Decke, Verlegung des Einganges von der Süd- auf die Westseite, Bau der Eingangsvorhalle. 1865 Bau des Expositurhauses.[181] 1867 Erhebung zur Expositur. Abtrennung von der Expositur Sünzhausen.[182] 1903 „w um 3–4 m verlängert".[183] 1950 Glockenweihe. 1954 Fresken (Weingartner). 1975–1980 Gesamtrenovierung (Architekt Prof. Dr. Enno Burmeister).

Vorzeichen im Westen. – *Langhaus*[184] einschiffig, langrechteckig, durch Westanbau verlängert, je vier Fenster, Empore, Flachdecke über Hohlkehle, Scheidwand. – *Chor* eingezogen, ein Joch mit Netzgewölbe und Tellerschlußstein mit Osterlamm-Halbrelief, ein Joch mit Sterngewölbe und reliefiertem Tellerschlußstein, 5/8-Schluß, schmale Gewölberippen beginnen in Brusthöhe auf Konsolsteinen, über den Fenstern von Rip-

pen eingefaßte Stichkappen. „Im freigelegten Mauerwerk erkennt man
die Mauerköpfe von abgeschlagenen Diensten, die dem Raum in der
Gliederung fehlen" [185]. Fünf schwache, über Eck gestellte, etwa 1,5 Meter unterhalb der Traufe endende Strebepfeiler, durch profiliertes Gesims verbunden; das „Gesims beginnt am ersten nördlichen Pfeiler,
zieht sich über die Ostseite und mündet im Süden in den Turm. Zwischen den Pfeilern befinden sich spitzbogige Fenster." [186] – *Turm* von im-
posanter Mächtigkeit, gegliedert unten durch drei Bogenstellungen mit

schwachen, schmalen Wulstbändern, Mitte durch ein Langfeld, oben durch zwei Rechteckfelder mit je einem Rundbogenfenster, darüber Satteldach mit Stufengiebeln. – *Sakristei* im Turm. – *Gesamteindruck:* „Für die Gegend charakteristischer, im bewegten Gelände besonders zur Geltung kommender Bau der Spätgotik um 1500, auf älterer Grundlage."[187]

Orgel: 1872 baute Franz Strauss (geb. 17. April 1820 Vielreich bei Mitterfels, gest. 8. Januar 1891 Landshut) eine einmanualige Orgel mit fünf Registern, die 1904 durch ein ebenfalls einmanualiges Werk von Willibald Siemann (München/Regensburg) mit pneumatischer Kegellade, freistehendem Spieltisch, zweiteiligem Neugotik-Prospekt abgelöst wurde und als Disposition (C-f''') Principal 8', Gedeckt 8', Salicional 8', Gamba 8', Octave 4', (C-d') Subbaß 16' sowie an Koppeln Superoktave, Suboktave, Pedal und Volles Werk erhalten hatte.[188] Heute weist das Instrument nach seiner Umarbeitung auf: Principal 8', Gedeckt 8', Salicional 8', Gamba 8', Octave 4', Subbaß 16', Pedalkoppel, Tutti.

Glocken: a) St. Georg. – b) St. Maria. – c) St. Michael; alle Gießerei Karl Czudnochowsky, Erding, 1950. – d) St. Markus, Gießerei Bachmair, Erding, 1904.

Priestergrab: An der äußeren südlichen Wand der Kirche, Schwarzmarmortafel für Pfarrer Michael Niedermayer, geb. 14. November 1822 als Wirtssohn in Dürnzhausen, 1. August 1853 Priesterweihe, „Begründer der Expositur und edler Spender eines Grundkapitals zur Errichtung einer Pfarrei in Dürnzhausen", gest. 2. Juni 1901 Fraham.

St. Georg (23. April)

Dieser hohe Offizier im römischen Heer stammte der Überlieferung nach aus Kappadozien (östliche Türkei). Unter Diokletian erlitt er um 305 für seinen Glauben den Martyrertod.

Bereits im 5. Jahrhundert begann die kultische Verehrung des zum Symbol christlicher Tapferkeit gewordenen Heiligen. Ihm zu Ehren wurden zahlreiche Gotteshäuser errichtet. Die griechische Kirche zählt ihn zu den großen Soldatenheiligen und bezeichnet ihn wegen der Qualen, die er erdulden mußte, als Erzmartyrer. Um das Leben und Sterben des Heiligen ranken sich unzählige Legenden. Die populärste Legende, der Kampf Georgs mit dem Drachen, entstand erst im 11./12. Jahrhundert und erhielt insbesondere durch die Kreuzritter ihre bis ins 19. Jahrhundert dominierende Bedeutung.

Georg wird meist zu Pferd, mit rotem Kreuz auf weißer Fahne, Schild und Lanze, den Drachen tötend, dargestellt. Er ist einer der Vierzehn Nothelfer.

Kapelle Volto Santo (Kümmernis)

Privatkapelle. Besitzer Anton Denk. Feldkapelle, am nordwestlichen Ortsausgang von Dürnzhausen, an der Straßengabelung nach Preiners-zell-Geroldshausen.

Bis zur Beraubung in den siebziger Jahren des 20. Jahrhunderts befand sich in der Kapelle ein 1734 datiertes Ölgemälde „Kümmernis". Es könnte auf das Erbauungsjahr der Kapelle hinweisen. Nach einem Brand, dessen Jahr nicht mehr festzustellen ist, errichtete man die Kapelle erneut.

Volto Santo = Heiliges Antlitz Jesu; Kümmernis = Kummerana, Liberata, Wilgefortis (Virgofortis). Der Legende nach eine sizilianische oder portugiesische Königstochter, die sich um 130 als Christin bekennt, von ihrem Vater wegen ihrer Weigerung zu heiraten eingekerkert wird, der auf ihre Bitte um Verunstaltung ein Bart wächst, woraufhin sie der erboste Vater kreuzigen läßt. Drei Tage predigt die Sterbende, bekehrt viele Sünder und auch ihren Vater, der nun eine Sühnekirche erbauen und mit einem kostbaren Bildnis der gekreuzigten Tochter schmücken läßt. Vor diesem Bild spielt ein armer, notleidender Geiger. Die Angeflehte wirft einen ihrer Silberschuhe herab. Als Dieb angeklagt, bittet der Fiedler, nochmals vor dem Bilde spielen zu dürfen. Nun läßt ihm Kümmernis auch ihren zweiten Silberschuh zufallen und rettet den Musikant durch diesen wunderbaren Unschuldsbeweis vor der Verurteilung.

Die Errichtung der Schulexpositur
Stiftungs-Urkunde vom 15. März 1867

Wir, Gregorius, durch Gottes Barmherzigkeit und des heiligen apostolischen Stuhles Gnade Erzbischof von München-Freysing,

geben hiemit zu vernehmen, daß mehrere Wohlthäter aus den Ortschaften Dürnzhausen und Preinerszell, namentlich die Familie Niedermaier von Dürnzhausen, zur Ehre Gottes, zum Heile ihrer Gemeinden und insbesonders der Schuljugend derselben, die Errichtung einer katholischen Seelsorgs- und Schulstelle oder einer Schulexpositur in Dürnzhausen, der Pfarrei Schweidenkirchen, mit einem Gesammtkapitale von 10,000 fl. – Zehn Tausend Gulden – verordnet haben, wie solches auf Grund der bisherigen Verhandlungen, der allerhöchsten landesherrlichen Genehmigung vom 7. August 1866 und eines unter dem 24. November 1866 von der Gemeindeverwaltung Dürnzhausen angefertigten Entwurfes im Nachstehenden ausgezeigt ist.

I.

Der Schulexpositurbezirk Dürnzhausen umfaßt die Gemeinde Dürnzhausen und die Ortschaft Preinerszell mit dem Sitze des Expositus in Dürnzhausen.

II.

Dotation der Schulexpositur.

1) Das Stiftungsvermögen wird gebildet durch ein aus freiwilligen Beiträgen der Gemeinde Dürnzhausen und der Ortschaft Preinerszell gewonnenes Sammel-Capital von 10,000 fl...

Ein jeweiliger Schulexpositus hat die vollen ungeschmälerten Renten dieses Fundationscapitals zu beziehen, somit nach 4 % Zinsberechnung ein jährliches Einkommen in Geld von 400 fl...

2) Der jeweilige Schulexpositus hat freie Wohnung in dem neu herzustellenden Expositurhause und die volle Nutzung des zu dem Expositurhause gehörigen Gartens... Das Recht der freien Wohnung und Nutznießung des Gartens ist veranschlagt zu 35 fl.

3) Als Lehrer bezieht er das gesetzliche Schulgeld, welches sich entziffert auf beiläufig 71 fl. 12 kr.

4) Da der Schulexpositus auch die Verrichtungen der sogenannten kleinen Stola zu übernehmen hat, so ergibt sich hiedurch ein weiterer Einkommenszuwachs von durchschnittlich 55 fl.

5) Ebenso ist ihm zugesichert der Ertrag der bisher üblichen Sammlung von Getreidegarben, Flachs, Eiern in einem durchschnittlichen Werthe von 20 fl.

6) Endlich für 312 freie Meßstipendien à 30 kr. in Summa 156 fl.

Demnach ergibt sich ein vorläufiges jährliches Einkommen von 737 fl. 12 kr., wozu der Expositus noch das nöthige Brennholz für sich und die Schule (extra 8 Klafter) erhält.

III.

Dagegen ist jeweiliger Schulexpositus von Dürnzhausen verpflichtet, an jedem Sonntage des Jahres das heil. Amt für die Stifter zu applicieren, einen Predigtvortrag zu halten und nachmittags den Rosenkranz vor ausgesetztem hochwür-

digsten Gute zu beten, ferner den gesamten Schulunterricht an die werk- und feiertagsschulpflichtige Jugend des Schulbezirkes Dürnzhausen zu ertheilen, sowie für denselben Bezirk alle seelsorglichen Verpflichtungen ... zu erfüllen.

IV.

Der Schulexpositus in Dürnzhausen ist als exponierter Hilfspriester der Pfarrei Schweidenkirchen zu erachten und bleibt hinsichtlich der Seelsorge und der Schule dem Pfarrer und Lokalschulinspektor von Schweidenkirchen untergeordnet ...

Zur Urkunde und vollen Bekräftigung dessen haben Wir den gegenwärtigen Confirmationsbrief ausstellen lassen und denselben mittelst Unseres Insiegels und Unserer eigenhändigen Unterschrift gefertigt.

Gegeben zu München am fünfzehnten Tage des Monat März im Jahre nach Christi Geburt Eintausend achthundert sechzig und sieben. [189]

*

Expositus von Dürnzhausen

1867–1870	Groeschl Georg	1899–1904	Seidl Johann
1870–1877	Schaedler Max	1905–1914	Gartner Anton
1877–1881	Geiger, Dr. Eduard	1914–1926	Geiß Franz Anton
1882–1885	Lettenbauer Josef	1926–1930	Papst Ludwig
1885–1887	Stangl Alois*	1930–1939	Arnold Balthasar
1888	König Otto	1939–1954	Schopka Alfred
1888–1891	Neumair Max	1954–1955	Drescher Josef
1891–1892	Sedlmair Corbinian	1955–1956	Gleitsmann Paul
1892–1897	Gamber Johann	1957–1970	Meyerhofer Ludwig
1897–1898	Straßer Jakob	1970	Gramlich Theodor

* Pfarrer von Schweitenkirchen

FÖRNBACH

Stadtteil der Kreisstadt Pfaffenhofen a. d. Ilm (426 m NN, 830 Einwohner), nördlich der Stadtmitte, im Ilmtal, an der Straße von Pfaffenhofen über Förnbach, Uttenhofen und Königsfeld nach Geisenfeld, an der Bahnlinie München–Pfaffenhofen–Ingolstadt. Pfarrei Förnbach.

Förn = Personenname Fero, Faro; Ansiedlung des Fero am Bach (Ilm). Ob hier ein Ferge (Fährmann) den Verkehr über die Ilm ermöglichte, ist nicht belegt, jedoch ist nicht auszuschließen, daß bei dem Personennamen Fero „vielleicht ein Ferge ahd ferjo, Genitiv ferin Pate stand".[190]

4. Viertel 11. Jh. Ad Ferinpaz[191]. 1130 Pertolt et Chunrat de Ueringenpach, um 1130 de Veringenbach[192]. 1141–1147 Berhart de Vergenpach, Perinhart de Verginpach[193]. 1315 Pfarrei Vergenpach mit zwei namentlich nicht genannten Filialen (Bistum Freising)[194]; die Filialen sind Frickendorf und Paunzhausen[195]. 1326 Herr Fried(rich) der pfarrer von Verenpach[196]. 1396 dorf Fernpach[197]. 1402–1408 Verenpach[198]. 1432 Georius Pfarrer in Verenpach[199]. 1524 Vernpach, Pfarrei hl. Muttergottes, Maria Himmelfahrt[200]. 1551 Färnbach[201]. 1582 Vernpach[202]. 1560 „Mesner ist vleißig"[203].

16. März 1646 Hofmark Förnbach an Wolf Dietrich von Toerring (bis 1402 Domkapitel Freising, 1402 – vor 1423 Heinrich von Preysing, dann an von Seyboltsdorf, um 1440 Förnbach als Hofmark genannt, um 1606 an Heinrich von Gumppenberg). 1818 aus dem Patrimonialgericht Förnbach Gründung der Gemeinde Förnbach (Altkaslehen, Förnbach, Frechmühle, Seugen, Streitdorf, Thalhof, Zweckhof sowie Riedhof), 48 Häuser. 1840 370 Einwohner. 1865 Schulhausbau. 8. November 1869 Dorfbrand durch Funkenflug aus einer Lokomotive.

1900 483 Einwohner. 1950 630 Einwohner. 1970 680 Einwohner. 31. Dezember 1971 Ende der selbständigen Gemeinde Förnbach. 1. Januar 1972 Eingemeindung als Stadtteil von Pfaffenhofen a. d. Ilm. 1975 Abbruch des Schulhauses.

Pfarrei Förnbach mit Ortschaften Altkaslehen, Frechmühle, Förnbach (Pfarrsitz), Neukaslehen, Seugen, Siebenecken (Teil), Streitdorf, Thalhof.

Ehemalige Filialen: Noch im 18. Jh. gehörten zur Pfarrei Förnbach die Filialen Frickendorf, Paunzhausen, Johanneck, Kleinarreshausen. Das

Kirchlein in Kleinarreshausen „mit dem Titel des hl. Johannes d. T. wurde erst in der Säcularisationszeit demoliert." [204]

Benefizium: 1410 von der Pfarrgemeinde gestiftetes Frühmeßbenefizium B. V. Mariae. 1646 Benefiziatenhaus abgebrannt.

Pfarrhaus: 1743 erbaut, 1982–1983 grundlegend renoviert.

Pfarrwiddum: 1884 umfaßte das Pfarrwiddum 43 Tagwerk 37 Dezimal Acker und 7 Tagwerk 31 Dezimal Wiesen. Die Widdumsgründe sind heute verpachtet. Pfarrstadel gegenüber des Pfarrhauses am Westgiebel (mit Scheyerer Kreuz) datiert 1886.

Scheyerer Hof: Zehenthof des Benediktinerklosters Scheyern, 70 Tgw., 3. Mai 1483 von Anna Schmidin bewirtschaftet, 1745–1801 ganz im Eigentum des Klosters, danach Privatbesitz, Hausname Scheyerer Bauer, zuletzt im Besitz von Johann Ostermair (gest. 1974), 1965 Brand (Stall, Stadel), 2. Nov. 1977 Abbruch (Haus, Stall).

Mörtelplastik: Am ehemaligen Pferdestall von Simon Bodner (Hansbauer) Mörtelplastik „St. Leonhard mit zwei Pferden" von Bartholomäus Ostermayr (1837–1899), datiert 1867. „...als Abt mit Mitra, Chorrock, breitem, spitzenverziertem Kragen und Stola. Auf der Brust an Band hängendes, großes Kreuz. In der rechten Hand Krummstab, die linke in die Hüfte gestützt, unter der linken Achsel Gebetbuch. Rechts und links je ein ihm zugewandtes, stehendes Pferd."[205] 1968 renoviert.

Schreiberkapelle: In Streitdorf, beim „Schreiber", Besitzer Josef Roßmaier, 1869 durch Emmeram Roßmaier erbaut[206], neugotisch (Plan: Geistl. Rat Dr. Sighart)[207].

Ohmerkapelle: Im Förnbacher Forst zwischen Streitdorf und Riedhof, „Waldkapelle", Besitzer Michael Loibl „beim Ohmer" in Förnbach. Jetziger Bau 1973. Die ehemalige, wesentlich kleinere Kapelle wurde nach Beschädigung durch ein Fahrzeug 1973 abgebrochen.

Pfarrkirche Mariä Himmelfahrt

„Schöne Lage auf erhöhter baumumstandener Terrasse"[208] in Ortsmitte, östlich der Bahnlinie und der Ilm. „Erbauungsjahr unbekannt"[209]. Gotischer Bau des 15. Jh.

Vorzeichen mit neuer Flachdecke. – *Langhaus* einschiffig, gotische Spitzbogenfenster; kräftige Wandpfeiler, von denen Dienste über Konsolen mit farbig gefaßten Köpfen und Wappenschilden in das Sterngewölbe führen; Gewölbeschlußsteine als farbig gefaßte Tellerschlußsteine mit Halbreliefs; zwei Emporen auf hölzernen Säulen; Scheidbogen. – *Chor* gotisch, „kaum eingezogen, 2 Joche und dreiseitiger Schluß"[210]; farbig gefaßte Kopfkonsolen, Netzrippengewölbe, halbreliefverzierte, farbige Tellerschlußsteine. – Am Langhaus und Chor abgestufte, kräftige Strebepfeiler außen. – *Sakristei*, zwei kreuzgratgewölbte Joche im Turmuntergeschoß. – *Turm* mit Ecklisenen und Bogenfriesen, über vier Giebeln schlanker Spitzhelm (1974 Kupferbedachung anstelle der Holzschindeln) mit Scheyerer Kreuz, H. 42 m. – Sakristeianbau, 17. Jh.

Hochaltar[211], zwei Seitenaltäre (Hl. Familie, Herz Jesu) und Kanzel neugotisch, 1876. – *Fresken* im Chor, Renaissance, 1959–1960 aufgedeckt: Im Scheidbogen die klugen und die törichten Jungfrauen, hl. Sebastian, hl. Bischof Wolfgang; an der Nordwand l. oben Jüngstes Gericht, tägliches Einsammeln des Mannas, l. unten Abendmahl, Fußwaschung, Christus und die Jünger im Ölgarten; im Scheidbogenscheitel der reiche Fischfang u. a. – Blumenornamentfresken im Chor, 1876. – *Wallfahrtsbild*, „diese doffl" gestiftet von der Gemeinde Förnbach „um Abwendung der geferlichen Sieche und kräfften...", mit Ansicht der Pfarrkirche, einer Rinderherde, von Pferden und der vielpersonigen Bittprozession zur Schutzmantelmadonna, Öl auf Leinwand, 1788. – *Pietà*, Holz, gutes Schnitzwerk, gotisch, 15. Jh. – *Malereien* (Öl auf Holz) an der unteren Empore: Die 12 Apostel mit Christus salvator mundi. – Malereien (Öl auf Holz) an der oberen Empore: Die 4 Evangelisten. Rustikales, altes Gestühl im Langhaus und auf den Emporen. – *2 Weihwassersteine im Vorzeichen.* – Über dem Eingang vom Vorzeichen zum Langhaus Gemälde *Schutzmantelmadonna*, Öl auf Blech, A. Priller 1931. – Im Vorzeichen *2 Grabsteine*, Inschriften und Wappen z. T. unkenntlich. – Im Vorzeichen innenseitig 1 Meter tief vorspringender *Karner*, darüber Hl.-Grab-Nische. – Außen an der Langhaus-Nordwand *Missionskreuz* von 1967, an der Südwand *Sonnenuhr*.

Orgel: Auf der oberen Empore steht ein einmanualiges Werk mit acht Registern aus dem Jahre 1864 des Münchener Meisters Max Maerz (1814–1878)[212]. Im Manual befinden sich Gedackt 8', Viola de Gamba 8', Traversflöte 4', Octav 2', Mixtur 2' dreifach, Principal 4', im Pedal Octavbaß 8', Subbaß 16'. Freistehender Spieltisch.

Priestergrab: Im Friedhof, beim Chorhaupt. a) Johann Baptist Haun, Pfarrer und Kammerer, geb. 20. August 1871, geweiht 29. Juni 1897, gest. 19. Oktober 1936. – b) Hermann Fiedler, geb. 14. September 1908 Neudorf/Breslau, geweiht 1935, Pfarrer in Förnbach seit 1954, gest. 30. März 1982 München.

Gedenkstein: An der äußeren Ostseite der Sakristei für Anton Speiser, geb. 21. Januar 1803 Eicken/Kanton Aargau (Schweiz), geweiht 1839, Benefiziat in Förnbach seit 1856, gest. 20. April 1886.

Gedenkstein: An äußerem Chorstrebepfeiler für Franz de Paula Joseph Mazegger, geb. 10. März 1737, Pfarrer in Förnbach seit 1778, gest. 7. Oktober 1809 im 49. Jahre seines Priestertums, im 31. Jahre seines Pfarramtes.

Gedenkstein: An äußerem Chorstrebepfeiler für Jakob Weichard, freiresignierter Pfarrer von Freinhausen, 25 Jahre Frühmesser in Förnbach, 8. Mai 1826, 81jährig.

Gedenkstein: An der Chornordwand innen für Caspar Walter (C. W.), Pfarrer in Förnbach, 32 Jahre alt, gest. 1. August 1694, „habe für mich und dich bey Zweitausend Messen gelesen...", Lic. der Theologie.

Gedenkstein: An der Chornordwand innen für Joseph Adam Carl, Magister der Philosophie und Licentiat der Theologie sowie Kandidat der Rechte, Pfarrer in Förnbach, gest. 20. Februar 1744, im Alter von 33 Jahren.

Seyboltstorfer Epitaph: An der Chornordwand innen, „treffliches Relief um 1560"[213]. „Anno dñj 1565 den 17 tag February starb der Edl vnd vest Hanns von Seyboltstorf zur Schenckhenaw vnd neie purckhstal vnd Fernbach, seines alters 56 iar...", dazu Sterbe-Inschrift für „all drei sein Eehlichen hausfrauen, denen allen Gott genad". Über dem Inschriftsockel Halbrelief des knienden, anbetenden Ritters in Rüstung, mit Langschwert, den Helm abgelegt, vor dem Gekreuzigten, zur Seite seine drei Frauen, im Hintergrund Stadtansicht (wohl Jerusalem mit Golgota).[214]

Gedenkstein: An der Chorsüdwand innen für Johann Andreas Weiß, gest. 21. Oktober 1664, „in dem 50ten alß besten Flor seines alters", Kandidat der Theologie und des Kirchenrechtes, freiresignierter Pfarrer zu Göbelsbach, Frühmesser in Förnbach.

Kappeller-Epitaph: An der Chorsüdwand innen für Dr. med. Joseph Anton Kappeller, kaiserlicher Stabs- und Feldmedicus, geb. 6. März 1708, gest. 27. August 1749.

Glocken: Das Viergeläute besitzt noch drei kunstgeschichtlich bemerkenswerte, alte Glocken, die der Beschlagnahme und Zertrümmerung sowohl während des I. als auch des II. Weltkrieges entgingen. a) St. Josef (Große Glocke), Gießerei Karl Czudnochowsky, Erding, 1958. – b) St. Marien, Inschrift „Ave Maria, gratia plena, Dominus tecum, benedicta tu in mulieribus", 1716. – c) Von der Inschrift nur noch „Ave" leserlich, 1405 (!). – d) Kleinste Glocke, Inschrift „1689. Sanctus Deus, Sanctus Fortis, Sanctus Immortalis! Miserere nobis!" Auf einem kleinen Schildchen Inschrift „Et Verbum caro factum est". „IHS". „Maria". Unten: „U... Laubscher Goss Mich Nachre Förnbach 1689." „Sancta Maria ora pro nobis!"[215]

Maria, Mutter Jesu, Mutter Gottes
(12. September, 15. August)

Viele Feste ehren Maria, die Mutter unseres Herrn, die Tochter Israels aus königlichem Stamm, ohne Erbsünde empfangen, Jungfrau, Mutter Gottes, Schwester der Menschen, Schmerzhafte Mutter, aufgenommen in den Himmel, Mutter der Glaubenden, Urbild der Kirche.

Die Evangelien berichten über die Jugend Marias nichts. Dagegen erzählt das apogryphe Jakobusevangelium nach der Weise einer frommen Legende von den Eltern Marias, Joachim und Anna, sowie über das Heranwachsen Marias. Die Evangelien nennen Maria die Verlobte Josephs. Nach israelischem Recht bedeutet die Verlobung schon das Zustandekommen einer wirklichen Ehe. Durch den Erzengel Gabriel wurde Maria der Ratschluß Gottes verkündet, daß sie durch ein Wunder Gottes die Mutter des Messias werden solle. Maria erklärte sich freiwillig bereit, Werkzeug des göttlichen Willens zu sein. Als Maria und Joseph in Bethlehem weilten, gebar sie das Kind, das sie, wie es der Engel gesagt hatte, Jesus nannte. Bei der Darstellung des Kindes im Tempel sagte der greise Simeon Maria voraus, daß sie am Leiden des Sohnes schmerzhaften Anteil haben werde. Um den Nachstellungen des Königs Herodes zu entgehen, zogen Maria und Joseph mit dem Kind nach Ägypten.
Nach dem Tod des Königs kehrten sie zurück und wohnten fortan in Nazaret. Während der öffentlichen Wirksamkeit Jesu trat Maria kaum hervor.

Die Evangelisten erwähnen Maria jedoch in wichtigsten Situationen des Lebens Jesu. Beim ersten Wunderzeichen Jesu in Kana:

„Am dritten Tag fand in Kana in Galiläa eine Hochzeit statt, und die Mutter Jesu war dabei. Auch Jesus und seine Jünger waren zur Hochzeit eingeladen. Als der Wein ausging, sagte die Mutter Jesu zu ihm: Sie haben keinen Wein mehr. Jesus erwiderte ihr: Was willst du von mir, Frau? Meine Stunde ist noch nicht gekommen. Seine Mutter sagte zu den Dienern: Was er euch sagt, das tut!" (Joh 2, 1–5)

Dort, wo es um die wahren Verwandten Jesu geht:

„Da kamen seine Mutter und seine Brüder; sie blieben vor dem Haus stehen und ließen ihn herausrufen. Es saßen viele Leute um ihn herum, und man sagte zu ihm: Deine Mutter und deine Brüder stehen draußen und fragen nach dir. Er erwiderte: Wer ist meine Mutter, und wer sind meine Brüder? Und er blickte auf die Menschen, die im Kreis um ihn herumsaßen, und sagte: Das hier sind meine Mutter und meine Brüder. Wer den Willen Gottes erfüllt, der ist für mich Bruder und Schwester und Mutter." (Mk 3, 31–35)

Beim Kreuzestod Jesu:

„Beim Kreuz Jesu standen seine Mutter und die Schwester seiner Mutter, Maria, die Frau des Klopas, und Maria von Magdalena. Als Jesus seine Mutter sah und bei ihr den Jünger, den er liebte, sagte er zu seiner Mutter: Frau, siehe, dein Sohn! Dann sagte er zu dem Jünger: Siehe, deine Mutter! Und von jener Stunde an nahm sie der Jünger zu sich. " (Joh 19, 25–27)

Nach der Himmelfahrt erwartete sie im Kreis der Jünger die Herabkunft des Heiligen Geistes.
Über das spätere Leben Marias sind wir nicht unterrichtet. Als Ort ihres Hinscheidens wird in der Überlieferung bald Jerusalem, bald Ephesus, genannt.

Eine große Zahl von Wallfahrtsorten und ein reicher Lied- und Gebetsschatz rücken Maria in die Mitte der Heiligenverehrung.
Das „Gegrüßet seist du, Maria" (Ave Maria) und der „Engel des Herrn" (Angelus) sind Gebete, die jeder katholische Christ kennt und betet.
Eines der schönsten und zugleich aktuellsten Gebete ist dem Neuen Testament (Lk 1, 46–55) entnommen. Lukas legt das „Magnificat" Maria bei der Begegnung mit ihrer Base Elisabeth in den Mund.
Der „Lobgesang der Gottesmutter" wird heute noch im Stundengebet der Kirche, in der Vesper, angestimmt:

„Meine Seele preist die Größe des Herrn,

und mein Geist jubelt über Gott, meinen Retter.

Denn auf die Niedrigkeit seiner Magd hat er geschaut.

Siehe, von nun an preisen mich selig alle Geschlechter!

Denn der Mächtige hat Großes an mir getan,

und sein Name ist heilig.

Er erbarmt sich von Geschlecht zu Geschlecht

über alle, die ihn fürchten.

Er vollbringt mit seinem Arm machtvolle Taten:

Er zerstreut, die im Herzen voll Hochmut sind;

er stürzt die Mächtigen vom Thron und erhöht die Niedrigen.

Die Hungernden beschenkt er mit seinen Gaben

und läßt die Reichen leer ausgehn.

Er nimmt sich seines Knechtes Israel an

und denkt an sein Erbarmen,

das er unsern Vätern verheißen hat,

Abraham und seinen Nachkommen auf ewig. "

(Lk 1, 46–55)

Der Tod kam mit der Kegelkugel
Vom Leben und Sterben des Dr. med. Kappeller

Seltsame Arten gibt es, wie der Mensch vom Leben zum Tode kommen kann. Eine besonders seltsame Todesart suchte der Herrgott für den erst einundvierzig Jahre alten kurfürstlich baierischen Stabs- und Feldmedicus Doktor Joseph Anton Kappeller aus. Dabei hatte sein letzter schöner Tag, der 25. August 1749, so lustig begonnen.

Der Herr Doktor, der seit vier Jahren in Förnbach wohnte und dort ein bißchen praktizierte, vor allem aber privatisierte, hatte an dem herrlich lauen Sommerabend seine besten Freunde zu einem zünftigen Kegelscheiben in der Kegelbahn des Förnbacher Tafernwirts um sich versammelt. Sie waren alle gekommen. Auch sein Schwiegervater Andreas Kramer, der geldige Kramerbräu und Bürgermeister von Pfaffenhofen, war mit von der Partie.

Joseph Anton Kappeller, durch ein Kriegsleiden fast erblindet, hatte gerade einen guten Wurf getan und ging nun, während die Buben schon wieder die umgepurzelten Kegel aufstellten, in der Kegelbahn nach vorne, um selber seine Kegelkugel zu holen, als ihn, genau in dem Augenblick, in dem er sich zum Aufheben bückte, die nächste anrollende schwere Holzkugel so wuchtig am Kopf traf, daß er, wie vom Blitz gefällt, auf der Stelle zusammenbrach. Man trug ihn in sein Haus, in den Scheyerer Hof gegenüber des Propstbauern. Zwei Tage litt er unsagbare Qualen. Am 27. August verstarb er unter entsetzlichen Schmerzen. Das Spiel war aus. Der Tod hatte gewonnen.

Wer war Doktor Joseph Anton Kappeller, und woher kam er? Seine Wiege stand in Schrobenhausen im Unterbad. Das Unterbad, eine der drei öffentlichen Badstuben des Landstädtchens an der Paar, befand sich an der Stelle des heutigen Hauses Nummer 6 an der Lenbachstraße. Hier kam unser Kegelbruder am 6. März 1708 zur Welt. Sein Vater hieß Anton Kappeller, der Wundschneider und Untere Bader. Seine Mutter, Maria Regina, eine geborene Gottbewahr, entstammte einer Schrobenhausener Zinngießerfamilie. Fünf Kinder wuchsen in der ärmlichen Enge des Unterbades auf: zwei Mädchen und drei Buben. Von den Mädchen heiratete die älteste, Maria Theresia, 1734 ausgerechnet den Konkurrenten ihres Vaters, den Oberen Bader Franz Bernhard Riedmayr. Das Oberbad stand auf dem Platz des jetzigen Hauses Nummer 64 an der Lenbachstraße. Maria Franziska, die Jüngere, verheiratete sich 1754 mit dem Schrobenhausener Händler und Hausierer Franz

Joseph Roth. Die drei Buben aber besuchten allesamt zuerst das Gymnasium und danach die Universität zu Ingolstadt. Der Jüngste, namens Anton (1718–1799), brachte es als Pfarrer von Elsendorf in der Hallertau 1765 zum Dekan des Landkapitels Mainburg. Der Mittlere, Johann Kaspar (1709–1766), amtierte zuletzt als Pfarrer in Affalterbach. Der Älteste, unser Joseph Anton, studierte Medizin.

Einen „außergewöhnlich begabten" Studenten nannten die Professoren der Hohen Schule zu Ingolstadt den Joseph Anton Kappeller. Kaum fünfundzwanzigjährig, hatte er schon sein Doktordiplom in der Tasche. Zuerst praktizierte er in Ingolstadt, dann in Pfaffenhofen, später in Schrobenhausen, schließlich in der Residenz- und Landeshauptstadt München.

Kurfürst Karl Albrecht von Baiern (1726–1745) wurde es rasch hinterbracht, wie geschickt der junge Doktor als Wundarzt und Chirurg mit Blutegel-Schröpfköpfen und Skalpell umzugehen verstand. Der Kurfürst nahm ihn in seine Dienste. Als Hofbediensteter wirtschaftlich gesichert, verehlichte sich der Dreiunddreißigjährige mit der zweiundzwanzigjährigen Brauers- und Bürgermeisterstochter Maria Katharina Kramer aus Pfaffenhofen. Bruder Johann Kaspar Kappeller traute das hübsche Paar am 22. Mai 1741 in der Dorfkirche zu Affalterbach. Damals freilich konnte die junge Ehefrau nicht ahnen, wie kurz ihr Glück dauern sollte.

Noch im Sommer seines Hochzeitsjahres zog der Stabs- und Feldmedicus im Gefolge seines kurfürstlichen Herrn von München aus in den Österreichischen Erbfolgekrieg. Am 2. Oktober 1741 war Doktor Kappeller dabei, als Linz ohne Schwertstreich in die Hände der vereinigten Baiern und Franzosen unter Karl Albrecht und Marschall Belleisle fiel und der baierische Kurfürst die Landeshuldigung als Erzherzog von Österreich vom vollzählig erschienenen oberösterreichischen Adel entgegennahm. Am 21. Oktober stand Kappeller mit den Verbündeten in Sankt Pölten, zehn Meilen vor Wien. Dort schwenkten die Armeen überraschend nach Norden ab, vereinigten sich unter den Mauern von Prag mit den einundzwanzigtausend Sachsen des Generals Ratowsky, überrumpelten im Handstreich in der Nacht vom 25. zum 26. November die böhmische Hauptstadt und befanden sich bei Morgengrauen als Sieger in Prag. Am 19. Dezember erlebte Kappeller, wie vierhundert Reichsstände mit Pauken und Trompeten, mit Glanz und Gloria, dem baierischen Kurfürsten als König von Böhmen huldigten.

Hier nun verließ unseren Doktor Kappeller das Glück. In der Goldenen Stadt erkrankte er an Flecktyphus. Er verlor fast das Augenlicht.

184

Sankt Leonhard, 1867, beim Hansbauer in Förnbach

Schleunigst mußte er nach München zurückkehren. Dort erhielt er den ehrenvollen Abschied als Stabs- und Feldmedicus. Beinahe erblindet, blieb er dennoch Hof- und Leibarzt des Kurfürsten und nunmehrigen Kaisers Karl Albrecht. Am 20. Januar 1745 starb Karl VII. Albrecht. Doktor Kappeller konnte sich jetzt vom allmählich beschwerlich und lästig gewordenen Hofdienst lösen.

Anno 1745 kaufte er in der gräflich Toerringschen Hofmark Förnbach den Scheyerer Hof, übersiedelte dorthin mit seiner Familie und machte, so gut und so schlecht es eben bei seinem Augenleiden noch möglich war, gelegentliche Krankenbesuche, hielt auch hie und da die eine oder andere Sprechstunde, führte im übrigen aber das gemütliche Leben eines Privatiers auf dem Lande.

Als Doktor Joseph Anton Kappeller starb, war seine Witwe erst dreißig Jahre alt. Zwei kleine Töchter hingen an ihrer Schürze; das dritte Mädchen trug sie damals noch unter ihrem Herzen.
Der kaiserliche Medicus Doktor Joseph Anton Kappeller wurde im Friedhof zu Förnbach zur letzten Ruhe gebettet. Im Chor der Pfarrkirche erinnert eine sinnige Gedenktafel an ihn.

Wer die tödliche Kegelkugel geschoben hatte? Man will es nicht wissen. Niemand wollte sich an den Namen des unglückseligen Todesschützen erinnern, niemand wollte ihn aussprechen. Aber man weiß, daß es ein Bierbräu aus Pfaffenhofen gewesen sein soll...[216]

Hier Rühet der WollEdl gestreng- und Hochgelehrte
Herr Joseph Antoni Kapp[l]ler Medicinæ
Doctor- dan Weil: Sr. Röm: keiserl: Majestät Carl
deß VII. Staabs- und Feldt Medico-
Grausamber Todt waß machst alhier-
Mit so seltsamen Waffen?
Im Feldt als Medico du mir
gabst offtmalß vill Zuschaffen-
Dan allen deiner Lachte Ich-
Jetzt wider mein Verhoffen
Mit der Holzkugel würffst auf mich
Mein Leben hast getroffen
Weil nun o Gott- der Willen dein,
Thüe ich mich gantz ergeben-
Wollest mir dort Barmhertzig sein-
Schencken daß Ewig Leben-
Gebohren den   Gestorben den
6: Martij: 1700-   27. August: 1749-

Die überwachte Predigt

Wie in allen Kirchen Deutschlands während der Zeit des Dritten Reiches (1933–1945), saß auch in der Förnbacher Kirche ab und zu einmal ein Polizist in strammer Uniform oder in legerem Zivil beim sonntäglichen Hauptgottesdienst, lauschte der Predigt ganz besonders aufmerksam, ob ja kein kritisches Wort gegen den „Führer" und die „Bewegung" von der Kanzel fiel, notierte eifrig verdächtige Sätze und meldete seine Beobachtungen dem Kreisleiter in der Kreisstadt.

Pfarrer Johann Haun kannte „seinen" Gendarm schon längst. Fünfmal war der bereits als stiller, gefährlicher Zuhörer da gewesen. Als ihm am 8. September 1935, am Fest Mariä Geburt, in der Sakristei der Mesner zuflüsterte: „Er hockt scho' wieder hinten in der letzten Bank!", wurde es Haun aber doch zweierlei. Der Gendarm mußte einen Grund gefunden haben, weil er gar so oft spionierte. Haun beschloß für sich, diesmal auf der Hut zu sein und auf das schnelle Wort in freier Predigt zu verzichten.

Haun bestieg also die Kanzel, zog aus dem Ärmel seiner Albe die Münchner Katholische Kirchenzeitung – und las daraus einen langatmigen Artikel vor: „Die Marienverehrung in Abessinien". Für den Gendarm gab es nichts zu notieren und nichts anzuzeigen. Der Förnbacher Pfarrer war noch nicht reif für „Dachau".

Seit der Abessinien-Lesung blieb der Gendarm aus. Haun vertraute der Pfarrchronik an: „13. Oktober 1935. Die politisch-polizeiliche Überwachung der Predigt fehlt. Ist er überzeugt, daß hier nichts ‚zu holen' ist?"

Etwa ein Dreivierteljahr später, am 21. Juni 1936, war der Gendarm aber wieder da. Während des Hauptgottesdienstes wartete er darauf, ob es der Pfarrer wagen würde, jenen Hirtenbrief der Bischöfe Bayerns zu verlesen, der die staatlich angeordnete Entfernung der klösterlichen Lehrkräfte aus dem Volksschuldienst anprangerte, der laut Schreiben des Ordinariates unbedingt heute verlesen werden mußte, der aber laut staatlichen Verbotes nicht verlesen werden durfte.

Haun überlistete „seinen" Gendarm erneut. Er verlas den Hirtenbrief schon beim Frühgottesdienst! Dem enttäuschten Spion klopfte er leutselig auf die Schulter: „Muaßt halt a andersmal eher aufstehn!"[217]

Gedenkplatte für Doktor Joseph Anton Kappeller, gestorben 27. August 1749 Förnbach

Maria im Kreise der Apostel, Förnbacher Missale, 1894

Pfarrer von Förnbach*

1311	Fridrich	1743–1744	Carl Joseph Adam
1326	Fried(rich)	1744–1772	Winterholler
1399	Hans	1772–1778	Karner Joseph
1410	Ulrich von Wahl	1778–1809	Mazegger Franz
1432	Georius (Georg)	1810–1812	Eckert Johann
1472	Krempel Mathias	1812–1820	Brandlhuber Hippolyt
1490	Ruedl Wolfgang	1820–1834	Loder Matthias
1524	Hannemann Georg	1834–1838	Hutter
1544	Caspar[218]	1838–1857	Pachmayr Peter
1619	Neupaur Ottmar	1857–1858	Wimmer Johann
		1859–1876	Lutz Joseph
1666–1677	Hofmiller Franz	1876–1888	Lang Emil
1677–1689	Pögl Andreas	1888–1907	Goebel Franz
1689–1694	Walter Caspar	1907–1927	Notz Josef
1694–1718	Kes Georg	1927–1936	Haun Johann
1719–1724	Stängl Bernhard	1937–1954	Müller Friedrich[219]
1724–1734	Sickh Anton	1954–1982	Fiedler Hermann
1734–1743	Reittmair Valentin	1982–	Stadler Franz

* Ab 1666 nach den in diesem Jahr einsetzenden Matrikelbüchern (ab 1666 Taufbücher, 1688 Sterbebücher, 1762 Trauungsbücher)

FRICKENDORF

Ein Kirchdorf (491 m NN, 64 Einwohner), westlich des Neuenberges (523 m NN, Trigonometrischer Bodenpunkt), östlich der Autobahn München–Ingolstadt zwischen der Autobahnanschlußstelle Pfaffenhofen a. d. Ilm und dem Autobahnrasthaus Holledau. Filiale der Pfarrei Schweitenkirchen.

Frick = Personenname Fricko[220], Fricc(h)o. Mundartlich Flickendorf.[221]

Um 960 Frichindorf urkundlich erstmals genannt. 1029 Ortsadel Magonus de Frickindorf. 1091–1104 Wernherus de Fricchendorf im Gefolge Ottos III. Graf von Scheyern[222]. 1169 Vrickendorf. Um 1300 Frichendorf. 1524 Flickendorf. Im 18. Jh. stehen die Einkünfte der Kirche „unter Verwaltung des Herrschaftsinhabers und des Pfarrers von Wolnzach"[223]. 1818 Weiler mit 9 Häusern. Bis in das 19. Jh. hinein zur Hofmark Förnbach gehörig. 1884 noch Filiale der Pfarrei Förnbach[224]. 1884 15 Häuser, 81 Einwohner. Bis 31. März 1971 Gemeinde Eberstetten. Seit 1. April 1971 Gemeinde Schweitenkirchen.

Kirche Sankt Margareta

„Das Erbauungsjahr ... ist heute nicht mehr feststellbar."[225] Das Langhaus dürfte „noch auf romanischer Grundlage errichtet sein"[226]. Drei Bauepochen lassen sich, am klarsten an der äußeren Südwand, feststellen: 1. Die romanische Substanz im Schiff, 2. Die Gotik des Chores, 3. Die Erhöhung und Westverlängerung des Schiffes, der Sakristeianbau an der Chor-Südseite, der barocke Turmoberbau an der Westseite. 1524 Filialkirche der Pfarrei Förnbach.

Langhaus einschiffig, Flachdecke, hölzerne Empore, Rundbogen zum Chor. – *Chor* spätgotisch, eingezogen, 5/8-Schluß, Strebepfeiler „schwach dreikantig angedeutet"[227], Rippen auf Kragsteinen mit Köpfen, zartes Netzrippengewölbe mit Segenshand-Christi-Schlußstein im Gewölbescheitel. – *Turm* mit spätgotischem viereckigem Unterbau, barockem achteckigem Oberbau mit Lisenen und Gesimsen, Spitzhelm.

Drei Schwarzgoldaltäre, Renaissance, 1. Hälfte 17. Jh. Hauptaltar: Mensa gotisch. Im Schrein unter Muschel St. Margareta mit reichem Gewandfaltenwurf, „Wurm" (Schlange als Zeichen des Bösen), in der Rechten das Kreuz (Symbol für die Kraft des Kreuzes Christi, das die

höllischen Mächte überwindet), bedeutendes und hervorragendes Werk, „dem Landshuter Kunstkreis zuzurechnen"[228], spätgotisch, um 1515. Beiderseits der Drehsäulen: St. Leonhard mit gesprengter Fessel, Holzfigur, H. 90 cm, spätgotisch, um 1515; St. Benedikt mit Buch und Schlange im Giftbecher, Holzfigur, um 1620. Auf dem Sprenggiebel großgeflügelte Engel. – Seitenaltar links: Um 1650. Ausdrucksstarkes Kruzifix. – Seitenaltar rechts: Um 1620. St. Petrus auf der cathedra thronend, als Bischof von Rom mit Papstkrone und den beiden Schlüsseln als Zeichen seiner Binde- und Lösegewalt, Holzfigur von starker Ausdruckskraft, um 1620. – *Kreuzweg:* auf Holz gemalt, Anfang des 19. Jhs. übermalt, aus der Pfarrkirche Schweitenkirchen. – *Gestühl* von guter Formgebung als wertvoller Teil der alten Ausstattung.

Glocken: a) St. Margareta, Inschrift „So viel in Gott, so viel in Frieden", 100 kg, Gießerei Karl Czudnochowsky, Erding, 1950. – b) St. Leonhard, Inschrift „hl. Leonarde, ora pro nobis", Gießerei J. Bachmair, 1921.

Heilige Margareta
Skulptur, um 1515
Landshuter Kunstkreis
Kirche Frickendorf

St. Margareta von Antiochia (20. Juli)

Obwohl Margareta eine der beliebtesten und am frühesten verehrten Heiligen ist, zu den „Großen Jungfrauen" und zu den Vierzehn Nothelfern zählt, fehlen zuverlässige Nachrichten über sie.

Nur eine Legende berichtet uns von der Heiligen, die in der Ostkirche Marina genannt wird. Nach der Überlieferung soll sie von ihrem Vater verstoßen und für ihren Glauben und ihre Jungfräulichkeit gequält und im Jahre 307 enthauptet worden sein.

Viele Darstellungen zeigen die Heilige mit dem Drachen, mit einem Kreuzstab oder mit einem Kruzifix in der Hand. Ihre Attribute sind außerdem noch: Fackel, Kamm, Palmzweig und Buch. Häufig wird sie zusammen mit der heiligen Barbara und der heiligen Katharina als Dreiergruppe dargestellt.

„Barbara mit'm Turm,   *Katharina mit'm Radl,*
Margaret mit'm Wurm,   *das sind die drei heiligen Madl."*

191

Der Römerstein

Es war ein besonders schöner Tag des Jahres 1954, als Pfarrer Ludwig Betzinger und Professor Josef Blatner, der Hauptkonservator des Bayerischen Landesamtes für Denkmalpflege in München, durch Frickendorf spazierten, um die Renovierungsfortschritte an der Kirche Sankt Margareta anzuschauen. Schon von weitem sahen sie, wie mehrere fleißige Arbeiter einen kolossalen Stein aus dem Gotteshaus heraus ins Freie wuchteten. Die Männer hätten den sperrigen Klotz, mit dem sie sich so abplagten, und der ihnen so viel Mühe machte und so viel Schweiß kostete, wahrscheinlich zertrümmert und auf einen Schuttplatz gekippt. Jedenfalls wäre das Jahr 1954 für den steinernen Koloß gewiß zum letzten Jahr seiner „Steinzeit" geworden, – hätte der Professor an der Pfeilerform und an dem sich oben und unten verstärkenden, vorkragenden Gesims nicht sogleich den „Römerstein" erkannt und ihn dadurch gerade noch vor der Vernichtung bewahren können.[229]

Blatner ließ die dicke Tünche, die vom oftmaligen Überweißeln des Steines herrührte, vorsichtig entfernen. In Großbuchstaben kam an der Vorderseite eine lateinische Inschrift zum Vorschein:

I O M
E·IVNONI
REGIN·DD
CLCANDID
VS·V·S·L·L·M

Die Buchstaben sind die Abkürzung der Worte: I(OVI) O(PTIMO) M(AXIMO) – E(T) IVNONI – REGIN(AE) D(ONUM) D(EDIT) – CL. CANDID – VS V(OTVM) S(OLVIT) L(IBENS) L(AETVS) M(ERITO).[230]

In heutiger Umschrift: Iovi Optimo Maximo et Iunoni Reginae donum dedit Cl. Candidus; votum solvit libens laetus merito.

Die Übersetzung lautet: Iupiter, dem Guten und Großen, und Iuno, der Königin, gab als Geschenk Claudius Candidus; er hat das Gelübde eingelöst gerne, froh und dankbar.

Der Inschriftstein entpuppte sich also als ein römischer Weihestein, den ein Claudius Candid dem höchsten römischen Gott, Iupiter, und der römischen Göttin Iuno, die als Iupiters Gemahlin gilt, widmete. Iupiter und Iuno werden häufig zusammen verehrt.

I O M
I VNONI
REGIN · D D
C L CANDID
VS · V S · L L M

Das oberste Gesims zeigt einen Fries pflanzlicher Verzierungen, dazu in der Mitte die Faust Iupiters, die das Blitzbündel hält. Iupiter (griechisch: Zeus), ursprünglich Himmels- und Wettergottheit, schleuderte aus zorngeballter Faust die von den Menschen gefürchteten Gewitterblitze zur Erde hinab.

In der Oberseite des Steines befindet sich eine rechteckige Höhlung. Diese Vertiefung wurde wohl erst in nachrömischer christlicher Zeit geschlagen, um darin Reliquien einzulegen und den heidnischen Götzenstein zum christlichen Altarstein umzufunktionieren. Damals wird man den ersten Buchstaben der Inschrift, das I (Iovi = Iupiter), in Unkenntnis der römischen Anrufungsformel „I O M", sinnverfälschend zum Buchstaben R (Rom) umgemeißelt haben.

Der Stein ist Kalkstein, 110 Zentimeter hoch, 55 Zentimeter breit, 47 Zentimeter tief, wiegt etwa 700 Kilogramm (cirka 14 Zentner), hat eine Buchstabenhöhe von 8 Zentimetern und stammt aus der ersten Hälfte des zweiten Jahrhunderts nach Christus.

Der Römerstein diente in der Margaretenkirche als Verlängerung des Altartisches und war an diesen angemauert. 1954 paßte er nicht mehr in den Renovierungsplan der Kirche und mußte weichen. Ungeklärt ist, wer den Weihestein wann und von woher in das Gotteshaus gebracht hatte. Ob es vielleicht ein Pfarrherr im 19. Jahrhundert war, der König Ludwigs I. Erlaß zur „Erhaltung geschichtlicher Überreste und altertümlicher Kunstwerke" aus dem Jahre 1830 kannte?

1972 gelang es den Denkmalpflegern, den Römerstein als Dauerleihgabe von der Kirchengemeinde zu erhalten.[231] Er steht nun mit der Inventarnummer 1974/5432 in der Prähistorischen Staatssammlung, im Museum für Vor- und Frühgeschichte, Lerchenfeldstraße 2, in München.[232] Originalgetreue Nachbildungen kamen in den Chor der Kirche zu Frickendorf und in das Mesnerhaus-Museum, Scheyerer Straße 5, in Pfaffenhofen a. d. Ilm.

Wer wohl der fromme Stifter Claudius Candid gewesen sein mag? Vielleicht leistete er römischen Militärdienst am Limes, etwa im Kastell Germanicum (Kösching), im Kastell Celeusum (Pförring), im Kastell Abusina (Eining)? Von 15 v. Chr. bis um 470 n. Chr. hielten die Römer das Gebiet von Graubünden, Tirol und Süddeutschland bis nach Regensburg und Passau als Alpenprovinz Raetia besetzt, beherrschten die Raeter, die mit den Kelten und den Illyriern verwandt waren, und erbauten 120 n. Chr. auf Befehl Kaiser Hadrians den Limes, den römischen Grenzwall gegen das freie Germanenland nördlich der Donau hin. Nach ehrenvoller Entlassung aus dem Militärdienst, dürfte Claudius Candid üblicherweise das römische Bürgerrecht erhalten und nun in der Umgebung ein Landgut, eine villa rustica, bewirtschaftet haben. Römerzeitliche Bodenfunde sind in der Hallertau freilich selten: die wald- und hügelreiche Gegend reizte seinerzeit nicht zu dichter Besiedlung und wurde von keiner verkehrswichtigen Römerstraße durchzogen.

Ob Claudius Candid mit seinem Gelübde und Weihestein den huldvollen Göttern dafür danken wollte, daß sie ihn in allen Gefahren seines Soldatenlebens gnädig beschützt hatten? Wir wissen es nicht.

Mehr als fünfhundert römische Inschriften, nur zu oft verstümmelt, blieben in Bayern erhalten; sie „nannten Namen, beschworen Götter, beklagten Tote, rühmten Großes, doch über das besetzte Land erfuhr man so gut wie nichts. Die Römer feierten sich und die Ihren; wie es aber zwischen Donau und Alpen damals aussah, wer dort lebte, wie man dort lebte, hat keiner aufgeschrieben."[233]

Wenn Steine reden könnten! Doch unser Römerstein gehört nicht zu jenen wundersamen Steinen des heiligen Kirchenlehrers Beda Venerabilis, die, nach der Legenda aurea des Jacobus a Voragine, sogar „Amen!" rufen konnten.

GEISENHAUSEN

Pfarrdorf (459 m NN, 284 Einwohner), am Zusammenfluß von Arreshausener Bach und Preinerszeller Bach zum Geisenhausener Bach, zwischen dem Eschelbacher Holz im Norden, dem Förnbacher Forst im Süden, an der Autobahn München–Ingolstadt–Nürnberg, beim Autobahnrasthaus Holledau, südlich des Autobahndreiecks Holledau (Abzweigung nach Regensburg). Gemeinde Schweitenkirchen. Pfarrei Geisenhausen. Diözese Regensburg.

Geisen = Personenname Giso, Kiso; „Haus steht hier im Sinne von festes Haus, Burg."[234] Ansitz des Giso.

829 Kysinhusir, ad Kysinhusun[235]. Einer der urkundlich erstgenannten Ortsnamen im Altlandkreis Pfaffenhofen a. d. Ilm. 1098–1104 Gisenhusen[236]. Um 1281 Geisenhausen[237]. 1322 Patronatsherren der Kirche zu Geisenhausen sind die Herren von Preising[238]. Um 1380 Hofmark Geisenhausen im Besitz der Herren von Preysing zu Wolnzach[239]. 1425 Geysenhawsen gelegen in pfaffenhover gericht[240]. 1430 Hofmark Geisenhausen als Besitz des Thom. v. Preysing im Landgericht Pfaffenhofen[241]. 1522 „darff Geysenhausen"[242]. 1526 Geysenhausen ist Filialkirche von Gebrontshausen[243]. 1582 Geissenhausen[244].

1818 Geisenhausen, 30 Anwesen; Gründung der Gemeinde Geisenhausen. 28. Februar 1823 kommen Hueb, Preinerszell und Stelzenberg zur Gemeinde Geisenhausen. 1978 Ende der selbständigen Gemeinde Geisenhausen; seither Teil der Gemeinde Schweitenkirchen.[245]

Autobahnbrücke Holledau: Doppelbrücke, 27 m H. über dem Tal, 378 m L., 16 Bogen aus farbigem Granit, bei Kriegsende 1945 zur Behinderung des US-Truppen-Vormarsches gesprengt, 1949 wieder aufgebaut, Wahrzeichen des Ortes.

Pfarrkirche Sankt Emmeram

Langhaus 18. Jh., Flachdecke. – *Chor* gotisch, einjochig, 5/8-Schluß, Netzgewölbe, dreieckige äußere Strebepfeiler, um 1500. – *Turm* im Oberteil barock, Zwiebel, Scheyerer Kreuz, 18. Jh.

Fresko im Langhaus, Michael P. Weingartner, Pfaffenhofen a. d. Ilm, zwischen hl. Christophorus und auf einem Schimmel reitenden hl. Martin Detail der Autobahnbrücke Holledau. – *Marienaltar* (Seitenaltar l.) mit guter Holzfigur der Muttergottes mit dem Kinde, gotisch, um 1500.

196

– *St. Cassian*, Holzfigur, „wohl Landshuter Schule"[246], um 1450. – In der *Sakristei* schöner Paramentenschrank. – Auf einer bemalten *Votivfahne* von 1742 „Darstellung des ehemaligen barocken Hochaltars"[247].

Orgel: 1901 erstellte Franz B. Maerz (München) ein einmanualiges Werk (C-f''') mit engmensuriertem Pedal (C-d'): Principal 8', Gedeckt 8', Salicional 8', Octav 4', Traversflöte 4', Subbaß 16'. Pneumatische Kegellade. Spieltisch freistehend. Prospekt fünfteilig, 18. Jh., „in den Proportionen jedoch verändert"[248]. „... im Kreisbereich von Pfaffenhofen kein einziges Orgelwerk des 18. Jahrhunderts mehr... Lediglich ein Gehäuse der Zeit um 1730 hat sich in der Kirche von Geisenhausen erhalten."

St. Emmeram (22. September)

Neben Korbinian und Rupert zählt der hl. Emmeram zu den Aposteln Bayerns. Er stammt aus der Gegend von Poitiers (Frankreich). Unterwegs nach Pannonien (Ungarn), wo er die Avaren bekehren wollte, gelangte er als Wanderbischof nach Regensburg. Auf Bitten des Herzogs Theodo von Bayern hin, blieb er im Lande. Der Überlieferung nach erlitt er in Kleinhelfendorf bei Aibling aufgrund einer falschen Anschuldigung das Martyrium (um 700). Über dem Grab in Regensburg entstand die Benediktinerabtei St. Emmeram.

Dargestellt wird der Heilige in bischöflichen Gewändern mit Buch und Palme.

Kriegergedächtniskapelle
Bei der Abzweigung der Ortszufahrt Geisenhausen von der Straße Preinerszell–Geisenhausen aus, steht unter einer mächtigen, wohl vierhundertjährigen, naturgeschützten *Altlinde* (sogenannte „Tausendjährige Linde"), in der Flur Füllberg, auf der Kapellenwiese des Landwirtes Michael Bergmaier (Geisenhausen), eine Privatkapelle im Besitz der Gemeinde Schweitenkirchen: die um 1930 erbaute *Kriegergedächtniskapelle* mit Vorzeichen und Wandfresko. Diebe beraubten die stimmungsvolle Feldkapelle ihrer Kerzenleuchter und Votivtafeln.

„*Stattliche Bauernhöfe säumen die Dorfstraße. In der Mitte des Ortes liegt die Wirtschaft, in deren Nähe von einer Anhöhe die Kirche mit ihrem Zwiebelturm das Dorf überschaut. Rund um den Kirchenbau liegen im Friedhof die verstorbenen Dorfbewohner unter schönem, geschmiedetem Rokoko-Grabkreuzen zur ewigen Ausrast.*"[249] *(1956).*

GIEGENHAUSEN

Dorf (500 m NN, 61 Einwohner), nordöstlich der Autobahnanschlußstelle Pfaffenhofen a. d. Ilm. Pfarrei Schweitenkirchen.

Giegen = Personenname Cogo, Gug; Haus des Erstsiedlers Cogo
(mhd. Gogel = lustig). Mundartlich Gienhausen[250].

829 Kuginhusir, Cuginhusir. 849 Chuginhusen. 1159–1165 Ortsadel Si-
fridus de Gigenh(usen). 1170–1190 Gugenhusen. 1465 Geygenhausen.
1538 Giegnhausen. 1575 zieht ein Georg Khueffer (aus Giegenhausen?)
als Pfarrer in Schweitenkirchen auf; Herzog Albrecht V. erhebt am 29.
Juli 1575 Einspruch, beruft sich laut Lehensbuch von 1525 auf sein alter-
nierendes Besetzungsrecht und ernennt Thomas Lindner zum Pfarrer.
1721 „ein Derffl... hat 9 Behausungen". 1818 Girgenhausen, 9 Häuser,
52 Einwohner. 26. Februar 1841 vom Landgericht Moosburg zum Landgericht Pfaffenhofen.

Sage vom Geist beim Bauer zu Giegenhausen.

Kapelle Sankt Marien
Privatkapelle. Besitzer Alois und Martha Kufer „beim Bauer". 1886 errichtet. 1980 renoviert. Einschiffiger Raum. Spitzbogenfenster. Holz-
riemen-Flachdecke. Chor dreiseitig geschlossen. Dachreiter mit zwei
Glocken und Scheyerer Kreuz.

Altar barock, 17. Jh. In der Mittelnische Figur Maria mit dem Kinde,
von „anmutiger Haltung und tüchtiger Gewandbehandlung. Sehr
schöne Arbeit..."[251]; Holz, polychrom, 110 cm H., 17. Jh.

Gedenktafel: „Erbaut von Georg und Maria Anna Kufer, Bauersehe-
leute von hier, zur Ehre der allerseligsten Jungfrau Maria. 1886."

Der Kreuzbildstock am Straßacker

Am Pfaffenhofener Straßacker von Josef und Walburga Schönauer
(Giegenhausen) steht, nahe der Autobahnanschlußstelle Pfaffenhofen
a. d. Ilm, ein bemerkenswerter Bildstock.

Matthias und Maria Schönauer ließen ihn 1913 in Erfüllung eines Ge-
lübdes, nach Wiedergenesung der Bäuerin von schwerer Krankheit, in
gottesfürchtiger Dankbarkeit errichten. Der Bildstock befand sich ur-

sprünglich am Kreuzacker und somit näher bei Schweitenkirchen, wurde aber, als 1948 die Flurbereinigung abgeschlossen war, anfangs der fünfziger Jahre an seine jetzige Stelle versetzt.

Das Besondere dieses Bildstockes macht eine steinerne Tafel aus, auf der in sieben Rundgemälden, von sieben frommen, vierzeiligen Versen begleitet, das dornengekrönte Haupt des Heilands zu sehen ist. Damit erinnert der Bildstock in auferbaulicher Volksfrömmigkeit an die sieben Worte Jesu am Kreuz.

Die sieben Worte Jesu am Kreuz

Erstes Wort: Vater, vergib ihnen, denn sie wissen nicht, was sie tun!
Sie kamen zur Schädelhöhe; dort kreuzigten sie ihn und die Verbrecher, den einen rechts von ihm, den andern links. Jesus aber betete: Vater, vergib ihnen, denn sie wissen nicht, was sie tun! (Lk 23, 33–34)

Zweites Wort: Heute noch wirst du mit mir im Paradies sein!
Einer der Verbrecher, die neben ihm hingen, verhöhnte ihn: Bist du denn nicht der Messias? Dann hilf dir selbst und auch uns! Der andere aber wies ihn zurecht und sagte: Nicht einmal du fürchtest Gott? Dich hat doch das gleiche Urteil getroffen! Uns geschieht recht, wir erhalten den Lohn für unsere Taten; dieser aber hat nichts Unrechtes getan. Dann sagte er: Jesus, denk an mich, wenn du in dein Reich kommst. Jesus antwortete ihm: Amen, ich sage dir: Heute noch wirst du mit mir im Paradies sein! (Lk 23, 39–43)

Drittes Wort: Siehe, dein Sohn! – Siehe, deine Mutter!
Als Jesus seine Mutter sah und bei ihr den Jünger, den er liebte, sagte er zu seiner Mutter: Frau, siehe, dein Sohn! Dann sagte er zu dem Jünger: Siehe, deine Mutter! (Joh 19, 26–27)

Viertes Wort: Mein Gott, mein Gott, warum hast du mich verlassen?
Um die neunte Stunde rief Jesus laut: Eli, Eli, lema sabachtani?, das heißt: Mein Gott, mein Gott, warum hast du mich verlassen? Einige von denen, die dabeistanden und es hörten, sagten: Er ruft nach Elija. (Mt 27, 46–47)

Fünftes Wort: Mich dürstet!
Danach, als Jesus wußte, daß nun alles vollbracht war, sagte er, damit sich die Schrift erfüllte: Mich dürstet! Ein Gefäß mit Essig stand da. Sie steckten einen Schwamm mit Essig auf einen Ysopzweig und hielten ihn an seinen Mund. (Joh 19, 28–29)

Sechstes Wort: Es ist vollbracht!
Als Jesus von dem Essig genommen hatte, sprach er: Es ist vollbracht! (Joh 19, 30)

Siebtes Wort: Vater, in deine Hände lege ich meinen Geist!
Die Sonne verdunkelte sich. Der Vorhang im Tempel riß mitten entzwei, und Jesus rief laut: Vater, in deine Hände lege ich meinen Geist! Nach diesen Worten hauchte er den Geist aus.

(Lk 23, 45–46)

GÜNTERSDORF

Pfarrdorf (462 m NN, 298 Einwohner), in einem schmalen Seitental nördlich des in die Amper mündenden Otterbaches, südlich von Schweitenkirchen, an der Straße von Schweitenkirchen über Dietersdorf nach Aufham und Nörting. Pfarrkuratie.

Günter = Personenname Günther; Dorf des Gundhari.

860 Cundharesdorf.[252] 994–1005 Kuntheresdorf.[253] 1031–1039 Guntherisdorf[254]; Ortsadeliger Gozpreth de Gvntherisdorf.[255] 1379 Gunterzdorff.[256] 1465 Guenterdarff, 22 Häuser.[257] Mitte des 17. Jahrhunderts endet das Ortsadelsgeschlecht.[258] 1718 wird Lorenz Hälnhauser (Heugenhauser) aus Aufham, der „beim Brumer" in Güntersdorf einheiratete, wegen schwerer Diebereien in das Zuchthaus nach München gebracht, von der Regierung als Galeerensklave nach Venedig geliefert, um, mit den Füßen an die Sitzbank gekettet, ein venezianisches Kriegsschiff (Galeere) zu rudern.[259]

1817 Gündersdorf, 30 Häuser, 148 Einwohner. 1818 Gündersdorf, 32 Anwesen. 1836 erster Schulhausbau für die Orte Güntersdorf, Ampertshausen, Aufham, Dietersdorf. 26. Februar 1841 als Teil der Gemeinde Aufham mit dieser vom Landgericht Moosburg zum Landgericht Pfaffenhofen.[260] 1875 Schulhausbau „am Ortseingang".[261] 1929 Bau des Expositurhauses um 14000 Mark durch die Ortschaften Güntersdorf, Ampertshausen, Aufham, Dietersdorf.[262] Seit 1. Mai 1978 als Teil der Gemeinde Aufham mit dieser zur Gemeinde Schweitenkirchen.

Sage: Das versunkene Schloß. Die Edlen von Güntersdorf waren tapfere Ritter. 1165 turnierten beim zehnten Turnier in Zürich die Brüder Hermann, Georg, Bernhard und Friedrich von Güntersdorf[263]. 1322 erhielt Eberhardt Günderstorfer vor der Schlacht von Ampfing den Ritterschlag.[264] Von ihrer Burg kündet heute freilich weder Wall noch Graben. Thomas Furtmair, der 1869 beim „Geiger" übernahm, der nachmalige Bürgermeister, wollte die Stelle, an der die Burg gestanden haben mag, noch gekannt haben. Er erzählte: „Noch in meinen Kinderjahren sah man eine ungefähr drei Meter hohe Anhöhe auf dem Beischelberg, auf dem einst das Schloßgebäude stand. Auch erkannte man noch die Spuren der Nebengebäude, der Dunggrube und des Brunnens. Die Schloßbewohner führten zuletzt ein liederliches Leben. Deshalb wurden sie samt ihrem Besitz vom Boden verschlungen."[265]

Kirche Sankt Josef

Vorgänger der heutigen Josefskirche war eine Sebastianskirche, die 1315 als Filialkirche der Pfarrei Kirchdorf a. d. Amper urkundlich aufscheint.[266] „An das ursprüngliche flachgedeckte Langhaus schließt sich ein wenig eingezogener Chor, 5 Achteckseiten umfassend, an... Im Chor ein sternförmiges Netzgewölbe, dessen Rippen auf Kragsteinen mit Wappenschilden aufsetzen."[267] 1700 ist die gotische Kirche baufällig; sie leidet „die hechste notturft".[268] Um 1730 „bedeutend ausgebessert und der Turm neu gebaut... Der Hochaltar, in dem das Allerheiligste aufbewahrt wird, ist dem hl. Sebastian geweiht. Die übrigen zwei Altäre sind noch nicht konsekriert und zum Messelesen nicht geeignet."[269] 1895: „Gotisch, teilweise verändert."[270] 1914 Sammlung von 52000 Mark für einen Kirchenneubau. 1923 geht dieses Kapital durch die Inflation verloren. 1935 Kirchenbauverein gegründet. 1. Juli 1936 Abbruch der gotischen Kirche St. Sebastian.

11. Oktober 1936 Grundsteinlegung zum Bau der heutigen Kirche. Bauherr Geistlicher Rat Dekan Franz Xaver Sturm, Pfarrer von Kirchdorf a. d. Amper; H. H. Josef Wimmer, I. Kooperator in Kirchdorf a. d. Amper, seit 1. Februar 1930 Expositus in Güntersdorf; Architekt Georg Berlinger, München; Baumeister Simon Würfl, Paunzhausen. 11. Juli 1937 Weihe der Sankt-Josef-Kirche durch Michael Kardinal Faulhaber. 1946 Renovierung. 27. Oktober 1946 Einsegnung der Fresken durch Domkapitular Michael Hartig. 1947 Hochaltar. 30. Oktober 1949 Glockenweihe in Güntersdorf für die Kirchen von Güntersdorf, Dietersdorf, Ampertshausen, Aufham. 11. August 1968 Friedhofserweiterung, Weihe der Aussegnungshalle. 1977 Innenrenovierung (Kirchenmaler Johann Eder, Vaterstetten).

Langhaus einschiffig, langrechteckig, saalartig, Nord- und Südwand mit flachen Pfeilern mit Vorlagen gegliedert, Westempore, Flachdecke mit 15 Kassettenfeldern. – *Chor* eingezogen, südseitig oben Oratorium mit zwei breiten Rundbogenöffnungen; breitgerundete Zwickel führen hoch in die Deckenwölbung hinein. – *Turm* an der Südseite, Untergeschoß viereckig, darauf eingezogenes Viereckgeschoß, darüber Sechseck mit Spitzhelm und Dreibalkenkreuz (Papstkreuz).

Hochaltar, 1947; mit Christus als Schmerzensmann (Holz, 129 cm H., um 1500)[271]. – An der Chor-Nordwand sitzende *Maria* mit dem Kinde auf dem Schoß (Holz, gute Arbeit um 1500[272]). – *Fresken:* Im Chorgewölbe Tod des hl. Josef; an der Scheidbogen-Hochwand Szenen aus dem Leben des hl. Josef; an der Langhausdecke freudenreicher Rosenkranz (Nordseite), schmerzhafter Rosenkranz (Mitte), glorreicher Rosenkranz (Südseite); Fresken von Johann Graf, München, 1946.

Orgel: 1884 baute Martin Binder (1849–1904) aus Pfaffenhofen a. d. Ilm ein einmanualiges Werk mit sieben Registern. Es wurde 1937 durch ein Instrument von Georg Glatzl vom St.-Gregorius-Werk (Altmühldorf) ersetzt, das Domkapellmeister Prof. Ludwig Berberich am 9. November 1937 abnahm.[273] Es verfügt einmanualig (C-g''') über Principal 8', Gedeckt 8', Salicional 8', Octav 4', Traversflöte 4', Blockflöte 2', Mixtur vierfach 2 2/3', pedaliter (C-f') über Subbaß 16', Oktavbaß 8'; als Spielhilfen besitzt es Superoctavkoppel, Suboctavkoppel I, Pedalkoppel; das System ist pneumatische Kegellade; der Spieltisch steht frei vor dem fünfteiligen Freipfeifenprospekt.[274]

Glocken: a) St. Josef, Ton g, 600 kg. – b) St. Marien, Ton h, 300 kg. – c) Bruder Konrad, Ton e, 75 kg. Alle Gießerei Czudnochowsky, Erding, 1949; Weihe 30. Oktober 1949. – d) St. Sebastian, Ton d, 150 kg, 1932.

Gedenktafel: An der äußeren Westseite des Turmes „Deo honorem nobis gratiam Hochw. Herr Josef Wimmer, † 1969, Erbauer dieser Kirche i. Jahre 1937".

St. Josef, „Nährvater Jesu"
(19. März)

Josef von Nazaret stammte aus dem Geschlecht Davids, war Handwerker und verlobt mit Maria.

Sehr viel berichten uns die Evangelien nicht über ihn. Er stand, als Gemahl der Jungfrau Maria und als sorgender Vater für Jesus, stets im Hintergrund. Glauben, Vertrauen und Gehorsam Jahwe gegenüber kennzeichnen seine Haltung. Er tat, was Gott ihm befahl.

„Mit der Geburt Jesu Christi war es so: Maria, seine Mutter, war mit Josef verlobt; noch bevor sie zusammengekommen waren, zeigte sich, daß sie ein Kind erwartete – durch das Wirken des Heiligen Geistes. Josef, ihr Mann, der gerecht war und sie nicht bloßstellen wollte, beschloß, sich in aller Stille von ihr zu trennen. Während er noch darüber nachdachte, erschien ihm ein Engel des Herrn im Traum und sagte: Josef, Sohn Davids, fürchte dich nicht, Maria als deine Frau zu dir zu nehmen; denn das Kind, das sie erwartet, ist vom Heiligen Geist. Sie wird einen Sohn gebären; ihm sollst du den Namen Jesus geben; denn er wird sein Volk von seinen Sünden erlösen.

Dies alles ist geschehen, damit sich erfüllte, was der Herr durch den Propheten gesagt hat:

‚Seht, die Jungfrau wird ein Kind empfangen, einen Sohn wird sie gebären, und man wird ihm den Namen Immanuel geben, das heißt übersetzt: Gott ist mit uns.'
Als Josef erwachte, tat er, was der Engel des Herrn ihm befohlen hatte, und nahm seine Frau zu sich. Er erkannte sie aber nicht, bis sie ihren Sohn gebar. Und er gab ihm den Namen Jesus" (Mt 1, 18–25).

Auf Gottes Weisung vertrauend, floh er mit dem Kind und Maria vor den Schergen des Herodes nach Ägypten.

„Als die Sterndeuter wieder gegangen waren, erschien dem Josef im Traum ein Engel des Herrn und sagte: Steh auf, nimm das Kind und seine Mutter, und flieh nach Ägypten; dort bleibe, bis ich dir etwas anderes auftrage; denn Herodes wird das Kind suchen, um es zu töten. Da stand Josef in der Nacht auf und floh mit dem Kind und dessen Mutter nach Ägypten. Dort blieb er bis zum Tod des Herodes. Denn es sollte sich erfüllen, was der Herr durch den Propheten gesagt hat: ‚Aus Ägypten habe ich meinen Sohn gerufen'" (Mt 2, 13–15).

Ebenso gehorsam kehrte er von dort wieder nach Israel zurück.

„Als Herodes gestorben war, erschien dem Josef in Ägypten ein Engel des Herrn im Traum und sagte: Steh auf, nimm das Kind und seine Mutter, und zieh in das

Land Israel; denn die Leute, die dem Kind nach dem Leben getrachtet haben, sind tot. Da stand er auf und zog mit dem Kind und dessen Mutter in das Land Israel. Als er aber hörte, daß in Judäa Archelaus an Stelle seines Vaters Herodes regierte, fürchtete er sich, dorthin zu gehen. Und weil er im Traum einen Befehl erhalten hatte, zog er in das Gebiet von Galiläa und ließ sich in einer Stadt namens Nazaret nieder" (Mt 2, 17–23).

Das Neue Testament sagt wenig über die Persönlichkeit Josefs und wenig über seine Beziehungen zu Jesus und Maria aus. Er starb offensichtlich bereits vor dem ersten öffentlichen Auftreten Jesu; denn er wird bei der Hochzeit von Kana nicht mehr erwähnt.

Die Attribute des heiligen Josef sind seit dem späten Mittelalter die Zimmermannswerkzeuge (Axt, Säge, Winkelmaß) oder ein Wanderstab. Oft sieht man ihn auch mit einem blühenden Mandel- oder Lilienstab abgebildet. Andere Bildwerke zeigen ihn mit dem Jesuskind auf dem Arm.

Seit 1870 ist er der Schutzpatron der gesamten katholischen Kirche. Darüber hinaus wird er in vielen Städten und Ländern besonders verehrt. Er ist Patron für die nach ihm benannten Bruderschaften und Vereine sowie Patron der Arbeiter, Handwerker, Holzbauer, Schreiner, Wagner und Zimmerleute. Eheleute, Familien, Jungfrauen, Kinder und Waisen beschützt er. In verzweifelten Situationen und in Wohnungsnöten wird der Heilige angerufen.

Seelsorger in Güntersdorf

1930–1940	Josef Wimmer	Expositus
1940–1961	Georg Winstetter	Expositus, Pfarrkurat (seit 1949)
1961–	Theodor Gramlich	Pfarrkurat

Von der Expositur zur Pfarrkuratie

15. Februar 1930	Erhebung zur Expositur
1. Januar 1943	Erhebung zur selbständigen Expositur
5. März 1949	Erhebung zur Pfarrkuratie

1941 in Güntersdorf: Kampf um das Kreuz

Das nationalsozialistische Regime des Dritten Reiches (1933–1945) entfesselte während des II. Weltkrieges (1939–1945) einen Kirchenkampf, bei dem es 1941 eine innenpolitische Niederlage einstecken mußte:

„Auch im Inneren entbrannte ein heißer Kampf, und zwar um das Kreuz, das – wie früher schon in den nördlichen Teilen des Reiches – nun auch im Süden des Reiches aus allen öffentlichen Gebäuden, Krankenhäusern und Schulen entfernt werden sollte.

Die Verfügung wurde großenteils durchgeführt; aber oft unter schwersten Kämpfen und Widerständen des Volkes. Dies führte mancherorts dazu, daß das Kreuz wieder zurückgebracht werden mußte. Wohl im Zusammenhang mit den sich immer mehr steigernden Schwierigkeiten beim Krieg gegen Rußland und der wachsenden Erbitterung an der Front und in der Heimat über die antireligiösen Maßnahmen, wurde der Kampf gegen das Kreuz gestoppt. Bei uns verblieb das Kreuz in der Schule, dank der tapferen Haltung der Lehrkraft...

Doch andere Opfer wurden gefordert: während unsere Soldaten Gesundheit und Leben dahingaben, wurden von unseren Kirchtürmen die geweihten Glocken abgenommen, angeblich um die Metallreserven für die Rüstungsindustrie aufzufüllen.“

Chronik der Pfarrei
Güntersdorf

Der „Papst"

Im Juli 1980 frägt die Lehrerin in einer Religionsstunde den Zweitklassler Ulrich Kamm: „Wie heißt der Papst, und wo wohnt er?"

Der kleine Ulrich antwortet frisch: „Der Papst heißt Gramlich, und er wohnt in Güntersdorf!"

Dienst am Heiligen Vater

Mit fünfundvierzig Gläubigen aus Güntersdorf und aus Dürnzhausen fährt Pfarrkurat Gramlich am 19. November 1980 nach München zur Papstmesse auf der Theresienwiese.

Dort teilt er, inmitten der Hunderttausende, die Kommunion aus.
Als er seinen Kelch in die Sakristei zurücktragen will, kommt Marianne Strauß, die Frau des bayerischen Ministerpräsidenten Franz Josef

Strauß, mit ihrem Manne von der Papstkommunion und flüstert Gramlich zu: „Der Heilige Vater hat fast keine Hostien mehr!"
Gramlich nickt, geht die Stufen hinauf und stellt seinen Kelch mit Hostien, still und bescheiden dienend, hinter Papst Johannes Paul II. auf den Papstaltar.

Biblisches Alter

In ihrem einhundertundeinten Lebensjahr verstarb am 11. Februar 1964 in Güntersdorf die am 17. September 1863 in Sedlo (Kreis Schweinitz) geborene Frau Maria Pascher.

„Arche Noah" mit 45 PS

Im Sommer 1965 weilte Schwester Agnella Hauner, aus Güntersdorf gebürtig und seit 1938 als Dominikanerin in Kalifornien wirkend, erstmals wieder in ihrer Heimat. Am 17. Juli besuchte sie in Sankt Nikolaus in Aufham die heilige Messe. Während des Gottesdienstes öffneten sich draußen aber „die Schleusen des Himmels" (Gen 7, 11), und sintflutartiger Regen schnitt ihr den Rückweg trockenen Fußes ins Elternhaus ab. Ein hochräderiger Traktor wurde zu Hilfe gerufen. Schwester Agnella nahm auf dem Beifahrersitz Platz. Obwohl „das Wasser auf der Erde gewaltig angeschwollen war" (Gen 7, 19), konnte die Ordensfrau auf dieser modernen „Arche" nun dahin übergesetzt werden, wo „die Erdoberfläche trocken war" (Gen 8, 13).

GUNDELSHAUSEN

Ein Kirchdorf (480 m NN, 73 Einwohner), am Ursprung des Gundels-
hausener Baches, einem Zufluß des Asbaches, nordöstlich von Schweitenkirchen, an einer Schleife der Kreisstraße von Sünzhausen über
Dürnzhausen nach Geroldshausen. Filiale der Kuratie Dürnzhausen.

Gundels = Personenname Gundolt oder Gundolf; Haus des Erstsiedlers.

994–1005 Gundolfeshusa.[275] 1022–1031 Gundalashusun.[276] 1024–1031
Kundoltishusun.[277] 1175–1184 Ortsadeliger Arbo de Gundolteshu-
sen.[278] 1315 Gundoltshausen.[279] 1465 Gundlczhaussen, 9 Häuser.[280]
1524 Gundlshausen.[281] 1752, 1818 Gundlshausen, 13 Anwesen. 1818 zur
Gemeinde Dürnzhausen. 22. Februar 1841 als Teil der Gemeinde
Dürnzhausen mit dieser vom Landgericht Moosburg zum Landgericht
Pfaffenhofen.[282] Seit 1. Juli 1971 als Teil der Gemeinde Dürnzhausen
mit dieser zur Gemeinde Schweitenkirchen.

Kirche Sankt Martin

Auf einem Hügel am südlichen Ortsrand gelegen, „romanisch mit eingezogener halbrunder Apsis"[283]. Ein Kleinod romanischer Baukunst
im Landkreis Pfaffenhofen a. d. Ilm; darüber hinaus „architektur-histo-
risch eine Seltenheit im oberbayerischen Land" (Prof. Enno Burmeister)[284].

Um 1100 Bau von Langhaus und Apsis. 1315 als Filialkirche von Schweitenkirchen urkundlich genannt.[285] 1524 als Kirche St. Valentin und St.
Martin, Filiale der Pfarrei Abens, genannt.[286] Um 1724 wird unter Pfarrer Maximilian Prugger (Abens) das Gotteshaus „als sehr unbedeutend
und baufällig geschildert. Der Friedhof war umzäunt und baufällig und
umschloß ein Beinhaus und Grabstätten. Die Sakristei hatte kaum die
nötigen Kirchengewänder."[287] Um 1750 Umbau, Verlegung des Einganges an die Westwand, Vergrößerung der Fenster, vermutlich Einbau der
Empore, Erneuerung des Dachstuhles mit Glockenträger. Um 1930 Anbau der Sakristei an die Nordostwand.

1973–1976 Planung und Gesamtrestaurierung (Architekt Prof. Dr. Dr.
Enno Burmeister, München; Kirchenmaler Jakob Holderried, Pfaffenhofen a. d. Ilm), Vermauerung des Westportales von ca. 1750, Abbruch

der Sakristei von ca. 1930, Neubau der Sakristei an der Nordwestwand, Aufdeckung mit Sicherung und behutsamer Ergänzung romanischer Ornamente und Masken am Südportal und an den Zierfriesen.

Grundriß: „...klar gegliedert in ein rechteckiges Schiff mit einer im Osten anschließenden Apsis, durch einen Scheidbogen miteinander verbunden. Die äußere Linie der Apsiswand beschreibt einen Halbkreis..."[288]

Fassade: An der Langhaus-Südwand und an der Apsis romanischer Zierfries. „Die Südfassade wird durch zwei Horizontale gegliedert, die aus der Negativform eines Bogenfeldes entstehen. Zwölf erhaben gemauerte Bogen bilden die obere Begrenzung des Feldes... In jedem dieser Felder sind auf Putzresten Rötelzeichnungen erhalten, von Bogen zu Bogen variierend... Der Portalbogen ist mit einer im Halbkreis über dem Bogen laufenden Läuferschicht von der übrigen Mauer abgegrenzt." [289] Langhauswände im Westen und Norden ungegliedert. Apsis durch romanische Bogenstellungen, Rundbogenfenster und zwei Friese gegliedert; Rötelbemalung gesichert.

Flachdecke, Empore (Holz). – *Dachreiter* sechseckig, Spitzhelm, Scheyerer Kreuz. Apostelkreuz-Malerei neben dem schmalen Apsis-Ostfenster. – *Schwarzgoldaltar*, frühbarock, mit Inschrift „S. Martinus. 1665"; im Schrein Figur St. Martin zu Pferd, seinen Mantel mit dem Bettler teilend, 17. Jh.

St. Martin von Tours (11. November)

Nur wenige Jahre nach dem Mailänder Edikt, welches das Christentum als Religion offiziell anerkannte und seinen Anhängern die Gleichberechtigung zusicherte, wurde Martin 316/17 in Sabaria (heute Szombathely/Steinamanger in Ungarn) geboren. Seine Eltern zogen bald nach seiner Geburt nach Pavia (Oberitalien), wo Martin in einer überwiegend heidnisch geprägten Umgebung aufwuchs. Mit zwölf Jahren bat er, gegen den Willen der Eltern, die noch Heiden waren, um Aufnahme unter die Katechumenen. Auf Wunsch des Vaters trat Martin mit fünfzehn Jahren in das kaiserliche Heer ein und wurde drei Jahre später Offizier in der römischen Reiterei. Am Stadttor von Amiens im Jahre 334 teilte Martin seinen Offiziersmantel mit einem frierenden Bettler. Bald darauf wurde er getauft. Er verließ das Heer und ging zu Bischof Hilarius nach Poitiers, der ihm die heiligen Weihen spendete.

Martin verließ jedoch bald die Stadt und reiste zu seiner Mutter, die er zum Glauben bekehrte. Nach Schwierigkeiten mit den arianischen Bischöfen, baute er sich auf der Insel Gallinara bei Albenga/Ligurien eine Einsiedelei. Als Hilarius aus der Verbannung nach Poitiers zurückgekehrt war, folgte ihm Martin. Er gründete unweit der Stadt eine Zelle, die aber durch den Zuzug vieler Schüler bald zum Kloster Ligugé anwuchs.

Als 371 der Bischofsstuhl von Tours neu besetzt werden sollte, wählten Klerus und Volk Martin zum Bischof.

Auch als geistlicher Würdenträger lebte Martin bescheiden und hielt sich häufig in dem von ihm 375 gegründeten Kloster Marmoutier unweit von Tours auf, das er zu einem religiösen, kulturellen und wissenschaftlichen Zentrum des gallisch-fränkischen Raums machte.

Am 8. November 397 starb Martin in Candes an der Loire.

Der heilige Martin wird sehr häufig dargestellt. Das bekannteste Bild zeigt Martin auf einem Pferd reitend, wie er sich, den Mantel teilend, zum Bettler umwendet. Manchmal wird der Heilige auch in bischöflicher Kleidung mit Stab, Buch, Kirchenmodell und dem kauernden Bettler mit dem Mantelstück zu seinen Füßen wiedergegeben. Sein Kennzeichen kann aber auch die Gans sein, die ihn, nach einer Legende, verraten haben soll, als er sich versteckt hatte, um der Erhebung zum Bischof zu entgehen.

HIRSCHHAUSEN

Ein Kirchdorf (475 m NN, 76 Einwohner), in einer Talsenke am Oberlauf des Geißgrabens, nordöstlich von Schweitenkirchen. Filiale der
Pfarrei Schweitenkirchen.

Hirsch = Personenname (der) Hiruz, (des) Hirces, nhd. Hirsch; Haus
des Siedlers Hirces.

1142 Ortsadeliger Heinrich von Hirzeshausen. 1315 Hershausen; Filiale
der Pfarrei Wolfersdorf. 1465 Hyerßhausen. 1506 Hirshausen. 1524
Hirschhausen. 1818 Hirschhausen, 13 Häuser, 62 Einwohner. 26. Februar 1841 als Teil der Gemeinde Aufham mit dieser vom Landgericht
Moosburg abgetrennt und dem Landgericht Pfaffenhofen zugeteilt.
1854 Filiale Hirschhausen provisorisch, 1860 definitiv, von der Pfarrei
Wolfersdorf abgetrennt und der Pfarrei Schweitenkirchen eingegliedert. Bis 31. Dezember 1955 Gemeinde Aufham. Seit 1. Januar 1956 Gemeinde Schweitenkirchen. – Der benachbarte gleichnamige Weiler
Hirschhausen ist ein Neuausbau, dessen Ortsname 1952 amtlich noch
nicht genehmigt war.[290] Seit 1. Juli 1971 Gemeinde Schweitenkirchen.

Kirche Sankt Markus

Ursprüngliches Erbauungsjahr unbekannt. 1524 Hirschhausen mit Pe-
terskirche urkundlich genannt.[291] 1726 neu errichtet unter Einbeziehung mittelalterlicher Bauteile, besonders des gotischen Chorschlus-
ses. Die lebhafte architektonische Gliederung und hübsche Farbge-
bung, vor allem am Turm, verdient Beachtung.

Langhaus einschiffig, Rundbogen zum Chor, Flachdecke, Empore. –
Chor spätgotisch, eingezogen, 5/8-Schluß, Flachdecke mit Profilgesims,
Strebepfeiler. – *Turm* im Unterbau viereckig, im Oberbau achteckig mit
mehrfach gestuftem Gesims, Lisenen, Zwiebelhaube mit Zedernholz-
schindeln (Haube wieder seit 1976–1978, zuvor Spitzhelm)[292], Scheyerer Kreuz, zwei Glocken. Renovierungen 1953, 1976–1978.

Hauptaltar (Maria Königin), barock, um 1650: Reicher Aufbau, zwischen Drehsäulen mit Trauben- und Weinlaub-Gehänge und korinthi-
schem Kapitell im halbrund geschlossenen Schrein „Holzfigur der Maria auf dem Halbmond, das Kind im linken Arm haltend, das Scepter in
der Rechten. Gute Arbeit des 17. Jahrh. H. 68 cm"[293], vom Typ der Madonna der Münchner Mariensäule; unter Voluten als „tüchtige Arbeiten"[294] außen links St. Petrus, rechts St. Markus mit Löwe, im Auszug

Gottvater-Rundgemälde zwischen Sprenggiebeln und Drehsäulchen. – *Seitenaltar links* um 1680–1700 mit frühbarocken Schnitzfiguren: links St. Florian als Nothelfer vor Feuersgefahr mit Lanze, Wasserkübel und brennendem Haus; mitte St. Laurentius als Märtyrer mit Feuerrost, auf dem er der Überlieferung nach den Flammentod erlitt; rechts St. Sebastian mit Marterpfeilen; im Auszug Heilig-Geist-Taube. – *Seitenaltar rechts* um 1680–1700 mit frühbarocken Schnitzfiguren: links St. Barbara mit Kelch, mitte Maria der Verkündigung (Philipp Dirr, um 1618–1619); durch spätere Zutat von Krone und Pfeil in eine hl. Ursula umgedeutet, rechts St. Katharina mit dem Schwert; im Oval des Auszuges Halbfigur Christus.

Votivtafel: „Eine gewisse Person verlobte ihr krankes Schwein mit 8 jungen hierher zur Mutter Gottes und hat Hilf erlangt. 1852."

Glocken: a) St. Maria, Ton as, 192 kg, 65 cm (größter unterer Außendurchmesser), „hir gos mich Vlrich von rosen 1454"[295]. „Die Glocke Nr. 1 in Hirshausen ist 1454 von Hans von Rosen gegossen ... künstlerisch und historisch sehr wertvoll"[296]. Ursprünglich für Schweitenkirchen gegossen. 1921 von der Pfarrkirche Schweitenkirchen in die Filialkirche zu Hirshausen gekommen. 1942 wieder nach Schweitenkirchen gegeben, um der Beschlagnahme und Ablieferung im II. Weltkrieg zu entgehen.[297] 1950 (Weihe des neuen Schweitenkirchener Geläutes) erneut nach Hirshausen gekommen. – b) St. Thomas, 70 kg, 50 cm (größter unterer Außendurchmesser), Gießerei J. Bachmair, 1921.

St. Markus, Evangelist (25. April)

Markus ist wahrscheinlich durch Petrus vom Judentum zum Christentum bekehrt worden. Er begleitete Barnabas und Paulus auf der ersten Missionsreise als Gehilfe, kehrte jedoch von Kleinasien nach Jerusalem zurück. Später reiste er mit Barnabas nach Zypern. Während der ersten Gefangenschaft des Paulus in Rom (61/63) weilte Markus auch dort. Später war er wieder in Ephesus. Auf Markus führt die altkirchliche Überlieferung einhellig das zweite Evangelium zurück, das von seiner Entstehung her jedoch das älteste ist.

Markus schreibt ca. 70 n. Chr. in Rom, möglicherweise als „Dolmetsch Petri", Worte und Taten des Herrn auf, die Jesus von Nazaret als Messias und Gottessohn ausweisen. Er schildert ein solches Sammelwerk, das er Evangelium (= Frohbotschaft) nennt, den Weg Jesu nach Jerusalem, angefangen bei der Taufe durch Johannes, bis hin zum Kreuzestod und zur Auferstehung.

Ob Markus die Kirche von Alexandrien gegründet und dort als Bischof den Märtyrertod gefunden hat, ist unsicher. Die späteren Legenden berichten von der Übertragung seiner Reliquien von Alexandrien nach Venedig und der Reichenau.

Dargestellt wird der Evangelist mit Buch und Löwen.

214

Filialkirchen und Kapellen sind die Zierde und der Stolz vieler Ortschaften. Erbaut wurden sie von der Dorfgemeinschaft oder einzelnen Familien als Stätten des gemeinsamen und persönlichen Gebetes zu Lobpreis, Dank und Bitte. Im Wissen um die Kraft der Gemeinschaft mit den Heiligen, wurden sie meist der Gottesmutter oder den „Bauernheiligen" geweiht. Häufig sind Filialkirchen und Kapellen Ziel von Bittgängen, in denen die Pfarrei ihre Anliegen im Gebet ausdrückt und gemeinsam vor Gott hintritt.

„Gott, der allmächtige Vater, segne euch und schenke euch gedeihliches Wetter; er halte Blitz und Hagel und jedes Unheil von euch fern. Er segne die Felder, die Gärten und den Wald und schenke euch die Früchte der Erde. Er begleite eure Arbeit, damit ihr in Dankbarkeit und Freude gebrauchet, was durch die Kräfte der Natur und die Mühe des Menschen gewachsen ist. Das gewähre euch der dreieinige Gott, der Vater, der Sohn, der Heilige Geist."

215

Die Maria der Verkündigung

In der Schreinfigur des rechten Seitenaltares zu Sankt Markus in Hirschhausen darf eine Arbeit des bedeutenden Renaissance-Bildschnitzers
Philipp Dirr erkannt werden. Die Marienfigur übertrifft an Qualität alle
anderen Plastiken des Gotteshauses.

Philipp Dirr, um 1582 in Weilheim geboren, wahrscheinlich am 28. Februar 1633 in Freising gestorben, arbeitete schon 1617 für das Benedikti-
nerinnenkloster in Geisenfeld und übersiedelte 1619 von Weilheim nach
Freising; von Freising aus entfaltete er im weiten Umkreis eine rege
künstlerische Wirksamkeit.

Sigmund Benker[298] schreibt dazu: „In der kleinen Kirche zu Hirschhausen bei Schweitenkirchen... findet sich ein möglicherweise verschlepp-
ter Rest einer Dirrschen Arbeit, eine Maria aus einer Verkündigungs-
gruppe, die jetzt durch Krone und Pfeil zu einer hl. Ursula gestaltet
wurde.

Die kleine Figur zeigt Maria in einer der Freisinger Verkündigungs-
gruppe ganz ähnlichen Bewegung. Sie kniet mit dem rechten Knie auf
dem als amorphe Scholle gebildeten Boden und zieht das linke Bein
zum Aufstehen an. Die rechte Hand legt sie an die Brust, der linke Arm
ist seitlich ausgestreckt. Pult und Engel dürften wie in Freising – nur
spiegelbildlich – aufgestellt gewesen sein.

Was über den Stil der Freisinger Gruppe gesagt wurde, gilt im allgemeinen auch hier. Die Bewegung ist ohne Zentrum, die Oberfläche in ein
Netz von Fältchen aufgeteilt. Umriß und Gestik sind für den Ausdruck
von wesentlicher Bedeutung. Abweichend ist der Ausdruck des nach
oben gewandten, von weich fließendem Haar gerahmten Gesichtes, der
einen ekstatischeren Charakter hat. In seiner Reinheit und Erfülltheit
weist das Gesicht auf die Hand des Meisters, während der Körper in seiner geringeren Frische der Empfindung und weniger sauberen Durchführung wohl nur Werkstattarbeit ist. Die Datierung ergibt sich aus der
inneren Abhängigkeit von der Freisinger Gruppe und den kaum fest-
stellbaren stilistischen Fortschritten auf etwa 1618–1619.“[299]

Maria der Verkündigung, Plastik von Philipp Dirr, Renaissance, ehemals wohl einer Verkündigungs-
gruppe zugehörend, um 1618–1619, Kirche Sankt Markus, Hirschhausen

HOLZHAUSEN

Weiler (480 m NN, 59 Einwohner), in einer Talsenke an der Straße von
Sünzhausen nach Helfenbrunn (Ampertal). Filiale der Kuratie Sünzhausen.

Holz = Personenname Haholf; im frühesten beurkundeten Ortsadel
von Wolnzach gebräuchlicher Name. Deutung von Holz als Wald hier
„erst in jüngerer Zeit"[300].

815 Haholfeshusir. Einer der urkundlich erstgenannten Ortsnamen im
Altlandkreis Pfaffenhofen a. d. Ilm. 829 Haholfeshusun. 1065–1080
Holzhusan. 1315 Holzhausen; Filiale der Pfarrei Wolfersdorf. 1818 9
Häuser, 40 Einwohner. 1854 Filiale Holzhausen provisorisch, 1860 definitiv, von der Pfarrei Wolfersdorf abgetrennt und der Pfarrei Schweitenkirchen eingegliedert. Vor 1955 Gemeinde Aufham. 1955–1978 Gemeinde Sünzhausen. Seit 1. Mai 1978 Gemeinde Schweitenkirchen.

Hochstraße: „Wenigstens ein kleines Stück der nach Reindl durch die
obere Hallertau führenden Altstraße, eine Hochstraße zwischen Sünzhausen und Holzhausen, ist in einer freisingischen Gejaid-Grenzbe-
schreibung von 1580 belegt..."

Sage: In der Nähe von Holzhausen stand eine Familie wegen ihres Fleißes in dem schlimmen Verdacht, „Troadschneida" zu sein: Leute, die
mit dem Teufel im Bunde stehen und in der Johannisnacht, auf einem si-
chelfüßigen Ziegenbock reitend, in fremden Feldern das junge Getreide schneiden. Der Verdacht genügte, daß die vier feschen Buben der
Familie kein Mädchen zur Frau bekommen konnten. Als schließlich ein
Mädchen dennoch einen der Burschen heiratete, ging ihnen kein Holz-
hausener in die Hochzeit. Die junge Frau blieb in der Johannisnacht
wach in ihrem Bett liegen, um zu beobachten, ob ihr Mann aufstehen
und das Haus verlassen würde. Als er aber die ganze Nacht fest schlief,
war es mit dem Aberglauben vom Troadschneida in Holzhausen bald
aus und vorbei.[301]

Kirche Sankt Ulrich

„815 erbaut Bischof Hitto[302] von Freising auf seinem väterlichen Erbe
die Kirche in Haholfeshusir und übergibt sie an das Hochstift Freising."[303] 1959–1960 Gesamtrenovierung; „Ein kleines Gebeinhaus am

Eck Sakristei-Kirchenmauer (Presbyterium) kann wegen zu großer Kosten nicht gerettet werden. Die 2 Seitenaltäre und Kanzel in Neuromanik werden entfernt."[304]

Langhaus einschiffig, Flachdecke, Empore. – *Chor* spätgotisch, ein Joch, 5/8-Schluß, Kreuzgewölbe und Kappen mit birnenförmig profilierten Rippen, farbig gefaßt; zwei Schlußsteine, der östliche mit Mitra des hl. Ulrich (1524: Kirchenpatron St. Ulrich[305]); außen dreikantige, kleine Strebepfeiler. – *Turm* Unterbau vier-, Oberbau achteckig mit Gesims, Zwiebelhaube, zwei Glocken.

Schwarzgoldaltar und drei Schreinfiguren barock, 2. Hälfte 17. Jh.: St. Ulrich (113 cm H.), St. Stephanus (95 cm H.), St. Paulus (98 cm H.) Madonna im Rosenkranz, Holz, barock.

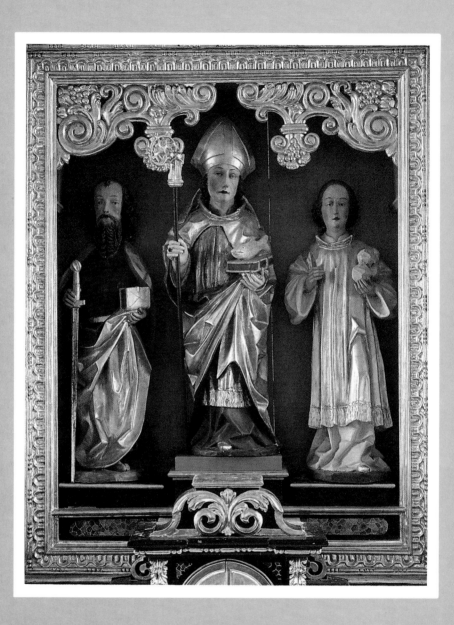

Orgel: 1881 von Martin Binder (Pfaffenhofen a. d. Ilm) als Schleifladenwerk mit 1 Manual und 6 Registern erstellt, 1938 durch Alois Wölfl (Unterflossing bei Mühldorf) überholt und im Prospekt mit Zink für früher abgelieferte Zinnpfeifen versehen[306], um 1969 abgebrochen.

Glocken: a) St. Ulrich, Gießerei Karl Czudnochowsky, Erding, 1949. – b) St. Antonius, Gießerei J. Bachmair, Erding, 1922.

St. Ulrich von Augsburg (4. Juli)

Der Sohn des Grafen von Dillingen, 890 in Augsburg geboren, bereitete sich im Benediktinerkloster St. Gallen auf den geistlichen Beruf vor. Sein Onkel, Bischof Adalbero, holte ihn nach Augsburg und ernannte ihn zum Kämmerer. Nach Adalberos Tode widmete sich Ulrich ganz Familienangelegenheiten. 923 erhob man den erst Dreiunddreißigjährigen zum Bischof von Augsburg.

Ulrich verwendete fast all seine Kraft und Zeit auf das Wohlergehen des Bistums und der Stadt Augsburg. Er versuchte, die, durch die plündernden Ungarn hervorgerufene, Not zu lindern, befestigte die Stadt, begann den Dombau, versuchte die Wiederherstellung des kirchlichen Lebens und sorgte für eine sorgfältige Ausbildung der Geistlichen. Armen und Kranken galt ebenfalls seine ständige Fürsorge.

Gastfreundschaft war für Ulrich die Konsequenz aus dem Wort und Beispiel Jesu: „Was ihr für einen meiner geringsten Brüder getan habt, das habt ihr mir getan." (Mt 25, 40). Es soll damals in Augsburg keinen Lahmen oder Krüppel gegeben haben, der hungern mußte.

Bischof Ulrich erwies Kaiser und Reich zwei große Dienste. Er vermittelte im Streit zwischen Herzog Liudolf von Schwaben und König Otto I., als sich beide in Illertissen kampfbereit gegenüberstanden. Auch am Sieg König Ottos I. über die Ungarn, Anno 955 auf dem Lechfeld, war Bischof Ulrich maßgeblich beteiligt. Bischof Ulrich starb am 4. Juli 973 und wurde in seinem damaligen Dom beigesetzt, dem heutigen Münster Sankt Ulrich und Afra.

Ulrich, schon bisher als Volksheiliger hoch verehrt, wurde 993 vom Papst in der Lateranbasilika offiziell heiliggesprochen; mit Ulrichs Erhebung zur Ehre der Altäre wurde die Reihe der kanonischen Heiligsprechungen eröffnet. Bis zu diesem Zeitpunkt hatten die Diözesen und Klöster ihre Heiligen selbst heiliggesprochen.

In bischöflicher Tracht gekleidet, wird Ulrich immer mit Buch und Bischofsstab abgebildet. Seit dem 14. Jahrhundert ist der Fisch in seiner Hand oder auf dem Buch sein eigentliches Attribut. Ulrich wird auch mit einem Engel, der ihm Kreuz (Ulrichskreuz, ähnlich dem Eisernen Kreuz), Krummstab und Kelch reicht, dargestellt.

Hochaltar in Holzhausen: links heiliger Paulus, mitte heiliger Ulrich, rechts heiliger Stephanus, 2. Hälfte 17. Jahrhundert

JOHANNECK

Dorf (514 m NN, 70 Einwohner), zwischen dem Bogenberger Holz, dem Bergholz und dem Spitzfeld, östlich von Paunzhausen, westlich der Autobahn München–Ingolstadt zwischen den Autobahnanschlußstellen Allershausen und Pfaffenhofen a. d. Ilm. Gemeinde Paunzhausen in der Verwaltungsgemeinschaft Allershausen. Landkreis Freising. Filiale der Pfarrei Paunzhausen.

Johann = Personenname nach hl. Johannes d. T.; -eck „in älterer Zeit nur Eche oder Ekke genannt"[307].

Römerzeitliche Münzfunde beim Bau der Autobahn. 1142 erstmals urkundlich genannt. Um 1197–1233 Seitenlinie der Herren von Camer (Cammer = Hohenkammer). 13. Jh. Eckingen, Echingen. 1478 Paunzburg (Zusammenhang mit Paunzhausen). 16. Jh. Verkauf durch v. Camer an Leonhard v. Eck 1566 bei Apian[308] Johans- oder U. F. Eck" (Eck des hl. Johannes d. T. oder Unserer Lieben Frau). 1596 Johannes Eck (auszuschließen ist der Zusammenhang von Personen- und Ortsname!) kauft sich an.

1632–1634 Zerstörungen während des Dreißigjährigen Krieges. 1662 Joannöckh[309]. 17.–18. Jh. Johanneck im Landgericht Kranzberg, Amt Allershausen, Hauptmannschaft Walterskirchen. Bis 1835 Dekanat Sittenbach. Seit 1836 Dekanat Scheyern. 1. April 1939 Gemeinde Johanneck zur Gemeinde Paunzhausen.

Pfarrhaus: Unterhalb der Kirche. Ehemals Pfarrhaus, zuvor Beneficialhaus[310]; „Erbauungsjahr unbekannt"[311].

Sage: Ritter Arnold der Nasenlose und die Sühnekirche. Ritter Arnold der Nasenlose von Massenhausen war ein Ritter ohne Furcht. Bei einem besonders wilden Zweikampf hieb ihm der Gegner die Nase ab und sorgte damit für Arnolds Beiname als „der Nasenlose". Als Ritter Arnold aus einem Kriegszug heimkehrte und Verdacht schöpfte, daß ihm sein Eheweib untreu gewesen sei, ließ er, blind vor Eifersucht und Rachelust, seine Frau, die vergebens ihre Unschuld beteuerte, in Kranzberg auf dem Scheiterhaufen verbrennen. Während einer heiligen Messe erschien aber, wie von Geisterhand gemalt, an der Altarwand die

Madonna im Rosenkranz, barock, Holzhausen

Schwurhand der Hingerichteten. Ritter Arnold der Nasenlose erkannte im himmlischen Zeichen die Unschuld seines Weibes. Um seine Untat zu büßen, wurde Ritter Arnold zum sühnenden Kirchenstifter. Eine seiner Sühnekirchen soll auch das Gotteshaus zu Johanneck sein.[312]

Johannes-Wallfahrt: Früherer Patron der Kirche war Johannes d. T. Vielverehrte, wundertätige Reliquien gaben Anlaß zum Aufblühen der Johannes-Wallfahrt, durch die „Johanneck die reichste Kirche des ganzen Landgerichts Kranzberg"[313] wurde. Noch 1884 betrug das Vermögen der Kirche rentierliche 21 538 Mark und nichtrentierliche 11 201 Mark.[314] Mitte des 17. Jahrhunderts „wurde das Johannespatrozinium durch ein Mariengnadenbild verdrängt und die Figuren dem ebenfalls der Muttergottes geweihten Hochaltar angefügt. Die alte Wallfahrt zu Johannes dem Täufer, die dem Ort seinen Namen gegeben hatte, geriet in Vergessenheit. Schon im 18. Jahrhundert findet sich kein Johannesaltar mehr in der Kirche vor.[315]

Kirche Mariä Himmelfahrt

Die Lebensbeschreibung der Kirchenpatronin, Gottesmutter Maria: siehe Förnbach.

Im hochgelegenen Ort durch massigen Turm weithin sichtbar, von rundumlaufender Friedhofsmauer umgeben, an Skulpturen und Stuck kunsthistorisch beachtenswert.

15. Jh. Bau der gotischen Teile.[316] 1404 Jeder Priester von Paunzhausen hat jeden dritten Sonntag in Johanneck eine hl. Messe zu lesen. 1640, 1651 „die beträchtlichen Bauschäden der Kirche..."[317]. 1662 „Daß Würtig Vnnser Lieben Frauen Gottshauß"[318]. Mitte 17. Jh. Wechsel des Patroziniums von St. Johannes d. T. zu Mariä Himmelfahrt. 16. August 1682 bischöfliche Anordnung, daß der Vikar von Paunzhausen in das Benefiziatenhaus von Johanneck zu übersiedeln habe. 1686 Renovierung.

1713 Barockisierung zur Zeit des baufreudigen Freisinger Fürstbischofs Johannes Franz Ecker von Kapfing und Lichteneck.[319] 31. Mai 1768 irrtümlich „Die Kirche brannte am 31. Mai 1768 im Innern ganz aus."[320] Zutreffend dagegen: „Der Brand betraf jedoch nur den Turm."[321] 1777 Oberteil des Turmes „nach einem Brande 1777 neu gebaut..."[322] 1791 Vereinigung des Meßbeneficiums zu Johanneck mit der Pfarrvicarie zu Paunzhausen.[323] 1804 „...wohl vermöglichen Kirche Johanneck...". 1958–1961 Renovierung. 1968 Außenrenovierung.

Maße: Schiff 15 m L., 12 m Br., 115,92 qm Fl.; Chor 7,70 m L., 6,5 m Br., 56,76 qm Fl.; Strebepfeiler 0,85 m Stärke. „Gothische Anlage aus dem 15. Jahrhundert, um 1715 umgestaltet."[324]

Langhaus einschiffig, vierjochig, eingezogene starke Wandpfeiler, Tonnengewölbe „in welches von runden Schildbögen aus Stichkappen einschneiden"[325], rundbogige Fenster, zwei Emporen im Westen, Scheidbogen zum Chor hin; außen kräftige, abgestufte Strebepfeiler. – *Chor* dreijochig, eingezogen, 3/8-Schluß, Tonnengewölbe auf Gesimskonsolen, Chorschlußfenster mit einfachem gotischem Maßwerk, Ziegelsteintreppe zwischen Chor und Turm, an der Südseite Empore zugleich Zugang zur Kanzel. – *Vorzeichen* mit geschweiftem Giebel an der Südseite (Eingangsseite) sowie an der Nordseite des Langhauses, 17. Jh. –

Turm an der Südseite des Chores, außen Blendengliederung, 16. Jh.; nach Brand von 1768 Oberteil 1777 neu gebaut, Spitzhelm mit Scheyerer Kreuz; „Im Untergeschoß des Thurmes ein gothisches Gewölbe, dessen Rippen auf kleinen Baldachinen ruhen"[326]. – *Sakristei* im Turmuntergeschoß.

Hochaltar: 1. Hälfte 17. Jh.[327]; nach J. J. Morper[328] 1652 von Konstantin Pader[329]; nach Pfarrchronik[330] 1949 von Schreinermeister Moser (Paunzhausen) und Zimmermeister Kastner (Johanneck) erneuert. Gemälde Aufnahme Mariens in den Himmel, von J. Graf, München, 1949. Zwei Engelsfiguren, von Konstantin Pader, um 1665. Zwei gut lebensgroße Figuren Johannes d. T. und Johannes Ev., späte Schnitzwerke von Philipp Dirr, 1631, Fassung neu, nach Dehio-Gall „hervorragende Figuren"[331].

Seitenaltar links: 1. Hälfte 17. Jh., im 19. Jh. umgearbeitet. Gemälde hl. Nikolaus, von Balthasar Kraft, Pfaffenhofen a. d. Ilm, 1860. Seitenfiguren hl. Sebastian und hl. Florian, von Konstantin Pader, „um die Mitte des 17. Jahrhunderts anzusetzen"[332]. Am Harnisch auf der rechten Schulter des hl. Florians verzerrtes menschliches Gesicht.[333] Im Auszug Plastik hl. Wendelin.

Seitenaltar rechts: 1. Hälfte 17. Jh., im 19. Jh. umgearbeitet. Gemälde Maria mit dem Kinde, von Balthasar Kraft, Pfaffenhofen a. d. Ilm, 1860. Seitenfiguren hl. Georg und hl. Lambert, von Konstantin Pader, „um die Mitte des 17. Jahrhunderts anzusetzen"[334].

„Die Figuren der Altäre erscheinen wenig körperhaft, vielfach unbewegt, die Gewänder in langen, parallel herablaufenden Falten. Die Gesichter zeigen einen frischen, natürlichen Ausdruck."[335]

Sankt-Anna-Altärchen: Mit Figurengruppe Mutter Anna selbdritt (ohne Jesusfigur), von Konstantin Pader, Mitte 17. Jh., ehemals auf der Empore.[336]

Stuck: Reicher, schwerer Stuck, von Nikolaus Liechtenfurtner, Freising, um 1715; im Chorgewölbe Stuckfiguren der vier abendländischen Kirchenväter hl. Ambrosius, hl. Augustinus (Nordseite), hl. Papst Gregor I. d. Gr., hl. Hieronymus (Südseite).

Kruzifix (Nordwand; über dem St.-Anna-Altärchen), Holz, gut lebensgroß, Fassung barock, „aus dem Freisinger Dom, um 1625. Zuschreibung."[337], „von Philipp Dirr"[338] (?), „bemalte Holzfigur des späteren

16. Jahrhunderts."[339]. – *Pietà* (Vesperbild), H. 0,57 m, „bemalte Holzfigur, Schluß des 15. Jahrhunderts"[340], „um 1480"[341]. Ehemals auf dem Hochaltar. – *Reliquienkreuz* mit Zahnreliquien (u. a. des hl. Johannes d. T.), barock. – *Vortragestange* für Beerdigungen, mit Totenschädel und Gebeinen. – *Türe* (Südseite), alte Holz- und Kunstschmiede-Eisenarbeit. – *Sakristeischrank*, zweitürig, ornamentiert, Renaissance. – Wuchtige *Holzbalkenkonstruktion* an der unteren Emporenbrüstung. – *Kreuzweg*, Öl auf Leinwand, Mitte 18. Jh., später übermalt. – Zwei eisenbeschlagene *Opferstöcke*, 17. Jh. – *Sakristeitüre* mit schmiedeeisernem Beschlag. – *Karner-Holzschränkchen*, mit Schädeln und Gebeinen (Vorzeichen).

Fresken: 1. Hälfte 18. Jh., Meister unbekannt. Im Gewölbe des Chores polychrom Mariä Geburt, Mariä Opferung, Mariä Verkündigung. Im Gewölbe des Langhauses Mitte polychrom Chor der Engel, Aufnahme Mariens in den Himmel, Krönung Mariens, über der Orgel Name Maria zwischen Krone und Mondsichel sowie umgeben von zwölf Sternen und Engelchor. Im Gewölbe der Langhaus-Nordseite polychrom Geburt Jesu, Anbetung der Magier. Auf dem Wege von Bethlehem nach Jerusalem, der Südseite polychrom Nährvater Josef opfert im Tempel zwei Turteltauben, Darstellung des Herrn im Tempel (Mariä Lichtmeß), Flucht der Hl. Familie nach Ägypten. In den Langhaus-Gewölbezwickeln Grisaille-Medaillons mit Themen aus der Lauretanischen Litanei: Nordseite Du Morgenstern, Du Königin der Jungfrauen, Du starker Turm Davids, Südseite Du Pforte des Himmels, Du geheimnisvolle Rose, Du Hilfe der Christen.

Orgel: Westermayer nennt im Band III seiner Diözesanbeschreibung eine „Orgel mit 4 Registern". Die jetzige Orgel, auf der oberen Empore stehend, wurde 1884 von Martin Binder, Pfaffenhofen a. d. Ilm, einmanualig und mit neun Registern erbaut. Im Pedal Subbaß 16', Cello 8', Aeoline 8', Bourdon 8', Flöte 8', Pedalkoppel. Pedal mit enger Mensur. Spieltisch freistehend. Um 1912 unter Pfarrer Wüstner Umbau von mechanischer zu pneumatischer Traktur. Februar 1917 Kriegsablieferung 30,2 kg zinnhaltiger Pfeifen. 1952 größere Reparatur. 1956 vor allem Pedalreparatur durch Orgelbaumeister Zwirner, München.

Gedenktafel: An der äußeren Turmwestwand „Hic jacet sepultus. Adm. Revend. Dns. doctssms. ac Clarißms. Dns. Bartholomaus Zöpfl. S. S. Thloga. Baclaeus. Pchus. In Paunzhasn. obijt 14 Juniy Ao 1710."
Gedenktafel: An der äußeren Turmwestwand „Hier ruht in Gott der hochwürdige Herr Anton Hiller Commorant Geb. 29. 11. 1873, Gest. 10. 1. 1950. R. I. P."

Die zwei Johannes-Skulpturen von Philipp Dirr

Über die Dirrschen Figuren des heiligen Johannes d. T. und des heiligen Johannes Ev., zweier Spätwerke von 1631 des Renaissancemeisters, schreibt der Kunsthistoriker Dr. Sigmund Benker:
Johannes der Täufer ist schreitend, der Evangelist ruhig stehend, dargestellt. Entsprechend ist die Gewandführung beim Täufer in wildbewegten Linien, in vielfach zerflatterndem Umriß gehalten, das Gesicht voll Pathos von fliegenden Locken umrahmt. Beim Evangelisten dagegen ist das Gewand ruhiger geschlungen, in festem Umriß gefaßt, das Gesicht ganz still. Von der Körperbewegung ist wenig zu vermelden, ja, sie ist eigentlich gar nicht mehr feststellbar. Der alleinige Motor ist das Gewand, das sich dem Körper gegenüber völlig autonom verhält. Dieser ist in die rauschenden Stoffmassen verschlungen und verwickelt. Da-

230

Johannes Evangelist
Philipp Dirr, 1631
Johanneck
Hochaltar

durch wird eine, besonders beim Täufer unbestreitbar großartige, einheitliche Wirkung erzielt. Die scharfgeschnittenen, in großen Parallel-
zügen auf der Brust sternartig zusammenlaufenden, Falten lassen tiefe
Höhlungen zwischen sich und enden außen in nervös bewegten Zipfeln.
Das Gesicht kommt in Ausdruck und Masse gegen diese Entfaltung des
Gewandes nicht auf. Es wird mitgerissen zu einem erregten Ausdruck,
der aber etwas Starres, Unpersönliches hat. Dieses Bestimmtwerden
des Ausdrucks durch die Bewegung des Gewandes kommt der Evangeli-
stenfigur nicht zugute. Man kann an ihr die körperlich-tiefenräumliche
Durchbildung bewundern, aber von ihrer Stille geht, im Unterschied
zum Pathos des Gegenstücks, keine tiefere Wirkung aus. Das bauschige
Gewand ist trotz der ruhigen Haltung stark bewegt, und in dem glatten
Gesicht hat sich jeder persönliche Ausdruck einer Willens- oder Ge-
mütsbewegung zurückgezogen.[342]

Gedenktafel: An der Südwand des Langhauses Gedenktafel für Benefiziat Adam Welshofer, gest. 16 . . (ohne Ziffern für Zehner und Einer), geb. Atterbach (d. i. Aiterbach), gewesener Vikar von Johanneck.

Gedenktafel: An der Südwand des Langhauses Gedenktafel für Johann Schmid, Pfarrer in Kirchdorf a. H. 1914–1917, Pfarrer in Rohrdorf 1917–1946, frr. Pfarrer in Feldkirchen b. W. 1946–1950, Commorant in Holzham Pf. Kirchdorf a. H. bis zu seinem Tod, gest. 9.1.1958, geb. 4.5.1878 in Johanneck.[343]

Gedenktafel: Im Scheidbogen Gedenktafel für Pater Johann Georg Mazerber, Doktor der Theologie und des Kirchenrechts, Pfarrvikar in Paunzhausen, gest. 3. Mai 1791 im Alter von 57 Jahren.[344]

Gedenktafel: Im Scheidbogen Gedenktafel für Joseph Haberl, gest. 29. Januar 1794, im Alter von 65 Jahren, im 32. Jahre seines pfarrlichen Wirkens.

Opferstock
17. Jahrhundert
Johanneck

LOIPERSDORF

Weiler (505 m NN, 43 Einwohner), an der Straße von Schweitenkirchen nach Holzhausen. Pfarrei Schweitenkirchen.

Loipers = Personenname Liut-preth; Ansiedlung des Liutpreht.

937–957 „in loco Liutprehtesdorf"[345]; einer der urkundlich erstgenannten Ortsnamen im Altlandkreis Pfaffenhofen a. d. Ilm. 1116–1137 de Lutperthesdor(f); Rafolt et Winther de Lutperthdorf. Anfang 15. Jh. Leuperstarff. 1590 Loiperstarff. 1818 Loipersdorf, 6 Häuser, 34 Einwohner. Bis 30. April 1978 Gemeinde Aufham. Seit 1. Mai 1978 Gemeinde Schweitenkirchen.

Bildstock
An der Straße beim „Wirt". Besitzer Sebastian und Cäcilie Moosmayr. 1. Hälfte 20. Jh. durch Josef und Maria Weingartner in Verehrung des Heiligen Kreuzes von Scheyern[346] errichtet. Rechteckig gemauerter Pfeiler, Mittelstück geringfügig eingezogen, Bildnisnische, Satteldach ziegelgedeckt, am First Scheyerer Kreuz. Denkmalschutz.

NIEDERTHANN

Ein Kirchdorf (476 m NN, 80 Einwohner), im Niederthanner Tal, am Oberlauf des Otterbaches, südwestlich von Schweitenkirchen, an der Straße Schweitenkirchen–Autobahnanschlußstelle Pfaffenhofen a. d. Ilm–Oberthann–Niederthann–Paunzhausen. Kuratie.

Thann = ahd. tanna, mhd. tan, Ansiedlung bei einem Wald (hier wohl Schindelhauser Forst). Nieder = Standortunterscheidung zur nahen, erst im 15. Jh. beurkundeten Ansiedlung Oberthann. „Von Niederthann aus, ursprünglich Thann, wurde die jüngere Tochtersiedlung Oberthann benannt."[347]

1231–1237 Tanne[348]. 1261 Tann[349]. 14. Jh. „ze nidern Tan"[350]. 1465 Tann[351]. 1497 Niedertann[352]. Vor 1524 Filiale der Pfarrei Ilmmünster[353]. 1582 Niderthann. 1752 11 Anwesen. Vor 1800 von Schweitenkirchen aus seelsorglich betreut[354]. 1817 Expositurhaus („Pfarrhaus") erbaut.

1818 Expositur[355]. 26. Februar 1841 als Teil der Gemeinde Schweitenkirchen mit dieser vom Landgericht Moosburg zum Landgericht Pfaffenhofen. 1877 Schulhausbau. 1914 Umpfarrung der Einöde Hareß aus Pfaffenhofen a. d. Ilm nach Niederthann[356]. 1923 Umpfarrung der Einöden Ehrensberg und Leiten aus Pfaffenhofen a. d. Ilm nach Niederthann[357]. 1959 Aussegnungshalle. 1. September 1965 Kuratie[358].

Andreas Wildmoser: geb. 11. November 1833 Niederthann (Mairhof), als Franziskaner Ordensname P. Rudolph, gest. 3. Juli 1887.[359]

Johann Wildmoser: geb. 12. Juni 1860 Niederthann (Neukerschhof), 19. Mai 1887 Priesterweihe, 1892–1907 Pfarrer zu Ottenbichl bei München, gest. 21. Mai 1907.

Kirche Sankt Dionysius

„Die bestehende Anlage romanisch, im 17. Jh. erweitert und gewölbt."[360] *Langhaus* einschiffig, Verlängerung nach Westen im 17. Jh. und nochmals, mit Einzug der Orgelempore, um 1886, „mit Segmenttonnen überwölbt"[361]. Runder Scheidbogen. – *Chor* „Eingezogener rechteckiger Altarraum im Erdgeschoß des Turmes"[362]; Decke mit Rahmenstuck. – *Turm* mit Rundbogenfries (auch am Langhaus), Spitzhelm (ehemals Satteldach[363]).

Hochaltar St. Mariä, über zwei glatten Säulen und bewegtem Gesims Sprenggiebel-Aufsatz mit Engelsfiguren besetzt, „gutes Barockwerk aus dem 17. Jahrhundert"[364]; in der Mittelnische Holzfigur hl. Maria „mit dem (neuen) Kinde auf dem rechten Arme, in der Linken das Scepter"[365], später überarbeitet, „gute Arbeit"[366], 100 cm H.; Seitenfiguren St. Dionysius, Papst Clemens I., beide ca. 95 cm H., Holz, 17. Jh. – *Linker Seitenaltar* Herz Jesu, Figur St. Nikolaus; *rechter Seitenaltar* Herz Mariä, Figuren St. Peter und St. Erasmus.

Orgel: 1874 erwähnt Anton Mayer in der Statistischen Beschreibung des Erzbistums München und Freising eine „Orgel mit 7 Registern". Sie wich kurz vor dem I. Weltkrieg dem heutigen Werk, das um 1910 Franz Riederer (Landshut) einmanualig mit Pedal und pneumatischer Kegelladentraktur lieferte und das um 1952 elektrische Windzufuhr erhielt. Disposition: Manual (C-f''') mit Principal 8', Gedeckt 8', Salicional 8', Octav 4', Traversflöte 4', Mixtur 2 2/3', Pedal (C-d') mit Subbaß 16'. Spielhilfen sind Tuttizug und Pedalkoppel. Der Spieltisch steht frei. Der schlichte Prospekt zeigt in dreiteiliger Gliederung ein überhöhtes Mittelfeld und seitliche Giebelaufsätze.[367]

Glocken: a) St. Dionys, Ton e, 950 kg, Gießerei Czudnochowsky, Erding, 1949. – b) St. Marien, Ton gis, 500 kg, Gießerei Czudnochowsky, Erding, 1948. – c) St. Theresia, Ton h, 350 kg, Gießerei A. J. Bachmair, Erding, 1926.

Vasa sacra: Kleine Monstranz. Silber teilvergoldet. Kranz um das Ostensorium nicht ursprünglich. Beschau: Seling 127 ähnlich = Augsburg 1680. Meistermarke: Seling 1669, Paul Solanier, geb. 1635 Nürnberg, Meister um 1665, gest. 1724. – Kelch. Silber teilvergoldet. Mit drei Plaquetten an der Cuppa: Christus als Schmerzensmann, Christus an der Geißelsäule, Christus kreuztragend. Um 1740. Beschau: verschlagen. Meistermarke IGS.

St. Dionysius (9. Oktober)

Gregor von Tours berichtet in seiner „Historia Francorum", daß Dionysius mit sechs anderen Bischöfen von Papst Fabian um 250 beauftragt wurde, in Gallien das Evangelium zu verkünden. Er organisierte in der damals noch völlig unbedeutenden Stadt Lutetia Parisiorum (dem heutigen Paris) das kirchliche Leben.

Entweder in der Christenverfolgung des Kaisers Decius (250/51) oder unter Valerian (258) erlitt er, zusammen mit dem Diakon Rusticus und dem Presbyter Eleutherius, den Märtyrertod durch das Schwert.

Verwechselt wird er oft mit dem in der Apostelgeschichte genannten Dionysius Aeropagita, der durch Paulus den christlichen Glauben annahm, Bischof in Athen wurde und von Papst Clemens I. mit einigen Gefährten zur Mission in die Gegend von Paris geschickt wurde.

Zahlreiche Darstellungen zeigen ihn als Bischof gekleidet, sein Haupt in Händen haltend. Der Legende nach soll er seinen abgeschlagenen Kopf selbst von der Richtstätte bis zu seiner Begräbnisstätte, Saint Denis, getragen haben.

Dionysius ist einer der Vierzehn Nothelfer.

Heiliger Petrus, 15. Jahrhundert

Vikar von Niederthann

1675–1678	Herzufro Petrus
1678–1680	Zöpf Bartholomäus
1680–1683	Bachmayr Melchior
1694	Hörmann Ulrich
1695–1700	Neumayr Korbinian
1700–1710	Stöberl Josef
1711–1713	Zächerl Korbinian
1714–1717	Purkmayr Albert
1717–1733	Zenger Georg
1734–1741	Ziehenaus Johann
1741–1744	Rainer Bartholomäus
1744–1752	Baller Andreas
1753–1756	Eberl Maximilian
1757–1763	Gallemayr Joseph
1763–1765	Gättinger Bernhardin

238

1765–1769	Pröbstl Johann
1769–1779	Christa Aloysius
1780	Straßer Michael
1789–1796	Straßer Michael*
1797	Majr Anton
1797	Hofmann Johann
1807–1818	Hueber Konrad

* Pfarrer von Schweitenkirchen

Expositus von Niederthann

1818–1831	Hueber Konrad
1831	Kainz Josef
1831–1837	Würzer Michael
1837–1841	Biebl Michael
1841–1843	Feichtmayr Cast.
1843–1851	Maller Johann
1851–1852	Haindl Josef
1852–1861	Berger Stephan
1861–1869	Hacker Gottfried
1869–1875	Höß Franz Seraph
1875–1876	Mayer Michael
1876–1880	Preißer Aloys
1880–1884	Stanglmayr Peter
1884–1885	Lindemann Albert
1885–1886	Glas Johann Ev.
1886–1887	Glockshuber Joh.
1887–1888	Liebl Sebastian
1888–1892	Hellmaier Georg
1892–1903	Hinterseer Anton
1903–1912	Bartheimüller Peter
1912–1924	Pschorr Klemens
1924–1934	Bindl Josef
1934–1962	Heininger Max

Kurat von Niederthann

1962–1981	Leopold Beslmüller
1981–	Engelbert Wagner*

* Pfarrer von Schweitenkirchen

Die gestiefelte Kuh

Das Märchen vom gestiefelten Kater kennen schon die Jüngsten. Die Geschichte von der gestiefelten Kuh kennen kaum die Ältesten. Dabei hat sie sich in allernächster Nähe zugetragen: zwischen Niederthann und Güntersdorf.

Im Expositurhaus in Niederthann, das die Thanner ihren Geistlichen im Jahre 1817 errichteten, wohnte von 1888 bis 1892 Expositus Georg Hellmaier. Seinerzeit befand sich gleich beim Expositurhaus ein kleines, schlichtes Zuhäuserl. Das diente als Pfarrschule, in der die geistlichen Herren die Thanner Jugend ins Schreiben, Lesen und Rechnen einführten, bis 1877 ein eigenes Schulhaus gebaut und ein richtiger Schulmeister angestellt wurde. Danach faulte die ehemalige Schulhütte vor sich hin. Sie beherbergte als armseliger Stall nur die Pfarrerkuh, die Pfarrergoaß und etliche Schober Stroh und ein paar Bauschen Heu dazu.

Expositus Georg Hellmaier war ein vorbildlicher Priester, ein unermüdlicher Beichtvater und ein großer Tierfreund. Seine einzige Kuh hatte er „Albina" getauft. Albina bedeutet die Weiße, die Reine. Sie war ein uraltes, zaundürres, schelchhaxades Rindvieh, jenseits von Gut und Böse, von Pfund und Kilogramm, von Filet und Lende, durfte geruhsam ihr Gnadenbrot fressen und mußte keinen Metzger fürchten. Freilich, selbst wenn Hellmaier morgens und abends beim Melken so kräftig an Albinas Zitzen zog, daß er meinte, er hinge beim Glockenläuten drüben im Kirchturm an den Seilen: Albina ließ ihrem dreistrichigen, vertrockneten Euter stets bloß ein paar armselige Tropfen Milch entlocken.

Und dennoch mochte Hellmaier seine Albina. Wie einst der heilige Franziskus von Assisi der Legende nach den Vöglein predigte, so freundlich sprach der gütige Expositus von Niederthann zu seiner Kuh, verscheuchte ihr die lästigen Fliegen aus den sanften Augen und striegelte und bürstete jeden Tag stundenlang ihr dünnhaariges Fell, damit sie sogar in diesem morschen, dumpfen, staubigen Loch von Bretterstall ihrem Namen als die Weiße, die Reine, Ehre mache.

Wie Friedrich Schiller sagt, kann selbst der Frömmste nicht im Frieden bleiben, wenn es dem bösen Nachbar nicht gefällt. Hinterfotzige, hundshäuterne Viehdiebe waren es, die eines kalten Winters nachts Hellmaiers Glück trübten und Albinas Ruhe störten. Still und heimlich schlichen sich nämlich zwei Bösewichte in den Pfarrerstall, ketteten Albinen los und zerrten die Wehrlose im Schutze der Dunkelheit nach Güntersdorf. Damit sich die Trittsiegel der Klauen nicht verräterisch in

den Schnee einprägten, zog das gscherte Diebesgesindel Albina vier übergroße Männerstiefel an und ließ schlauerweise die vier Stiefelspitzen nach hinten zeigen, so, als ob ein vierbeiniger Mordskerl nicht Güntersdorf zu, sondern Niederthann zu, getrappt sei.

Expositus Hellmaier erschrak nicht wenig, als er anderntags frühmorgens in den Stall kam und die Bescherung sah. Er rief einige Leute zu Hilfe. Gemeinsam betrachtete man zuerst die unförmigen, widersprüchlichen, rätselhaften Schuheindrücke im Schnee, ging ihnen dann auf der Landstraße nach Süden nach, – und wußte sich schon bald auf der richtigen Spur: Albina hatte in unregelmäßigen Abständen zuverlässig ihren Schwanz gehoben und viele runde, tellergroße, grüne Fladen in das Weiß des Schnees fallen lassen!

Albina kann noch nicht lange im fremden Stall gestanden haben, als auch schon ihr Herr und dessen Gefährten zur Türe hereinkamen, Albinen aus ihrer unfreiwilligen Gefangenschaft erlösten und heimholten.

Expositus Georg Hellmaier aber war das schöne Niederthann gründlich verleidet. Als Albina, die Weiße, die Reine, bald einem jähen Herzschlag erlag, – ganz sicher wegen der erlittenen Aufregungen – ließ sich Hellmaier als Pfarrer nach Steinhöring bei Ebersberg versetzen, um letzten Endes, hochbetagt als Sechsundachtzigjähriger, 1947 in Miesbach zu sterben.

Pater Leopold Beslmüller OSB, Kurat von Niederthann und Benediktiner des Heilig-Kreuz-Klosters zu Scheyern, schloß seinen Chronik-Eintrag über diese Kriminalkomödie diplomatisch vielsagend: „Mehr weiß man nicht."[368]

240

OBERTHANN

Dorf (490 m NN, 50 Einwohner), östlich des Schindelhauser Forstes, im Quellgebiet des Otterbaches, an der Straße Schweitenkirchen–Autobahnanschlußstelle Pfaffenhofen a. d. Ilm–Niederthann. Kuratie Niederthann.

Thann = ahd. tanna, mhd. tan, Ansiedlung bei einem Wald (hier wohl Schindelhauser Forst). Ober = von Niederthann aus gegründete, höhergelegene Siedlung.

1418 Oberthann. 1465 Ober Tann. 1476 Oberthann. 1818 7 Häuser. 26. Februar 1841 als Teil der Gemeinde Schweitenkirchen mit dieser vom Landgericht Moosburg zum Landgericht Pfaffenhofen.

Mörtelplastik: An der Scheune „beim Moar" (Ludwig Eisenmann) befand sich eine Mörtelplastik „St. Florian" von Bartholomäus Ostermayr (1837–1899), die beim Um- und Anbau der Scheune 1976 zerfiel und nicht mehr erhalten werden konnte.

Kapelle Sankt Marien
Privatkapelle. Besitzer Ludwig und Regina Eisenmann „beim Moar" (ehemaliger Meierhof). 1923 von Baumeister Simon Würfl (Paunzhausen) errichtet.

Vorzeichen mit Dreieckgiebel. Einschiffiger Raum, dreiseitig geschlossen, vier Fenster, Flachdecke. Dachreiter mit Zwiebelhaube. Zwei Glocken.

1965 Auswechslung des ursprünglichen Altarsteines gegen einen, um 1870 aus der Klosterkirche zu Scheyern entnommenen, der 1960 mit einem neuen Reliquienschrein versehen worden war und durch Prälat Joachim Delagera (München) geweiht wurde. – *Deckenfresko* Mariä Himmelfahrt, unsigniert und undatiert.

Georg Kronawitter

Geboren 21. April 1928 als Bauernbub „beim Neuhuber" in Oberthann. Acht Jahre Besuch der einklassigen Volksschule in Niederthann. 1945 Hilfsarbeiter und Bäckerlehrling in München. 1946–1949 Besuch der Lehrerbildungsanstalt in Pasing. 1949–1951 Volksschullehrer an Münchner Schulen. 1952 Abitur durch Selbststudium. Danach Universitätsstudium. 1956 Assessor an kaufmännischen Schulen in München, anschließend Studienrat und Oberstudienrat. 1962 Eintritt in die SPD. 1966 Landtagsabgeordneter. 1972–1978 und erneut seit 1984 Oberbürgermeister der Landeshauptstadt München.

Oberbürgermeister Georg Kronawitter erzählt:

„In den zwanziger und dreißiger Jahren beutelte die Weltwirtschaftskrise unseren zehn Hektar großen landwirtschaftlichen Betrieb. Jahrelang mußte eisern gespart werden. Der Hof sollte ja ungeschmälert durch die Krise gebracht werden. Die Eltern schafften es.

Als Zehnjähriger wurde ich Ministrant in Niederthann. Bei Beerdigungen schwang ich das Rauchfaß. Bei Bittgängen trug ich das Kreuz. Und den Meßwein probierte ich als „Lausbub Gottes" natürlich auch!

Ich war zehn Jahre jung, als eines Tages ein Missionar ins Dorf kam und mich fragte: ‚Willst Du nicht auch Missionar werden? Schule und Ausbildung sind kostenlos!' Ich wollte sofort. Aber die Eltern meinten, einen so entscheidenden Schritt fürs ganze Leben könne ich als Zehnjähriger noch nicht überschauen. So blieb ich daheim.

Als ich zwölf Jahre alt war, wollte ein Lehrer, daß mich die Eltern in eine nationalsozialistisch eingestellte Schule geben sollten. Doch Vater und Mutter, gut katholisch geprägt und klarsichtig, sagten ‚Nein!'

Die Verbindung zu meinem Geburtsort Oberthann und zu meiner Heimatlandschaft Hallertau habe ich nie abreißen lassen. Ich komme jedes Jahr einige Male dort hin und freue mich stets über unsere schöne Gegend.

Im April 1944 durfte ich in eine Lehrerbildungsanstalt als Internatsschüler eintreten. Ich hatte es dort politisch nicht leicht, denn ich war einer der wenigen, die sich nicht als Anwärter für die NSDAP-Mitgliedschaft einschreiben ließen. Außer mir gab es bloß noch einen einzigen Mitschüler, der Sonntag für Sonntag bis zum Ende des Dritten Reiches das Gesuch schrieb: ‚Ich bitte um Befreiung von der sonntäglichen Studierstunde zwischen neun und zehn Uhr. Grund: Kirchenbesuch.' Ich mußte als Sechzehnjähriger deswegen viel Spott und Isolierung aushalten; aber dies war mir lieber, als gegen mein vom Elternhaus geschärftes Gewissen zu handeln.

Als im April 1946 die Schulen wieder öffneten, meldete ich mich gleich für die zweite Klasse der Pasinger Lehrerbildungsanstalt an. Drei Jahre später schloß ich als Klassenbester ab, und das, obwohl ich, als einziger der Schule, zweimal eine Klasse überspringen durfte!

1968 heiratete ich im Sendlinger Kircherl Hildegard Meindl. Meine Frau kommt aus dem Bayerischen Wald und ist Diplom-Volkswirtin. Wir haben zwei Kinder: die Isabella ist jetzt zwölf, der Florian zwei Jahre alt."

243

PAUNZHAUSEN

Ein Kirchdorf (515 m NN, 550 Einwohner), zwischen dem Ilmmünsterer Forst im Westen und der Autobahn München–Ingolstadt im Osten, westlich zwischen den Autobahnanschlußstellen Allershausen und Pfaffenhofen a. d. Ilm, an der Straße von Ilmmünster (B 13) über Schernbuch nach Aiterbach. Gemeinde Paunzhausen in der Verwaltungsgemeinschaft Allershausen. Landkreis Freising. Pfarrei Paunzhausen.

Paunz = Personenname Puventa; Haus (Häuser) des Puventa.

9. April 845 Puanteshusun.[369] 915 puvuantishusa wird dem Kloster Tegernsee genommen.[370] 4. Oktober 1483 ist die Kirche als Filiale von Förnbach beurkundet.[371] 1489 Caspar von Thurn Inhaber der Hofmark Paunzhausen. 1524 Cooperator expositus Leonhard Kaltentaler. 1561 Jakob und Georg von Thurn Hofmarksinhaber. 1632 „Paunzhausen, wie dessen ganze Umgegend, schrecklich verwüstet."[372]

1632 legt schwedische Soldateska das Pfarrhaus in Schutt und Asche.[373] 1662 ist der Pfarrhof noch nicht wiederaufgebaut.[374] 1663 Freiherr von Fraimhofen Hofmarksinhaber. Im 18. Jh. Hofmarksinhaber Graf von Hörwarth, danach Herr von Pellet. 5. Dezember 1718 Errichtung der Bruderschaft vom hl. Stephanus. 7. September 1791 „Vereinigung des Meßbeneficiums zu Johanneck mit der Pfarrvicarie zu Paunzhausen".[375] „Die Pfarrkirche besitzt kein Vermögen." 1821 wird im Schematismus „der bisherige Pfarrvicar von Paunzhausen, Michael Graf, als Pfarrer aufgeführt."[376]

Am 10. Juli 1827 brennen durch Blitzschlag und Feuersturm Kirche und 27 Häuser binnen zweieinhalb Stunden ab; „dabei kamen die drei Kinder der Familie Stampfl in den Flammen ums Leben, da sie zu Hause eingesperrt und die Eltern auf dem Felde waren."[377] 1848 Aufhebung der Hofmark. Einwohnerzahlen der Gemeinde: 331 (1810), 215 (1820), 389 (1867), 384 (1903), 691 (1939), 909 (1946), 752 (1955), 768 (1968; Gemeindefläche 1274 ha).

Dekanat: Bis 1835 Dekanat Sittenbach; seit 1836 Dekanat Scheyern.

Mörtelplastik: Am Ostgiebel des Stalles von Land- und Gastwirt Michael Liebhardt („Altwirt") Mörtelplastik „hl. Maria mit Jesuskind" von Bartholomäus Ostermayr (1837–1899), datiert 1891. „An der Giebelseite in rechteckiger, oben leicht gewölbter, mit Blumen-Blatt-Orna-

ment verzierter Umrahmung stehende hl. Maria mit Jesuskind auf dem rechten Arm, in der linken Hand Schweißtuch. Langes, bis zum Boden reichendes Kleid mit Knopfreihe im Bruststück, Faltenandeutung durch S-Linien, gleichlanger Schleier. Auf dem Kopf Krone. Sockelleiste mit Inschrift ‚18 Maria bitt für uns 91'."[378]

Pfarrwiddum: 1810 umfaßte das Pfarrwiddum 10 Tagwerk 67 Dezimal Acker und 60 Dezimal Wiesen, 1872 durch Zukauf 26 Tagwerk 77 Dezimal Acker. Da Ökonomiegebäude fehlten, bewirtschafteten die Geistlichen nach 1886 die Pfarrökonomie nicht mehr selbst.

Pfarrkirche Sankt Stephan
„Der Sakralbau steht im alten Ortsteil auf leichter Anhöhe."[379] 1483 Filiale von Förnbach. „Seit mindestens 1524 Patrozinium hl. Stephanus."[380] 23. Mai 1721 Anzeige des Abbruches der alten, wohl gotischen, Kirche.[381] Zwischen 1721 und 1723 Neubau des Gotteshauses im barok-

ken Stil. 1739 Turm und Langhaus durch Blitzschlag beschädigt. 22. Mai 1770 erneut schwerer Bauschaden (461 fl.) durch „Donnerstreich". 10. Juli 1827 Großbrand; Kirche und 27 Häuser vernichtet. 1828–1829 Bau der heutigen Kirche durch Baumeister Heigl (Freising) und Zimmermeister Michael Huber (Massenhausen). 1837 Pfarrei. 1880, 1974 Renovierung.

Langhaus einschiffig, rechteckig mit Abrundungen zum Chor hin, Tonnengewölbe, untere und obere Empore, Raumhöhe 10 m. – *Chor* eingezogen, fünfseitig geschlossen, Tonnengewölbe, an der Nordseite obere Sakristei. – *Vorzeichen* einjochig, Holzverkleidung der Decke als Kreuzgratwölbung. – *Turm* mit quadratischem Unterbau, darauf zweigeschossiges Achteck, darüber unterbrochenes Spitzdach mit Scheyerer Kreuz.

Hochaltar mit Gemälde St. Stephanus in der Glorie, Josef Elsner, München, 1903. – *Seitenaltäre* links St. Anna, rechts Hl. Familie, beide 1902. – *Kanzel*, J. Elsner, 1903. – *Gemälde* 14 Nothelfer, Th. Sutner, 1837. – Altes *Holzgestühl* auf der unteren Empore. – Alter *Opferstock* mit schmiedeeisernem Beschläg.

Fresken von J. Graf, 1947. Martyrium des hl. Stephanus (Langhausdecke, polychrom). St. Leonhard, St. Notburga, St. Florian (Nordseite), St. Wendelin, St. Elisabeth, St. Sebastian (Südseite), alle Grisaille-Medaillons. Hl. Familie (Chordecke, polychrom). Die 4 Evangelisten St. Lukas, St. Matthäus (Nordseite), St. Markus, St. Johannes (Südseite), alle Grisaille. Mariä Verkündigung (untere Empore), St. Cäcilia mit musizierenden Engeln (obere Empore).

Orgel: Westermayer nennt im Band III seiner Diözesanbeschreibung eine „Orgel mit 6 Registern". Die jetzige Orgel, auf der oberen Empore stehend, wurde 1893[382] von Binder-Siemann (Regensburg) erbaut. Pfarrer Wüstner ließ dieses mechanische Werk um 1912 umbauen.[383] Orgelbaumeister Zwirner (München) führte 1952 und 1956 „namentlich am Pedal"[384] Reparaturen aus. Das einmanualige, pneumatische Werk mit 9 Registern, engmensuriertem Pedal und freistehendem Spieltisch vor dem Prospekt zeigt heute als Disposition im Manual[385] Salicional 8', Gedeckt 8', Gamba 8', Prinzipal 8', Flöte 4', Octav 4', Mixtur 2 2/3 dreifach, im Pedal Violoncello 8' und Subbaß 16'; an Koppeln ist eine Pedalkoppel vorhanden.

Gedenktafel: An der äußeren Nordwand „Gedenkstein des Hochwürdigen Herrn Josef Rott, Caplans bei St. Martin in Landshut, geb. dahier am 12. März 1834, gest. in Landshut am 7. Mai 1865. R. I. P."

Gedenktafel: An der äußeren Nordwand „Zur frommen Erinnerung an den Hochwürdigen Herrn J. B. Kastner, freiresign. Pfarrer v. Paunzhausen u. Dekan im Kapitel Scheyern, geb. 13. Nov. 1803 zu Hirschau, gest. 2. Sep. 1877 zu Scheyern. R. I. P."[386]

Priestergrab im Friedhof (Südseite): „Eine selige Auferstehung erwartet Hw. H. Pfarrer Adolf Häusler, geb. 9.2.1892 in Flossing, gest. 15.3.1957 nach 19jähr. segensreichen Wirken in der Pfarrei Paunzhausen. R. I. P."

St. Stephanus (26. Dezember)

Stephanus war der erste Märtyrer der jungen Kirche in Jerusalem. Die Apostelgeschichte (Apg 6 und 7) nennt ihn einen Mann voll Gnade und Kraft. Als erster zusammen mit sechs anderen Diakonen gewählt und von den Aposteln durch Handauflegung geweiht, wirkt er durch überzeugende Predigt und caritativen Einsatz. Wegen Gotteslästerung verleumdet, wird er vor den Hohen Rat gestellt und zur Steinigung verurteilt. In seiner Verteidigungsrede beruft er sich auf Mose und die Propheten. Nach dem Gesetz müssen die Ankläger die ersten Steine werfen: *„Die Zeugen legten ihre Kleider zu Füßen eines jungen Mannes nieder, der Saulus hieß. So steinigten sie Stephanus; er aber betete und rief: Herr Jesus, nimm meinen Geist auf! Dann sank er in die Knie und schrie laut: Herr, rechne Ihnen diese Sünde nicht an! Nach diesen Worten starb er."* (Apg 7, 58–60)
Dargestellt wurde er zunächst mit einer Palme und einem Buch, erst später mit Steinen.

Die Schule im Mesnerstüberl
Pfarrer Hunzdorfer und Lehrer Moser

Für zwanzig Gulden Schulgeld und für drei Klafter Brennholz jährlich, unterwies von 1791 bis 1837 Kirchenmesner Alois Moser zu Paunzhausen zwischen dreißig und fünfzig Dorfkinder in den Anfängen des Lesens, Schreibens und Rechnens. Moser war von Beruf eigentlich Gärtner und Maurer, und den Sommer über arbeitete er auch als Gärtner und Maurer bei der Hofmarksherrschaft. Mit Federhalter und Tinte verstand er freilich fast ebenso gut umzugehen wie mit Spaten und Hacke, Maurerkelle und Mörtel. Als Schulhaus diente ihm das erheiratete hölzerne Mesnerhaus und als Schulzimmer darin das niedrige, enge Mesnerstüberl.[387]

Der Paunzhausener Visitationsbericht von 1804 zeigt den geringen Bildungsstand dieses ungeschulten „Lehrers" auf, gewährt Einblicke in die schulischen Bemühungen von Mesnerlehrer und Pfarrer, beklagt

Hemmnisse und Widerstände und erhellt die Volksschulprobleme zu Beginn des 19. Jahrhunderts, wie sie ähnlich in fast allen ländlichen Gemeinden bestanden und ihrer Lösung harrten.

„Ich halte es für meine Pflicht, der Person des Schullehrers alle Gerechtigkeit widerfahren zu lassen und ihn seines beharrlichen Fleißes, seiner Lernbegierde und Folgsamkeit und seines christlich guten Betragens wegen, nach Verdienst zu loben und zu empfehlen ... er liest richtig und in ziemlich gutem Tone; er schreibt schön und normalmäßig, aber nicht ganz orthographisch, ein Fehler, den er bey einiger Belehrung bald verbessern kann; er hat die Anfangsgründe der Rechenkunst wohl inne, hätte Lust und Eifer zum Schulgeschäfte; er ist nebstbey ein gelernter Gärtner und Maurer und kann etwas wenig Musik ... seinen Unterhalt genießt er von dem schmalen Mesnerdienste, von einem kleinen Bauerngütchen, welches samt dem Hause, das er bewohnt, sein Eigentum ist, und zuweilen selbst durch Handarbeit als Gärtner oder Maurer; denn durch Haltung der Schule empfängt er, außer den von der Hofmarksherrschaft bewilligten drey Klaftern Brennholz und dem äußerst geringen Schulgelde, nichts ...

Die Schule wird in der einzigen bewohnbaren, gar nicht geräumigen Stube des Mesnerhauses gehalten. Es fehlt also nicht allein an dem gewöhnlichen Schulgeräthe, Tafel und Bänken, sondern selbst am Raume, sie unterzubringen.

Die Gemeinde ist notorisch eine der ärmsten in dieser Gegend; auch die Pfarrkirche besitzt kein Vermögen.

Die Schule wird nicht zahlreich besucht, das Schulgeld nur von wenigen bezahlt, und bey den Kindern (werden) selten die vorgeschriebenen Bücher angetroffen. Aber, den Äuße-

248

rungen des Schullehrers zufolge, ist es nicht bloß Armuth und Mittellosigkeit, sondern bey mehreren Aeltern auch eine vorsätzliche Widerspenstigkeit, Eigensinn und Trotz, daß sie sich den Verordnungen nicht fügen.

Diese nämliche Widersetzlichkeit scheint auch die Ursache zu seyn, warum Herr Pfarrer bisher der Schule sich nicht thätiger angenommen hat. Er kann wenigst nicht beschuldigt werden, daß er der Schule auf irgend eine Weise entgegengearbeitet habe, sondern es ist vielmehr zu hoffen, daß er sich unter günstigen Umständen und bey einer gelehrigen Gemeinde mit Eifer für diesen Gegenstand verwenden würde, wie er dies auch schon wirklich dadurch gezeigt hat, daß er aus eigenen Mitteln einige normalmäßige Schulbücher angeschafft, solche den Aeltern der armen Kinder öffentlich angebothen, aber noch nicht erwartet hat, daß ein einziges wäre abverlangt worden.

Daß er zur Feiertagsschule, die er in seinem Pfarrhofe eigens halten wollte, die jungen Leute öffentlich eingeladen, aber doch nur drey oder vier zum Unterrichte bekommen habe ... er habe in einer besonders dazu geeigneten Predigt mit allem möglichem Nachdrucke den Churfürstlichen Befehl in Rücksicht der Schulen angepriesen und die Nothwendigkeit und den Nutzen zur Befolgung desselben deutlich gezeigt ..!" [388]

Die Brautlache

Wo der breite Waldweg von Paunzhausen hinab nach Reichertshausen zum gemütlichen Spazierengehen einlädt und den Schloßwald zur Linken vom Ilmmünsterer Staatsforst zur Rechten trennt, kommt man, etwa zweitausendfünfhundert Schritte vom Paunzhausener Ortsausgang entfernt, zu einer Waldwegekreuzung. Die Lichtung hier heißt Brautlache.

Marterl erinnern ur-
sprünglich an Verun-
glückte, später auch
an liebe Verstorbene.
Marterl laden ein zu
Gebet und Gedenken.

Vor langer Zeit war es, daß ein schneidiger Bräutigam seine hübsche
Braut aus Paunzhausen flott zur Hochzeit nach Reichertshausen kutschierte. Auf dem abschüssigen Wege scheuten plötzlich die Pferde. Die
Kutsche stürzte um. Sie kippte in einen schmalen, flachen Graben, der
sonst fast ausgetrocknet daliegt, diesmal aber, weil es zuvor kräftig und
andauernd geregnet hatte, ziemlich stark Wasser führte und sich an Ort
und Stelle zu einer Lacke verbreitet hatte. Bis der Bräutigam und seine
Begleiter die Kutsche wieder auf ihre Räder stellten, war die Braut, die
sich nicht mehr aus dem Gefährt befreien konnte, in der Lacke ertrun-
ken und tot.

So kam die Unglücksstelle zu ihrem Namen „Brautlache". Ein Marterl
erinnert an das jähe Ende einer jungen Liebe.[389]

Pfarrer von Paunzhausen und Benefiziat von Johanneck[390]

1524	Kaltentaler Leonh.	1819–1821	Hueber Konrad**
16..	Welshofer Adam	1821–1824	Graf Johann Michael
1680	Zöpfl Barth.	1825	Niedereder Jakob
1718	Häberl Josef	1827–1839	Mader Franz
1741	Ziechenaus J. P.	1840–1871	Kastner Johann
1785	Bernard Aloys*	1872–1885	Bock Josef
1790	Metzenegger P.	1886–1891	Eisenmann M.***
1791 gest.	P. Mazerber Joh.	1892–1900	Müller Matthäus
1794 gest.	Haberl Joseph	1901–1905	Kronseder Anton
1792–1803	Bernard Aloys*	1905–1911	Ertl Ernst
1803	Birgmann Franz	1911–1930	Wüstner Joh.****
1804	Hunzdorfer (?)	1930–1938	Messerer Hermann
1808	Stoelzer Kaspar	1938–1957	Häusler Adolf
1811–1816	D. Nebel Theodor	1957–	Muggenthaler Herbert
1816–1818	Hofmann Johann		

*	Nach Westermayer, Diözesanbeschreibung III: Pfarrer zu Paunzhausen 1792–1803
**	Expositus von Niederthann, Vikar von Paunzhausen
***	Aus Ampertshausen gebürtig
****	Neffe von Franz Xaver Witt (1834–1888), dem Kirchenmusiker, 1868 Gründer des Allgemeinen Deutschen Cäcilienvereins, Direktor der Kirchenmusikschule in Regensburg

Maria mit Jesuskind, Mörtelplastik von Bartholomäus Ostermayr, 1891, am Stallgiebel von Altwirt Liebhardt in Paunzhausen

PREINERSDORF

Dorf (500 m NN, 97 Einwohner), an der Straße von Schweitenkirchen nach Holzhausen. Pfarrei Schweitenkirchen.

Preiner = Personenname Prun-inc(h); Dorf des Pruninc(h); „sicher mit Preinerszell siedlungsgeschichtlich verbunden"[391]. Die, durch Schreiber des Klosters Weihenstephan versuchte, vom Nibelungenlied beeinflußte, Eindeutung des Personennamens Brunhild – Praevnhiltsdorf, Prevnhiltestorf, Preunhiltestorff, Preinhylsdorf – blieb im Volksmund ohne Widerhall[392].

937–957 Pruningesdorf[393]; einer der urkundlich erstgenannten Ortsnamen im Altlandkreis Pfaffenhofen a. d. Ilm. 2. Hälfte 13. Jh. Praevnhiltsdorf[394]. 1291 Prevnhiltestorf[395]. 1381 Preunhiltestorff[396]. 1389 Hanns Prunner von Präwningstarff[397]. 1448 Preinhylsdorf[398]. 1465 Preinerstarff[399]. Anfang 16. Jh. „zu Preindelstarff in der Hallerthaw"[400]. 1818 Preinersdorf, 7 Häuser, 32 Einwohner. Bis 30. April 1978 Gemeinde Aufham. Seit 1. Mai 1978 Gemeinde Schweitenkirchen.

Kapelle Sankt Arno

Privatkapelle. Besitzer Johann und Erna Biebel „beim Fahn" (Kirchenpfleger). 1847 errichtet[401]. 1907 Dachreiter mit Holzschindelbedeckung durch Blitzschlag beschädigt, mit Helmblech erneuert.

Einschiffiger Raum. Rundbogen zum halbrund geschlossenen Chor. Dachreiter mit Glocke und Scheyerer Kreuz.

Auf steinerner Mensa *Marienaltar* mit Drehsäulen. – *Deckenfresko* St. Arno[402], Ehmich 1953. – *Türschloß*, schöne schmiedeeiserne Arbeit, 1847. – *Glocke* St. Josef, 1906 aus Hirschhausen abgehängt und nach Preinersdorf gekommen.

Die Mörtelplastiken beim „Fahn"

Beim „Fahn" sagt man und meint in Preinersdorf den Hof des Bauern Johann Biebel. Bis in das 15. Jahrhundert zurück ist der „Fahn" als Hausname beurkundet. Seinerzeit war er freilich noch ein Personenname; denn Heinrich und Anna Fän erhielten 1435 den Hof, der damals wesentlich größer gewesen war, vom Stift Sankt Veit in Freising als Klosterhof zur Bewirtschaftung verliehen. Die Fän müssen gute Wirtschaf-

252

Die kleine, hübsche Bauernhof-Kapelle Sankt Arno, erbaut im Jahre 1847, Besitzer Landwirtsehe-
leute Johann und Erna Biebel „beim Fahn" in Preinersdorf; Aquarell, Erwin Hellinger, Scheyern 1984

ter gewesen sein, daß sie und ihre Kinder Anno dazumal auch den Stiftshof zu Ampertshausen übertragen bekamen.[403]

Im 19. Jahrhundert brannte der „Fahn" ab. Georg Biebel, der Großvater des jetzigen Kirchenpflegers, kaufte 1868 die Brandstätte mitsamt der dazugehörigen Ziegelei und baute beim „Fahn" wieder auf.[404]

Großvater Georg Biebel war ein frommer und kunstsinniger Mann. Zwischen 1868 und 1899 – das genaue Jahr läßt sich nicht mehr feststellen – ließ er als Haussegen und als Zierde insgesamt acht Mörtelplastiken, sogenannte „Hansl", über der Türe zum Wohnhaus, zum Pferdestall und zum Kuhstall anbringen. Die Anordnung geschah in einer Zweier- und in zwei Dreiergruppen.

Die Zweiergruppe, links und rechts über der Wohnhaustüre, zeigte in Einzelfiguren den heiligen Florian in Rüstung und mit Wasserkübel sowie den heiligen Sebastian mit Marterpfeilen und an einen Baumstamm gefesselt. Die erste Dreiergruppe, über der Türe zum Pferdestall, zeigte den heiligen Leonhard, von zwei Pferden flankiert. Die zweite Dreiergruppe, über der Türe zum Kuhstall, zeigt den heiligen Wendelin, von zwei Rindern flankiert.

Der heilige Florian, wegen seines standhaften Christenbekenntnisses vom römischen Statthalter zum Tode durch Ertrinken verurteilt, ist mit seinem Wasserschaff als Schutzpatron gegen Feuersgefahren ausgewiesen. Da Georg Biebel auf der Brandstätte des alten „Fahn" gebaut hatte, war ihm Sankt Florian natürlich ein besonders wichtiger Schutzheiliger für Haus und Hof.

Der heilige Sebastian, wahrscheinlich während der diokletianischen Christenverfolgung nach dem Jahre 300, an einen Baum gefesselt und mit Pfeilen erschossen, ist Schutzpatron gegen plötzliche Krankheiten und Seuchen bei Mensch und Tier. Um seine besondere Fürbitte flehen die kränkelnden Kinder und die Sterbenden.

Der heilige Leonhard, in eine schwarze Mönchskutte gekleidet und mit Abtstab versehen, zwischen Rössern stehend, Einsiedler und Gründer der Zelle von Noblac bei Limoges in Südfrankreich, ist der Schutzpatron der Landwirtschaft, der Landwirte, der Stallknechte, des Viehs, vor allem der Pferde. Zu Zeiten, als der Bauer nicht mit „Pferdestärken" pflügte, sondern mit der Stärke seiner Pferde, war es, daß Sankt Leonhard zu den beliebtesten und am meisten verehrten Volksheiligen aufstieg.

Der heilige Wendelin, mit Hirtenstab und dem breitrandigen Hirtenhut in der Linken, zwischen zwei Rindern stehend, war ein fränkischer Wanderprediger des 6. und 7. Jahrhunderts, der frommen Legende nach Viehhirte auf einem Gutshof. Der vielverehrte, wundertätige Einsiedler ist Schutzpatron der Bauern, Landleute, Hirten und Schäfer, der Rinder und Schweine, aber auch allen anderen Viehs, der Felder, Wiesen und Weiden, kurzum aller Fluren; zu ihm betet man auch um Verschonung vor Seuchen im Stall.

Die Mörtelplastiken sind Ausdruck tiefer Volksfrömmigkeit und ländlicher Volkskunst. Meist farbenfroh bemalt, leider oft aber grell übertüncht, sind die „Hansln" speziell in den Landkreisen Aichach-Friedberg, Dachau, Freising, Fürstenfeldbruck, Neuburg-Schrobenhausen und Pfaffenhofen a. d. Ilm zu sehen. Mehr als dreihundert Einzelfiguren kannte man um die Wende des 19. zum 20. Jahrhundert. Heute blieben davon nur etwa einhundert erhalten. Hausabbrüche, Neubauten, Umbauten und die Witterungseinflüsse verringern ihre Zahl von Jahr zu Jahr, und in nicht allzu ferner Zeit werden sie alle von den Wänden und Giebeln der Bauernhäuser, der Stallungen und der Scheunen für immer verschwunden sein. Die schlichte Kunst der Mörtelplastik ist eine gar rasch vergängliche Kunst.

Die „Hansln" wurden aus Weißkalkmörtel und Ziegelbruchstücken hergestellt. Eine aus dem Mauerwerk herausgeschlagene Standleiste ergab eine flache Vertiefung in der Wand; in die vertiefte Fläche ließen sich etliche Stifte als Traggerüst einsetzen und mit einigen Drähten untereinander verbinden. Nun konnte die Mörtelmasse aufgetragen und, bevor sie erhärtete, mit Taschenfeitel und zugespitzten Hölzern reliefartig bearbeitet und konturiert werden. Spachtel und Stichel dienten zum Modellieren genauer Einzelheiten und Kleinigkeiten. Die Höhe der Figuren beträgt zumeist zwischen 50 und 75 Zentimetern; ihre Länge kann bis zu 80 und 90 Zentimetern ausmachen; ihre Tiefe ist durchschnittlich 5 Zentimeter stark.

Wer war der Schöpfer all dieser vielen, freundlichen „Hansln"? Ihr Meister hieß Bartholomäus Ostermayr. Am 15. August 1837 wurde er als zehntes von zwölf Kindern des Stefflbauern in Metzenried bei Altomünster im damaligen Landgericht Aichach geboren. Sein Vater Johannes und seine Mutter Walburga ließen ihn tags darauf in Tandern taufen. Der junge Barthl erlernte das Maurerhandwerk. Am 10. April 1866 führte er seine Braut, die hübsche Huber Afra vom Schnellsepper in Singenbach, in Weilach zum Traualtar. Bereits am 27. September 1865 hatte den beiden der Hubervater für zweitausendzweihundert Gulden das zwölf Tagwerk kleine Anwesen „beim Saubarthl" in Unterweilenbach im damaligen Landgericht Schrobenhausen gekauft. Dort sind noch heute ihre Enkel ansässig.

Während sich die junge Saubarthl Afra mit ihrem Sach' und nach und nach mit fünf Buben und drei Dirndln abrackerte, wanderte der Herr Gemahl, dem es daheim allmählich wohl etwas zu laut und zu eng zugehen mochte, vom Frühling bis zum Herbst mit einem Rucksack voller Maurerwerkzeug weitum auf der Stör durch das Gäu. Er kam von einem Dorf ins andere, von diesem Hof zu jenem, zeigte den Bauern sein Musterbücherl mit Heiligen und Viechern vor, ließ die Ökonomen ganz nach deren Gusto auswählen, vergewisserte sich, daß er in der Kammer ein Bett und nicht im Roßstall ein Strohlager bekam, klatschte dann seinen Mörtel freiweg in die Wandvertiefungen, drückte zum besseren Halt ein Stückchen Ziegelstein, ein Stückchen Holz oder auch einen langen Nagel mit hinein, schabte, kratzte und stocherte die Formen zurecht, pinselte bunte, aber passende Farben über alles und hielt zuletzt recht freundlich die große, offene Hand hin, in die der zufriedene Bauer für jede Figur etwa drei Gulden, also an die fünf Mark, legte.

Seiner Afra schickte der Barthl bei Gelegenheit einen Gulden heim. Weil es aber viele Wirtshäuser gab, gab es zum Geldheimschicken wenig Gelegenheit. Hinter dem Maßkrug sitzend, unterhielt er urgemütlich, bierselig und kreuzfidel halbe Nächte lang ein dankbar zuhörendes Publikum und prostete seine Lebensphilosophie hinaus: „Wenn a Maurer bei der Arbat so langsam gehn ko, daß sei' Schurz nimmer wackelt, dann hat a ausg'lernt!" Und jedermann, der ihn kannte, schwor drei Eide, daß der Saubarthl ganz bestimmt ein ganz „ausg'lernter Ausg'lernter" sei.

Am 3. Mai 1899 endete die Lebensgeschichte des Saubarthls. Ein leidiger Husten und eine unleidige Wassersucht brachten ihn mit dreiundsechzig Jahren ins Grab und in den Friedhof von Weilach. „Die Narren san deswegn no lang net ausg'storbn!", sagte er ganz zuletzt, „Die braucha bloß as Suacha!"
Die Afra überlebte ihren Barthl um ein Vierteljahrhundert und brachte es auf ein Alter von vierundachtzig Jahren. Am 25. September 1924 folgte sie ihrem Mann in die Ewigkeit nach. Ihr Sohn Georg riß 1931 das figurenverzierte Elternhaus in Unterweilenbach in der Gemeinde Aresing ab. Das heutige Saubarthlhaus zeigt keine „Hansl" mehr.

Als beim „Fahn" 1958 der Pferdestall einem neuen Bau wich, gingen der heilige Leonhard und seine beiden Rösser verloren. 1978 zerbrökkelte beim Abbruch des alten Wohnhauses der heilige Florian dem Restaurator unter den Händen; er konnte nur den heiligen Sebastian ablösen, der seitdem im Museum im Mesnerhaus, Scheyerer Straße 5, in Pfaffenhofen a. d. Ilm zu sehen ist. Der ehemalige Kuhstall, heute ein Unterstell- und Lagerraum, zeigt glücklicherweise noch, als Rest der einstigen „Fahn-Hansln", den heiligen Wendelin und seine zwei Rinder. Wie wurde doch während der Papstkrönung beim Zug zum Hochaltar in Sankt Peter gesprochen?: „Sic transit gloria mundi!" Zu deutsch: „So vergeht die Herrlichkeit der Welt!"

Über den Saubarthl und seine Mörtelplastiken wurden viele gelehrte Abhandlungen und volkskundliche Aufsätze geschrieben, lange Listen der dargestellten Heiligen, Berufe und Tiere angelegt, die Standorte nach Landkreisen, Gemeinden, Ortschaften, Häusern, Stallungen und Scheunen, nach Besitzernamen und nach Hausnamen genannt. Nur die netten „Hansln" vom „Fahn" hatte man bisher vergessen.[405]

Der „Holzkrieg" von Preinersdorf

Vor einem halben Jahrhundert schon, nämlich 1648, war damals der Dreißigjährige Krieg zu Ende gegangen. Er war ein blutiger Krieg gewesen. In den Wäldern um Preinersdorf wuchs mehr als genug Holz. Und dennoch kam es 1698 zwischen Johann Georg Hitl, Pfarrer in Schweitenkirchen (1695–1703), und Adam Löxner, Bauer in Preinersdorf, zum „Holzkrieg". Er sollte – Gott sei's gedankt! – nur ein papierener Krieg sein. Freilich drangen Stritt und Irrung bis nach Freising und dort im bischöflichen Palais bis an das Ohr von Fürstbischof Johannes Franz Ecker von Kapfing und Lichteneck (1695–1727).

Wem das fragliche Waldstück, um dessen Nutzung es ging, wirklich und eigentümlich gehörte, und wer dort wann und wieviel Holz einschlagen durfte, das mag vielleicht vor langer, langer Zeit juristisch verschnörkelt niedergeschrieben, inzwischen gewohnheitsrechtlich aber wieder vergessen worden sein. Jedenfalls hackten und holzten sowohl die Pfarrersknechte als auch die Löxnerknechte nach Bedarf und nach Herzenslust kräftig darin herum. Dem Wäldchen tat das nicht eben gut.

Eines Tages nun trafen Pfarrer und Bauer im lichten Hain, der längst kein „finsterer Tann" mehr war, aufeinander. Man rieb sich aneinander, und man stieß zusammen. Ein ungutes Wort gab das andere. Der geistliche Herr warf dem Landmann vor, das Wäldchen ganz abgeschlaipft[406], also ganz unverantwortlich scharf ausgeholzt, zu haben, ließ sich schließlich vom göttlichen Zorn derart hinreißen, daß er seinen derben Knotenstock schwang und lauthals drohte, er werde jetzt bald Mittel und Wege finden, den Kerl da endgültig aus dem Revier zu jagen. Man trennte sich voller Ingrimm. Löxner gab später zu Protokoll, der Pfarrer habe so stark geeifert, daß er, Löxner, nun um Haus und Hof fürchte und glaube, der Herr von Schweitenkirchen wolle „mich mit der Zeit samt Kindern und Weib in den Bettel... verstoßen." [407]

Adam Löxner, Bauer zu Preinersdorf, war nicht der Mann, der tatenlos zusah, wenn sich ein Unwetter über seinem Kopf zusammenzog. Schnurstracks ließ er einspannen, kutschierte in die Stadt, klagte und ließ aufschreiben, nicht er, sondern Pfarrer Riedtmayr, der Amtsvorgänger Hitls, sei es schon gewesen, der seit Jahrzehnten Raubbau im Wald getrieben habe.

Die Beschwerdeschrift Löxners über Pfarrer Hitl ging am 10. April 1698 an den Fürstbischof nach Freising ab:

„...Weilen ich aber genugsam bezeugen kann, daß solchen Abschlaipf sein Vorfahrer selig, Matthias Riedtmayr, gewester Dechant allda, selbsten verursacht, maßen er in die 35 Jahr, wider meinen Willen, gewalttätigerweise jährlich etlich 20 bis 30 Clafter des besten Brennholzes abhacken, wie auch zur Erbauung des Pfarrhofes Stadel Tannen- und auch Zimmerhölzer, Geländerstangen, Saag- und Aichbäum, nach Belieben schlagen und fortführen lassen, mithin ist das Gehölz in solcher Zeit dergestalten in Abschlaipf gekommen, daß dem jetzigen Herrn Pfarrer nicht nur das gewöhnliche 9 bis 10 Clafter Brennholz nicht mehr kann gereicht werden, sondern auch ich leide hierdurch den größten Schaden, Abgang und Gefahr..." [408]

Der hohe Herr auf dem Domberg ließ sich alsbald Hitls Gegendarstellung vorlegen. Danach entschied er salomonisch, der Pfarrer habe sich mit dem Bauer unverzüglich gütlich zu einigen. Wie Hitl und Löxner das machten, wissen wir nicht. Weil die Akten aber nun geschlossen wurden, muß es mit dem papierenen „Holzkrieg" von Preinersdorf rasch aus und vorbei gewesen sein.

PREINERSZELL

Ein Kirchdorf (454 m NN, 87 Einwohner), in der Talsenke am Preinerszeller Bach, einem Quellbach der Wolnzach, an der Straße von Schweitenkirchen über Schmiedhausen nach Geisenhausen. Filiale der Kuratie Dürnzhausen.

Preiner = Personenname Prun-inc(h), Dorf des Pruninc(h), siehe Preinersdorf; zell = cella, Zelle, „Wirtschaftshof eines geistlichen Grundherrn... des Hochstifts Freising"[409]. Als „Personenname... am Ort über Jahrhunderte vererbt... dürfte mit der Sippe des Ortsadels in Verbindung zu bringen sein"[410].

821 Zeuge Pruninc in Cella[411]; einer der urkundlich erstgenannten Ortsnamen im Altlandkreis Pfaffenhofen a. d. Ilm. 883 ad Cellam[412]. 1024–1031 Pruninch... in loco Célla...[413]. 1315 Cell, Filialkirche von Schweitenkirchen[414]. 1465 Preynißzell, 8 Häuser[415]. 1482 Preinhertszell[416]. 1524 Preinerszell[417].

1818 Preinerszell, 16 Häuser, 89 Einwohner. 28. Februar 1823 vom Landgericht Moosburg zum Landgericht Pfaffenhofen[418] sowie zur neugebildeten Gemeinde Geisenhausen. Seit 1. Mai 1978 Gemeinde Schweitenkirchen.

Kirche Sankt Stefan

Zum Kirchenpatron St. Stephanus: siehe Paunzhausen.
Vorzeichen, Chor, Turm und Sakristei gotisch. Langhaus 1705 barocki-
siert. 1910 „wesentlich vergrößert".
Vorzeichen einjochig, kreuzgratgewölbt, gotisch. – *Langhaus* einschiffig, gotische Gewölbezwickel oberhalb der Fenster, Flachdecke mit
schlichtem Rahmenstuck, Empore mit geschwungener Front mit Rahmenstuck, „Umbau oberhalb des Triumphbogens datiert 1705"[419] (Jah-
reszahl 1705 des barockisierenden Umbaues nicht mehr festzustellen).
– *Chor* spätgotisch, leicht eingezogen, einjochig, 5/8-Schluß, außen
schwache dreieckige Strebepfeiler, über Konsolen mit Gesims für kurze
fünfkantige Dienste laufen Rippen zum Netzgewölbe mit Schlußsteinen
empor. – *Sakristei* im Turm einjochig, kreuzgratgewölbt. – *Turm* gotisch,
viergeschossig, Steilsatteldach.

Hauptaltar: Frühbarock, 1. Hälfte 17. Jh., Drehsäulenaufbau mit Trau-
ben- und Weinlaubgehängen und korinthischen Kapitellen. Gemälde
Martyrium des hl. Stephanus. Im Auszug Gemälde Muttergottes mit
dem Kinde. – *Seitenaltar links:* Im Schrein Figur St. Nikolaus (Holz, qua-
litätvolle Barockarbeit). Im Oval des Auszugs Holzfigur Erzengel St.
Michael mit Flammenschwert und Seelenwaage. – *Seitenaltar rechts:*
Holzfigur Maria Königin (der Marienplastik in Hirschhausen ähnelnd).
In der Rundnische des Auszugs Halbfigur Gottvater.

Orgel: 1874 noch vorhanden[420]. 1978 „keine Orgel mehr festzustellen".[421]

Glocken: a) Große Glocke, St. Stephanus, Umschrift „St. Stephanus schütze deine Gemeinde", Gießerei Karl Czudnochowsky, Erding, 1950. – b) Mittlere Glocke, Umschrift „Joseph Ignati Ernst goss mich 1680 zu München", Reliefs Christus mit Kreuzstab, Schmerzhafte Muttergottes, Ton f, 100 kg, Durchmesser 65 cm. – c) Kleine Glocke, Umschrift „Hl. Leonhard bitt für uns", Gießerei Karl Czudnochowsky, Erding, 1950.

Priestergrab: Im Friedhof Ruhestätte von Pfarrer i. R. Josef Drescher, geb. 14. Februar 1899, gest. 19. Februar 1975.

Dreifaltigkeitskapelle
Privatkapelle. Im Obstgarten am westlichen Ortsrande. Besitzer Johann und Therese Rabl „beim Meanga".
Wohl im 19. Jh. erbaut. Vorzeichen mit vier Säulen in Doppelstellung. Einschiffiger Raum. Mitte der fünfziger Jahre des 20. Jhs. der Figuren beraubt. 1984 renoviert.

RAFFENSTETTEN

Dorf (505 m NN, 137 Einwohner), an der Nebenstraße von Schweitenkirchen nach Niederthann. Pfarrei Schweitenkirchen.

Raf = Personenname Rafolt; stetten = Stätte, Statt, Stelle, ahd. und mhd. stat, im 12. Jh. Bedeutung von Ortschaft. Wohnstätte des Rafolt.

994–1005 „in loco Rafoltesstat"[422]; einer der urkundlich erstgenannten Ortsnamen im Altlandkreis Pfaffenhofen a. d. Ilm. 17. Mai 1431 Raffelsteten. 1752 Raffenstätten[423]. 1818 Raffenstetten, 5 Häuser.

Bildstock
Beim Haus Raffoltstraße Nr. 12; im Garten, an dem früher der Fahrweg Schweitenkirchen-Niederthann vorbeiführte. Besitzer Johann Müller „beim Kipferl".

Pfeiler, rechteckig, ziegelgemauert, Mittelnische, stumpfer Giebel. 1,90 m L., 1,20 m Br., 3 m H.

Gedenktafel: „Hl. Maria bitte für uns. Errichtet Barbara Hammer (und) Albert und Maria Helm wegen schwerer Krankheit aus Dankbarkeit zu Ehren der Mutter Gottes von Altötting. 1875."

REISDORF

Dorf (510 m NN, 44 Einwohner), an der Straße von Schweitenkirchen nach Hirschhausen. Pfarrei Schweitenkirchen.

Reis = Personenname Rih-deo; Ansiedlung des Rihdeo.

1024–1041 Rihdiosdorf[424]. 1098–1104 Gerunch de Richtistof[425]. 1183–1184 Pertholt de Ribestorf[426]. Mitte 15. Jh. Reisdorff[427]. 1465 Reychstarff[428]. 1818 Weiler Reysdorf, 18 Anwesen[429]. 26. Februar 1841 als Teil der Gemeinde Aufham mit dieser vom Landgericht Moosburg zum Landgericht Pfaffenhofen. Bis 1955 bei Gemeinde Aufham. Seit 1. Januar 1956 Gemeinde Schweitenkirchen.

SCHACHING

Weiler (495 m NN, 14 Einwohner), südwestlich von Schweitenkirchen und südlich von Schweitenkirchen-Raffenstetten, nahe der Autobahn. Pfarrei Schweitenkirchen.

Schach = ahd. scahho, mhd. schache, von Feldern umgebenes einzelnes Waldstück (Flurname); -hof „zur Angleichung an Hofnamen in der Umgebung"[430]; ab 1474 „Rückbildung des Ortsnamens aus dem Familiennamen Schächner bzw. Schacher."[431] Die Ortsnamensendung -ing stammt „erst aus der Feder amtlicher Schreiber des 19. Jahrhunderts"[432].

1431 Chuntz Schachelmair auff dem Schachenhof[433]. 1465 ainod Schachen[434], dem Herzog gehörend. 1474 Schachnerhof, Kunrad Schachnermair[435]. 1482 Schachenhof, Contz Schachenmair[436]. 1590 Schacherhof... dem von Pinaw gehörig[437]. 1599 „ein Hof zu Schachern auf der Ainedt, so yeczt zwo Hueb"[438]. 1818 Schaching, Weiler mit 5 Anwesen[439]. 1840 Schaching[440]. Bis zur Auflösung der Gemeinde Dietersdorf am 29. April 1883 bei Dietersdorf. Seit 1. Januar 1884 Gemeinde Schweitenkirchen.[441]

SCHMIEDHAUSEN

Dorf (469 m NN, 156 Einwohner), nördlich von Schweitenkirchen, an der Straße von Schweitenkirchen über Preinerszell nach Geisenhausen. Pfarrei Schweitenkirchen.

Schmied = ahd. smitta, mhd. smitte, Häuser bei der Schmiede; vielleicht auch vom Personennamen Smido. Mundartlich Schmihaun.

1096 Smidehusun[442]. 1197–1203 Spidenhusen, am Rand Zusatz Smidehuse(n)[443]. 1465 Schmidhausen, 13 Anwesen[444]. 1582 Schmithausn[445]. 1818 Schmidhausen, 18 Anwesen. Bei Gemeinde Dürnzhausen. 22. Februar 1841 vom Landgericht Moosburg zum Landgericht Pfaffenhofen. 1. Juli 1971 mit der aufgelösten Gemeinde Dürnzhausen zur Gemeinde Schweitenkirchen.

Hausmadonna
Am 1974 aufgestockten Stadel von Josef und Anna Sommerauer „beim Oahret" Figur Maria Königin mit Jesuskind, in schönem Rahmen mit profiliertem Rechteckfeld, Säulchen und Sprenggiebel, 19. Jh.

STELZENBERG

Einöde (460 m NN, 4 Einwohner), im Tal des Arreshausener Baches, zwischen der Autobahn München–Ingolstadt und dem Förnbacher Forst, östlich der Straße Pfaffenhofen–Eberstetten–Altkaslehen–Großarreshausen–Geisenfeld. Kuratie Dürnzhausen.

Stelze = ein Flurstück, „das mit einem Stück über den Rest hinausragt"[446]. Ehemaliger Besitzername Stelzer.

1328 Chunrat der Stelczer. 1474 Stelczenperg beim Gericht Moosburg. 1545 Hanns Stolzenperger vom Hof Stolzenperg beim Hofkastenamt Landshut. 1646 Wolf Preidl vom Hof Stolzenberg; ihm ist im Dreißigjährigen Krieg 1646 „das hauß abbrennt worden". 1803 Stelzer. 1818 Stelzenberg. 1976 Abbruch des Hofes und der Kapelle wegen Verbreiterung der Autobahn. 1976 Neubau des Hofes wenige hundert Meter westlich talwärts. 1984 Josef Fuchs.

Sage: Der Stelzerknecht Ludwig fuhr mit dem Fahrrad auf der Schweitenkirchener Straße von Frickendorf in Richtung Preinerszell. Trotz aller Anstrengung gelang es ihm nicht, hinter Frickendorf am Spiegelkreuz vorüberzukommen. Erst als er sehr fluchte, kam er doch daran vorbei. Er erzählte davon der Bäuerin. Die schenkte ihm etwas Hochgeweihtes in einem Schächtelchen. Ludwig trug die fromme Gabe stets bei sich. Darum brauchte er beim Spiegelkreuz auch nie wieder den Spuk zu erleben.[447]

Kapelle Sankt Marien
Privatkapelle. Besitzer Josef Fuchs. 1980 durch Josef und Cäcilie Fuchs
errichtet. 13. Juli 1980 Weihe. Einschiffiger Raum. Dachreiter mit
Glocke.
Vorgängerin war eine 1950 von Ludwig und Theresia Fuchs für die ge-
sunde Rückkehr der drei Söhne aus dem Zweiten Weltkrieg gestiftete
Marienkapelle, die 1976 beim Abbruch des ehemaligen Hofes an alter
Stelle nicht erhalten bleiben konnte.

Freu dich, du Himmelskönigin, / freu dich, Maria!
Freu dich, das Leid ist all dahin. Halleluja.
Bitt Gott für uns, Maria!

Den du zu tragen würdig warst, / freu dich, Maria!
Der Heiland lebt, den du gebarst. Halleluja.
Bitt Gott für uns, Maria!

Er ist erstanden von dem Tod, / freu dich, Maria,
wie er gesagt, der wahre Gott. Halleluja.
Bitt Gott für uns, Maria!

Bitt Gott für uns, so wird's gescheh'n / freu dich, Maria,
daß wir mit Christus aufersteh'n. Halleluja.
Bitt Gott für uns, Maria!

SÜNZHAUSEN

Ein Kirchdorf (523 m NN, 229 Einwohner), hochgelegen, östlich von Schweitenkirchen, ehemals östlichster Ort im südlichen Teil des Altlandkreises Pfaffenhofen a. d. Ilm. Kuratie.

Sünz = Personenname Sin-deo; Haus (festes Haus, Burg) der Ahnen des 807–808 erstgenannten Sindeo.

807–808 Sindeoeshusir, „ad Sindeoeshusun", Sindeo[448]. Einer der urkundlich erstgenannten (5.) Ortsnamen im Altlandkreis Pfaffenhofen a. d. Ilm. 994–1005 Sindieshusa[449]. 1098–1104 Ortsadeliger Gerolt de Sindeshusen[450]. 1315 Sinshausen[451]. 1418 Sintzhausen. 1597 22 Anwesen, 1 Burgstall (ehemals festes Haus, Burg)[452]. 1817 32 Häuser, 154 Einwohner. 1818 35 Häuser.

1820 Errichtung einer Schule im Expositurhaus durch Expositus Matthias Radlmaier. 26. Februar 1841 vom Landgericht Moosburg zum Landgericht Pfaffenhofen.[453] 1866–1867 Schulbau als Anbau an das Expositurhaus[454]. 1906 Schulhausbau „beim Moar" (jetzt Wohnhaus; Besitzer Michael Huber „beim Moar")[455]. 30. April 1978 Ende der selbständigen Gemeinde Sünzhausen. Seit 1. Mai 1978 Gemeinde Schweitenkirchen.

Die Zusammenhänge der Sünzhausener Ortsadeligen des 11. bis 13. Jahrhunderts, einer jüngeren Linie der Freisinger Ministerialen von Wippenhausen, liegen noch nicht unwidersprochen klar, da Sünzhausen bei Schweitenkirchen von Sünzhausen auf der Freisinger Höhe fernzuhalten ist. Flohrschütz bietet eine Stammtafel Wippenhausen-Sünzhausen.[456]

Sage: Das zweite Gesicht. Im ersten Drittel unseres Jahrhunderts war es, daß ein Geschäftsmann eine halbe Stunde vor Mitternacht in München im Hotel Kaiserhof in seinem Bett aufschreckt: er hatte sich im Traum zuerst „beim Schmied" in Sünzhausen, wenig später im Friedhof von Piedendorf, stehen sehen. Anderntags zurückgekehrt, berichtet man ihm in Sünzhausen, der Schmiedbruder habe sich versehentlich bis auf die Haut verbrannt, sei aber mit dem Fahrrad noch bis Piedendorf gefahren. Dort erlag er dann seinen schrecklichen Wunden und ruht nun im Piedendorfer Friedhof.[457]

◀ Marienlied, nach Regina caeli 12. Jahrhundert, Konstanz 1600

Kirche Sankt Koloman[458]

819 Kirchenpatronin St. Maria[459/460]. 4. April 829 „Nach Sünzhausen kam Bischof Hitto... und hielt dort Gottesdienst und Predigt."[461/462] 1315 als Filialkirche von Schweitenkirchen genannt.[463] 1524 Kirchenpatrone St. Koloman und St. Sebastian urkundlich genannt.[464] 1772 Brand der Kirche; wohl bald danach Neubau. 21. September 1820 Erhebung zur Expositur. 1820 Bau des Expositurhauses nordöstlich der Kirche (es dient heute pfarreilichen Zwecken verschiedener Art; Besitzer Kuratie Sünzhausen). 1866 Teilrenovierung. 1867 Abtrennung des Expositursprengels Dürnzhausen. 15. März 1867 Umwandlung der Expositur in Schulexpositur (Sünzhausen, Holzhäuseln, Holzhausen, Jetzelmaierhöfe)[465].

1937 Gesamterneuerung. 1. April 1940 Primiziant Albert Hartinger. 10. Juli 1949 Glockenweihe (2 Glocken). 28. Oktober 1951 Glockenweihe (1 Glocke). 1957–1958 Innenneugestaltung (Baumeister Bogner/ Sünzhausen, Kunstmaler M. P. Weingartner/Pfaffenhofen a. d. Ilm).

„Die Kirche liegt auf einem Hügel, gegen Osten frei, und ist hinlänglich geräumig. Sie hat keinen bestimmten Baustil..."[466] Nach dem Brand von 1772 Neubau; später „rückwärts"[467] erweitert. – *Vorzeichen*. – *Langhaus* einschiffig, saalartig, Flachdecke, Westempore mit halbrund vorgewölbtem Mittelstück, Rundbogen zum Chor. – *Chor* eingezogen, quadratisch, einjochig, Kreuzgratgewölbe; Nische (1953) in der Südwand. – *Turm* mit Spitzhelm; 1953 Mauerdurchbruch von der Turmsakristei zum Presbyterium[468]. – *Karner* (Schädel und Gebeine 19. Jh.) an der Südmauer.

Deckenfresko im Langhaus: Christkönig, Johann Michael Schmitt, 18.– 20. Oktober 1937[469]. Wandfresko im Chor: Abendmahl, Michael P. Weingartner, 1957. Kruzifix: 17. Jh., ländliche Arbeit.

Orgel: 1874 war eine „Kleine Orgel"[470] vorhanden. Sie wich 1893 einem einmanualigen Werk mit 6 Registern von Martin Binder (Pfaffenhofen a. d. Ilm)[471], das bei der Kirchenrenovierung am 2. August 1937 durch Piechler (Freising) ab- und vom 6. bis 9. Oktober 1937 wieder aufgestellt[472], am 14. Oktober 1944 von Josef Herzog (München) repariert[473] wurde. 1957 war dieses Werk „gebrechlich"[474], und im September 1957 äußerte Diözesan-Musikdirektor Wismeyer: „Ich könnte nicht darauf spielen!"[475] Der Abbruch erfolgte im Dezember 1957. Das heutige Werk, am 26. Mai 1958 geweiht, erstellten Carl Schuster & Söhne (München) einmanualig (C-f''') mit Principal 8', Gedeckt 8', Salicional 8',

Octav 4', Quintadena 4', Waldflöte 2', Mixtur 1 1/3', im Pedal (C-d') mit Subbaß 16'; Pedalkoppel, Tutti; Kegellade, Traktur pneumatisch, Freipfeifenprospekt, Spieltisch freistehend.

Glocken: a) Redemptoris, b) Ulrich; beide Gießerei Czudnochowsky, Erding, 1949. – Da eine der Glocken von 1949 zersprang, 28. Oktober 1951 Weihe einer Glocke, Ton d''', ca. 150 kg, Gießerei Czudnochowsky, Erding.

Priestergrab: „Ruhestätte des Hochwürdigen Herrn Joh. Bapt. Herrle, gewesenen Cooperators und Pfarrprovisors in Beratzhausen, geboren in Engelbrechtsmünster am 11. Sept 1834, gestorben zu Sinzhausen am 7. Februar 1863 im 29. Lebens- und 5. Priesterjahre. R. I. P.“

St. Koloman (13. Oktober)

Koloman, ein irischer Pilger, wurde auf dem Weg ins Heilige Land wegen seiner fremdartigen Kleidung als böhmischer Spion verhaftet, gequält und schließlich mit zwei Straßenräubern an einem Baum aufgehängt.
Sein Leib blieb über ein Jahr lang unverwest, und Wunder bestätigten seine Heiligkeit. Das erzählt seine Lebensgeschichte aus dem Kloster Melk.

Markgraf Heinrich I. von Österreich ließ am 13. Oktober 1014 die Gebeine des im Jahr 1012 ermordeten Koloman ins Benediktinerkloster Melk an der Donau übertragen. Bis heute wird er dort verehrt.

Darstellungen entstehen allerdings erst im 15. Jahrhundert. Sie zeigen Koloman in Pilgertracht mit Stab und Flasche. Auch Buch, Kreuz und Rosenkranz können dazukommen.

Der in Österreich und Bayern verehrte Volksheilige ist Patron für das Vieh.

Helfen soll er gegen Pest, Gewitter und sonstige Schäden.

Die Errichtung der Schulexpositur

Ordinariats-Genehmigung vom 15. März 1867

Das Ordinariat des Erzbisthums München-Freysing gibt hiemit zu vernehmen, wie es die namhaften Beiträge und Zusicherungen der betreffenden Gemeinden möglich gemacht haben, daß die bisherige Expositur zu Sünzhausen, der Pfarrei Schweidenkirchen, in eine Schulexpositur umgewandelt wurde, die nunmehr unter den Modalitäten ins Leben zu treten hat, wie solche auf Grund der bisherigen Verhandlungen, der allerhöchsten Genehmigung vom 7. August l. J. und eines Entwurfes der Gemeindeverwaltung Sünzhausen vom 30. v. Mts. im Nachstehenden ausgezeigt worden:

I.

Der Bezirk der Schulexpositur Sünzhausen besteht in den Ortschaften Sünzhausen mit den Holzhäuseln und Holzhausen, dann in den Jetzelmaierhöfen.

II.

Dotation der Schulexpositur Sünzhausen. Die Bezüge eines jeweiligen Schulexpositus von Sünzhausen haben zu bestehen:

1) in einem Sustentations-Gehalt
   a) vom Pfarrer von Schweidenkirchen 250 fl.
   b) von der Ortsgemeinde Sünzhausen 25 fl...

2) Bezieht die Expositur die 4 % Zinsen aus dem von der Ortschaft Holzhausen zu leistenden Kapitale zu 2 000 fl. als Entschädigung für die bisherigen Einkünfte von Dürnzhausen und Preinerszell, mithin 80 fl.

3) hat derselbe freien Stipendiengenuß an allen Tagen des Jahres à 30 kr. = 182 fl.

4) aus gepachteten Grundstücken eines Achtlgütls 44 fl.

5) den Bezug der sogenannten kleinen Stola in einem Anschlage zu 15 fl. und bei den Leichen der Erwachsenen die Gebühr für das Heraussegnen, das übliche Stipendium (einen Gulden) und den dritten Theil des Seelengeräths sammt dem auf seinen Altar fallenden Opfer zu circa 10 fl.

6) Gebühren ihm die Aushilfen in Schweidenkirchen bei Seelengottesdiensten, und wenn ein dritter Geistlicher nöthig ist, auch in Preinerszell, veranschlagt zu 20 fl.

7) Genießt er die ortsübliche Sammlung von Korn, Flachs, Eiern zu 18 fl.

8) Als Schulexpositus erhält er das gesetzliche Schulgeld, im Durchschnitt zu 125 fl. 36 kr.

9) Von der Schulgemeinde jährlich 120 fl., so daß sich sämmtliche Bezüge des Schulexpositus auf 889 fl. 36 kr. rechnen.

Hievorn hat der Expositus dem Hilfslehrer, welchem die Einkünfte des Mesner- und Organistendienstes zukommen sollen, 200 fl. Jahresgehalt zu verabreichen, wobei sich von selbst versteht, daß für die Zeit, da ein Schulgehilfe nicht angewiesen ist und der Expositus die Schule zu halten hat, die Gehaltszahlung zu Gunsten des Expositus cessiert.

Demnach bezieht der Schulexpositus von Günzhausen ein jährliches Reineinkommen von 689 fl. 36 kr. nebst freiem

Genuß der Wohnung, des Gartens und den Bezug von 12
Klafter Holz für sich, den Hilfslehrer und das Schulzimmer, wovon 6 Klafter die Ortsgemeinde Sünzhausen allein,
die übrigen 6 Klafter aber die ganze Schulgemeinde gemein-
schaftlich zu beschaffen hat...

III.

Die Obliegenheiten des Schulexpositus von Sünzhausen sind
in dem unter dem heutigen ausgefertigten Regulativ... ver-
zeichnet.
IV.

Der Schulexpositus von Sünzhausen bleibt in dem bisherigen
Dependenzverhältnisse eines exponierten Hilfsgeistlichen des
Pfarrers von Schweidenkirchen.[476]

Extract aus Prosper Gelders Tagebuch
Visitationsreise im Jahre 1822

Auf der nämlichen Straße wie gestern und um die nämliche
Stunde fuhr man am XII. Septembris bis Wolfersdorf, um
von da, immer Feldwege verfolgend, nach Sünzhausen, einer
Filiale der Pfarrei Schweitenkirchen, zu gelangen.

Da erwartete uns schon vor dem Eingange des Dörfchens die
Gemeinde, eine schöngekleidete, geputzte und geschmückte
Jugend an der Spitze, welche unter dem Klange der Glok-
ken und Pusten der Geschosse den Zug eröffnete und in die
Kirche führte. Die Liebe des Volkes zu ihr und die fromme
Thätigkeit des Expositus schmücken sie stattlich aus. Eine
Tafel an der Seitenwand, den hl. Johannes de Deo[477] vor-
stellend, wie er einem Kranken Hilfe von dem Himmel
herabholt, verräth einen guten Meister.

Aus der Kirche ging man in die Wohnung des Expositus.
Ein Häuschen, das die Gemeinde ankaufte, und das der thä-
tige Mann aus Eigenem ausputzte, wie es Ort und Mittel
erlaubten, machte seine Wohnung, die etwas Anziehendes
hat. Auch die Schule befindet sich darin, die er selbst hält und
sehr passend eingerichtet hat. Ein artiges Gartenhaus mit ei-
ner Plattform fehlet auch nicht und am wenigsten die Liebe
seiner Gemeinde. [478]

Die beschlagnahmte große Glocke

Zur Herstellung von Waffen und Munition mußten während des Ersten
Weltkrieges (1914–1918) Tausende und aber Tausende Glocken ihre
Kirchtürme verlassen, um für die Rüstungsindustrie in Hüttenwerken
eingeschmolzen zu werden.

Amtliche Kommissionen und Sachverständige klassifizierten die Glokken, wählten aus, beschlagnahmten, enteigneten oder stellten sie von
der Abhängung zurück.

Am 1. Juni 1917 schrieb das Königliche Bezirksamt Pfaffenhofen an alle
Pfarrämter des Bezirkes: „Das Heeresinteresse verlangt eine mit allen
Mitteln zu beschleunigende Ablieferung der beschlagnahmten und ent-
eigneten Bronzeglocken." [479]

Die Kirchenverwaltung Sünzhausen weigerte sich, ihre große Glocke
abzuliefern. Der Widerstand nützte freilich nichts:

K. Bezirksamt Pfaffenhofen a. Ilm
Pfaffenhofen, den 19. Oktober 1917

An Herrn Vorstand der
Kirchenverwaltung Sünzhausen

Am Montag, dem 22. Oktober 1917, vormittags 11 Uhr,
wird die größte Glocke der Expositurkirche Sünzhausen –
250 kg – zwangsweise durch die Glockengießerei Vielwerth in
Ingolstadt abgenommen, nachdem trotz ergangener Auffor-

derung diese Glocke nicht rechtzeitig an die Sammelstelle abgeliefert worden ist.

Der Glockenabnahme wollen Sie anwohnen und dafür Sorge tragen, daß der Ausbaufirma keine Schwierigkeiten in den Weg gelegt werden.

J. V. Heller. [480]

Expositus von Sünzhausen

1819–1836	Radlmayr Matthias	1891–1892	Sedlmair Corbinian
1836–1841	Thoma Paul	1892–1897	Gamber Johann
1842–1851	Forster Christoph	1897–1902	Straßer Jakob
1852–1858	Kögl Ludwig	1902–1909	Steffl Lorenz
1858–1864	Scheuerl Peter	1909–1914	Pauliel Adalbert
1864–1867	Madlehner Benedikt	1914–1929	Lindermayr Franz
1867–1870	Bräu Georg	1929–1933	Thanner Sebastian
1870–1876	Braun Andreas	1933–1941	Müller Paul
1876–1879	Hochenleitner Josef	1941–1950	Strobel Karl
1879–1882	Eisendorf Franz	1950–1953	Hinterreiter Hans
1882–1884	Held Joseph	1954–1955	Drescher Josef
1884–1887	Stangl Alois*	1955–1964	Gleitsmann Paul
1888	König Otto	1964–1979	Bichler Anton*
1888–1891	Neumair Max	1979–	Wagner Engelbert*

* Pfarrer von Schweitenkirchen

Kirchendiebe

Das Amtsblatt vom 13. März 1889 für das Königliche Bezirksamt Pfaffenhofen meldet:

Im Wald zwischen Sünzhausen und Dürnzhausen wurden sechs große Kirchenleuchter und eine Ampel, zerbrochen und vom Feuer geschwärzt, aufgefunden, die wahrscheinlich von einem Kirchenraub herrühren dürften. Die Diebe versuchten die Gegenstände, die sie für silbern hielten, an der Fundstelle einzuschmelzen, was ihnen aber nicht gelang, da die Gegenstände aus Messing waren. Vor Ärger darüber zerschlugen sie die Kirchengeräte.

Dein Kreuz, o Herr, verehren wir,
und Deine heil'ge Auferstehung
loben und preisen wir.
Denn siehe: Durch das Holz des Kreuzes
kam Freude in alle Welt!

Antiphon aus der Karfreitagsliturgie

WALTERSKIRCHEN

Dorf (509 m NN, 70 Einwohner), südlich von Paunzhausen und Johanneck, westlich der Autobahn München–Ingolstadt zwischen den Autobahnanschlußstellen Allershausen und Pfaffenhofen a.d. Ilm. Gemeinde Paunzhausen in der Verwaltungsgemeinschaft Allershausen. Landkreis Freising. Filiale der Pfarrei Paunzhausen.

Walter = Personenname Walther, Waltker; Kirche, Ort eines Waldkeri.

817 Waldkeri ecclesia. 1190 mit der Pfarrei Allershausen bei Kloster Neustift (Freising).[481] 1315 bei Pfarrei Hohenkammer.[482] 1403 Walkerskirchen. 1474 Waltkerszkirchen. 1524 wieder bei Kloster Neustift (Freising), „in Walckerskirchen cum sepulturis".[483] 7. Mai 1886 Umpfarrung von Walterskirchen und Angerhöfe aus der Pfarrei Allershausen in die Pfarrei Paunzhausen.[484] 15. März 1957 Todessturz von Pfarrer Adolf Häusler.

Kirche Hl. Dreifaltigkeit

„Die Kirche ist schon 817 bekannt, um 820 geweiht. Es möchte wohl diese das ,oratorium infra silva (!) quod jacet in abviam loco Kenperc'... sein... ursprünglich geweiht von Bischof Hitto im J. 819."[485] Auf kleiner, ummauerter Erhebung in Ortsmitte. Da nur geringfügig verändert (Turmzwiebel), beeindruckt der Bau durch seine gotischen Formen „um 1500"[486]. „Gothisch, im 17. Jahrhundert etwas umgestaltet."[487]

Vorzeichen an der Westseite, wohl 20. Jh. – *Langhaus* einschiffig, hölzerne Flachdecke in der 2. Hälfte des 20. Jh. erneuert, gotische Fenster, Westempore, altes Portal an der Südseite vermauert und als Karner gestaltet, Scheidbogen zum Chor. – *Chor* gotisch, „reich durchgebildet"[488], eingezogen, ein Langjoch und 5/8-Schluß. „Im Chor sind die Wände durch Pfeiler mit ausgekehlten Ecken, in welche Rundstäbe eingelassen sind, gegliedert. Das Profil setzt sich in die spitzen Schildbögen fort. Den Pfeilern sind Dienste zur Aufnahme der Gewölberippen vorgelegt. Die Kapitelle derselben sind theils einfach profiliert mit vorgelegten Schilden, theils als Köpfe gestaltet oder mit Laubwerk geschmückt. Netzgewölbe mit birnförmig profilierten Rippen und runden Schlußsteinen mit den Bildern der Gottesmutter und S. Andreas. Die Fenster des Chores haben einfaches Maßwerk. Sehr schöne und kräftige Formbehandlung."[489] – *Sakristei* im Turmuntergeschoß. – *Turm* an der Südseite des Chores, im Untergeschoß (Sakristei) einjochiges Netz-rippengewölbe, wehrhafte Landmarke, Abschluß mit Zwiebel und Scheyerer Kreuz. – *Restaurierungen* 1734, 1923. – *Maße:* Schiff 59,94 qm Fl., Chor 36,21 qm Fl.

Hochaltar mit Skulpturengruppe Marienkrönung (Gottvater, Gott-sohn, Gott Hl. Geist), im Gesprenge Figur St. Andreas mit Andreas-kreuz, 1. Viertel 17. Jh. – *Seitenaltar links*, im Schrein Figur Papst Silve-ster I. mit Rind (weil er, der Legende nach, „einen durch die Beschwö-rungen eines Magiers getöteten Stier wiedererweckt hätte"[490]), Anfang 17. Jh., Seitenfigur hl. Sebastian, Seitenfigur hl. Agatha (Schutzpatro-nin gegen Feuersgefahr, Gewitter, Unwetter) mit Buch, „bemalte Holz-figur in der eleganten Tracht um 1500"[491], H. 0,92 m. – *Seitenaltar rechts*, Marienaltar, Gemälde Mariä Himmelfahrt, Öl auf Leinwand, Seitenfi-gur hl. Florian, Seitenfigur hl. Abt Antonius d. Gr., der Einsiedler, „Va-ter der Mönche" (des Antoniterordens), Schutzpatron gegen Feuersge-fahr, Pest und andere ansteckende Seuchen, mit Glocke (die Pestkran-ken seine heilungverheißende Ankunft ankündigt, aber Gesunde warnt), in der Rechten Kreuzstab, H. 0,86 m, „mäßige Arbeit um 1500"[492]. – An der südlichen Chorwand attributlose „Bemalte *Holzfi-gur*, mäßige Arbeit. Um 1500. H. ca. 100 cm."[493] – Am Scheidbogen *Ro-senkranzmadonna*. – *Kanzel*, bemalt, 17. Jh. – *Gestühl, Empore*, 17. Jh.

Gedenktafel: An der inneren Südwand des Langhauses „In dieser Kir-che verunglückte tödlich am 15. 3. 1957 H. H. Pfarrer Adolf Häusler † Gedenket seiner im Gebete †".

Fest der Heiligsten Dreifaltigkeit
(Sonntag nach Pfingsten)
„Ehre sei dem Vater und dem Sohn und dem Heiligen Geist, wie im Anfang, so auch jetzt und alle Zeit und in Ewigkeit. Amen."

Kirche Hl. Dreifaltigkeit
Walterskirchen

Der Todessturz von Pfarrer Häusler

Es war am Freitag, dem 15. März 1957, als Adolf Häusler, seit 1938 Pfarrer von Paunzhausen und zugleich Seelsorger von Johanneck und Walterskirchen, nachmittags Bauarbeiten in der Heilig-Dreifaltigkeits-Kirche inspizierte, auf dem Dachboden des Gotteshauses neben ein Brett auf eine morsche Stelle trat – man weiß nicht, ob versehentlich oder infolge eines Schwächeanfalles –, durch die brechende Decke sechs Meter in die Tiefe stürzte, neben dem rechten Seitenaltar auf die steinerne Stufe aufschlug und sofort tot war.[494] Pfarrer Häusler verschied, nach neunzehnjährigem segensreichen Wirken in der Pfarrei Paunzhausen, in seiner Filialkirche. Fünfundsechzig Jahre war er alt geworden.

Michael Krönner, ehemals Pfarrer von Zolling, der damals als Pfarrer im Ruhestand im einstigen Pfarrhause zu Johanneck wohnte, berichtet:

„Ich war eben von einem Krankenbesuch heimgekommen, als die Haustürglocke läutete. Die Haushälterin öffnete. Ich erfuhr, daß ich sofort nach Walterskirchen kommen sollte, da Pfarrer Häusler dort verunglückt sei. Das Auto von Gastwirt Liebhardt aus Paunzhausen stand schon bereit und brachte mich auf kürzestem Wege nach Walterskirchen. Während der Fahrt deutete man mir leise an, daß Pfarrer Häusler wohl tot sei. Ich betete im Auto. Ein anderes Auto überholte uns. Es war der Wagen von Dr. med. Reber aus Pfaffenhofen. Offenbar hatte man den Arzt telephonisch verständigt. In Walterskirchen angekommen, ging ich, von Herrn Liebhardt begleitet, in das Gotteshaus und war dort Augenzeuge des tiefen Unglücks: Pfarrer Häusler lag tot auf dem Kirchenpflaster, nahe des Muttergottesaltares, blutüberströmt an Nase, Mund und Ohren, die rechte Hand auf dem Knie, den linken Arm etwas nach oben abgebogen, die Augen geschlossen, das Gewand stark mit Mörtel überhäuft. In der Decke der Kirche sah ich ein großes Loch, wohl mehr als einen halben Meter im Durchmesser. Auf meine Frage, ob er als Arzt hier noch helfen könne, antwortete Dr. Reber: „Der Herr Pfarrer ist tot!" Tiefe Wehmut erfaßte mich. Ich schritt zu dem lieben Toten, berührte seine rechte Hand als äußeres Zeichen des Abschieds von meinem Mitbruder des Weihe-Jahres 1920, spendete ihm bedingungsweise die heilige letzte Ölung und betete dann das Vaterunser. Mit mir beteten Fräulein Theres, die langjährige Haushälterin des Verstorbenen, Herr Doktor Reber, der Bürgermeister von Paunzhausen, Schreinermeister Moser, Herr Scheuer und die Arbeiter, die beim Ausbessern des Kirchendaches beschäftigt waren. Von Paunzhausen aus meldete ich durch die Post die Trauernachricht dem Dekan. Mit außergewöhlich großer Anteilnahme der ganzen Pfarrei betete ich nun den Sterberosenkranz für die Seelenruhe unseres hochwürdigen Herrn Pfarrers.[495]

WINDEN

Ortschaft (500 m NN, 79 Einwohner), südlich des Schindelhauser Forstes, an der Straße Niederthann–Prambach–Einmündung B 13 (bei Hettenshausen). Kuratie Niederthann.

Winden = Wenden (Slawen), Veneter (Illyrer), ahd. Winida; vor allem unter Tassilo III. (748–788) und Karl I. d. Gr. (768–814) aus dem slowenischen Osten nach Bayern umgesiedelte Volksgruppen. „Die Hallertau ist bevorzugtes Siedelgebiet aus dem Osten eingeführter, wohl kriegsgefangener Südslawen, die deutsche... Grundherrn auf Rodeland setzten... Die Neuankömmlinge werden gewöhnlich volkstümlicherweise Winden geheißen...“ [496]

20. Mai 1349 urkundlich erstmals Winden genannt. 1527 Winten. 1752 Wünden. 11. Januar 1816 vom Landgericht Moosburg an das Landgericht Pfaffenhofen. 1818 Winden, Gemeinde Entrischenbrunn, Steuerdistrikt Reisgang. Seit 1. Januar 1978 Gemeinde Hettenshausen.

Kapelle Sankt Marien
Privatkapelle. Besitzer Peter Kaindl „beim Kling“. 1948 errichtet. 31. Oktober 1948 Weihe durch Expositus Max Heininger. Einschiffiger Raum. Dachreiter. Glocke (35 kg).

Gedenktafel: „Am 11. Juli 1944 umkreiste ein Luftgeschwader unsere Gegend und drohte unsere Heimat zu zerstören. Auf Anrufung der lieben Gottesmutter wurde, trotz Abwurfs von 278 Bomben, alles Leben, Hab und Gut beschützt. Zum Danke gegen Gott und der lieben Gottesmutter wurde diese Kapelle erbaut im Jahre 1948 von Peter und Maria Kaindl.“
Der Bomberverband der Alliierten ließ die Bomben um 12 Uhr mittags zwischen Winden und Streitberg als Fehlwurf fallen. Da sich die Landbevölkerung zur Essenszeit in ihren Häusern und nicht im Freien bei der Feldarbeit befand, kam niemand zu Schaden. Noch nachts explodierten letzte Zeitzünderbomben.

Schweitenkirchen, Gemälde von Michael P. Weingartner

Die Gemeinde Schweitenkirchen in Zahlen

Die Gemeinde Schweitenkirchen hat 1984 einen Einwohnerstand von 3527. Durch die bereits im Bau befindlichen Wohngebäude und die dadurch zu erwartenden Zuzüge wird die Einwohnerzahl bis zum Jahresende 1984 auf etwa 3600 steigen. Gemeindegröße: 53 qkm. Länge der Gemeindeverbindungsstraßen: 97 km.

Die Gemeinde besteht seit der Gebietsreform von 1978 aus 42 Gemeindeteilen der ehemals 5 selbständigen Gemeinden Schweitenkirchen, Dürnzhausen, Aufham, Geisenhausen und Sünzhausen.

Die dreißig Ortsteile (neben zwölf Einöden) sind: Schweitenkirchen, Ampertshausen, Aufham, Dietersdorf, Dürnzhausen, Frickendorf, Geisenhausen, Giegenhausen, Güntersdorf, Gundelshausen, Großarreshausen, Holzhäuseln, Holzhausen, Hirschhausen, Jetzlmaierhöfe,

Kleinarreshausen, Loipersdorf, Loipertshausen, Neukaslehen, Niederthann, Oberthann, Preinersdorf, Preinerszell, Raffenstetten, Reisdorf, Schaching, Schellneck, Schmiedhausen, Sünzhausen, Weikenhausen.

Öffentliche Einrichtungen, Ärzte und Grundversorgungseinrichtungen: Rathaus, Grund- und Hauptschule mit Schulturnhalle (Schulverband mit Nachbargemeinde Paunzhausen, etwa 400 Schüler). Kindergarten mit Kinderspielplatz, Gemeindebücherei (im Pfarrheim Schweitenkirchen). Sportzentrum mit 1 Gemeindehalle (42 × 32 m, sämtliche Hallensportarten möglich, Sauna, Squash), 2 Rasensportplätze, 1 Hartplatz, 4 Tennisplätze, 4 Stockbahnen, 1 Tennis-Trainingswand, 1 Außen-Tischtennisplatte, 1 Verkehrsübungsplatz, 1 kirchlicher Friedhof (aufgelassen), 1 gemeindlicher Friedhof, 1 Kläranlage für Schweitenkirchen und Raffenstetten, 1 Abwasserbeseitigung für Güntersdorf/Aufham im Bau, 1 Kläranlage für das nördliche Gemeindegebiet im Wolnzacher Ortsteil Geroldshausen, Wasserversorgung durch Wasserzweckverband Paunzhauser Gruppe für das südliche Gemeindegebiet, für das nördliche Gemeindegebiet durch Wasserzweckverband Geisenhausen-Geroldshausen, 1 Arzt, 1 Zahnarzt, 2 Tierärzte, 1 Apotheke, 1 Postamt (eigene Ortskennzahl 08444 für Telefon), 5 Ortsfeuerwehren, 1 Bauhof, 1 Sportverein mit etwa 800 Mitgliedern (FC Schweitenkirchen 1946 e. V. und 9 Unterabteilungen, 4 Schützenvereine (Schweitenkirchen, Güntersdorf/Aufham, Dürnzhausen und Sünzhausen), sämtliche Geschäfte für die Grundversorgung. Im ausgewiesenen Gewerbegebiet derzeit 3 Betriebe der Elektronikbranche mit zusammen etwa 250 Arbeitsplätzen sowie 1 großem Lagerhaus. Erster Bürgermeister ist seit 1971 Max Elfinger. Der Gemeinderat besteht aus 16 weiteren Mitgliedern. Der Hauptort Schweitenkirchen mit dem Ortsteil Raffenstetten, der unmittelbar an Schweitenkirchen anschließt, hat rund 1000 Einwohner. Im Gemeindegebiet gibt es über 1000 Haushalte, davon in Schweitenkirchen 207, in Raffenstetten 63.[497]

Statistik der Pfarreien[498]

(Stand: 1. Juni 1984)

Pfarrei / Kuratie	*Katholiken*	*Einwohner*	*Hausnummern*	*Familien*	*Kinder*	*Rentner*	*Landwirte*	*Taufen 1983*	*Beerdigungen 1983*	Mitarbeiter
Schweitenkirchen	617	819	182	240	174	50	10			Pfarrer
mit Frickendorf	59	63	14	18	20	6	6			Engelbert Wagner
Giegenhausen	59	63	15	19	11	5	8			
Hirschhausen	73	75	16	20	23	12	13			Kirchenpfleger
Loipersdorf	26	45	11	12	5	5	5			Johann Biebel
Preinersdorf	80	92	22	26	21	7	11			PGR-Vorsitzender*
Raffenstetten	136	176	47	51	49	6	5			Manfred Krabichler
Reisdorf	42	42	8	11	8	3	4			
Schaching	15	15	4	5	4	5	2			Mesner
Schmiedhausen	145	157	31	35	35	16	17			Karl Köttner
										Organist
										Georg Kaindl
										Chorleiter
										Leonhard Maurer
										Sekretärin
										Elisabeth Schönwolf
Gesamt	1252	1547	350	437	350	115	81	23	9	

Pfarrei / Kuratie	*Katholiken*	*Einwohner*	*Hausnummern*	*Familien*	*Kinder*	*Rentner*	*Landwirte*	*Taufen 1983*	*Beerdigungen 1983*	Mitarbeiter
Sünzhausen	223	237	59	65	48	28	18			Pfarrer
mit Holzhausen	59	59	11	12	21	10	10			Engelbert Wagner
Holzhäuseln	47	47	13	14	6	6	9			Kirchenpfleger
Jetzelmairhöfe	17	31	7	7	7	4	1			Michael Huber
										PGR-Vorsitzender*
										Anton Merkl
										Mesner
										Engelbert Karl
										Organistin
										Therese Schick
Gesamt	346	374	90	98	82	48	38	10	4	

* PGR = Pfarrgemeinderat

										Mitarbeiter
Niederthann	79	79	20	23	15	11	13			Pfarrer
mit Entrischenbrunn (Teil)	60	60	12	13	13	11	4			Engelbert Wagner
Kerschhof	8	8	2	2	1	1	2			Kirchenpfleger
Oberthann	42	48	11	12	10	5	5			Anton Geltermeier
Ödhof	5	5	1	1	1	–	1			
Schellneck	13	13	3	3	3	6	3			PGR-Vorsitzender*
Winden, Harres und	77	88	24	25	14	17	12			Franz Lachermeier
Leiten										
										Mesner
										Adolf Steiner
										Organist und Chorleiter
										Ludwig Huber
Gesamt	284	301	73	79	57	51	40	4	3	
Güntersdorf	319	335	77	90	82	42	27			Pfarrer
mit Ampertshausen	62	65	17	19	14	9	9			Theodor Gramlich
Aufham	174	191	44	54	35	17	14			Kirchenpfleger
Dietersdorf	75	76	20	22	14	4	9			Michael Kohlhuber
										Mesner
										Michael Hegenauer
										Organist und Chorleiter
										Ludwig Huber
Gesamt	630	667	158	185	145	72	59	10	5	
Dürnzhausen	179	196	50	60	43	25	21			Pfarrer
mit Preinerszell	85	91	17	17	19	11	12			Theodor Gramlich
Gundelshausen	72	76	20	18	12	13	13			Kirchenpfleger
										Johann Kappelmeier
										Organistin
										Therese Schick
Gesamt	336	363	87	95	74	49	46	5	3	
Paunzhausen	599	693	201	215	119	93	45	8	10	Pfarrer
mit Johanneck										Herbert Muggenthaler
Walterskirchen										Kirchenpfleger
										Franz Xaver Ebert
										PGR-Vorsitzende*
										Anna Dreischl
										Mesner
										Johann Dreischl
										Chorleiter
										Hans Schauer
Gesamt	599	693	201	215	119	93	45	8	10	

Förnbach	769	832	202	92	112	81	28	10	6	Pfarrer Franz Stadler

Kirchenpfleger
Loibl Michael

PGR-Vorsitzender*
Josef Findel

Organist und Chorleiter
Christian Wagner

Geisenhausen	302	343	88	104	66	34	30	6	2	Pfarrer Franz Xaver Fischer

Kirchenpfleger
Johann Ostler

PGR-Vorsitzender*
Andreas Kufer

Mesnerin
Katharina Helm

Organist und Chorleiter
Ludwig Krammer

Illustrationen stifteten dankenswerterweise

Abkürzungen

Abb.	Abbildung	**HV**	Historischer Verein
ahd.	althochdeutsch, Sprache bis 1100	**Jh.**	Jahrhundert
Br.	Breite	**kr.**	Kreuzer, etwa 3 Pfennige
ca.	cirka	**L.**	Länge
Fl.	Fläche	**l.**	links
fl.	Florentiner Gulden, ca. 1,70 DM	**m.**	mitte
Gem.	Gemeinde	**mhd.**	mittelhochdeutsch, Sprache von ca. 1100 bis ca. 1350
GV	Generalvikariat		
H.	Höhe	**nhd.**	neuhochdeutsch, Sprache seit ca. 1350
hl.	heilig, Heilige, Heiliger	**NN**	Höhe über Normalnull
Hrsg.	Herausgeber	**r.**	rechts
hrsg.	herausgegeben (von)	**St.**	Sankt

Fremdwörter von A bis Z

Akanthus
Im Mittelmeerraum heimische Pflanze mit schönen Blättern; der Blattform wegen in der Kunst vielfach als Verzierung verwendet

Alma mater
„nahrungsspendende Mutter"; bildhafte Umschreibung für Universität

amorph
formlos, ungegliedert

Auszug
Oberteil, Oberbau des Altares

Baccalaureus
niedrigste akademische Stufe

Barock
Kunststil, in Europa ca. 1630–1750

Beschau
In das Werkstück eingeschlagenes Kontroll- und Verkaufs-Freigabezeichen der örtlichen Gold- und Silberschmiedezunft

cathedra
Lehrkanzel, Lehrstuhl, Papstthron

Ciborium
Speisekelch, Weihbrotgefäß, Gefäß zum Aufbewahren der Hostien

Cuppa
Schale (des Kelches)

Dedication
Weihe (Kirchweihe)

Dienst
schwache, verstärkende Vorlage an Mauern, Pfeilern, Säulen

Fakultät
Abteilung der an Universitäten gelehrten Hauptwissenschaften, z. B. Theologie, Medizin, Philosophie

Filial(e)
Tochterkirche

Gotik
Kunststil, in Deutschland ca. 1230–1530

285

Grisaille
Grau-in-Grau-Ton, Abtönungen innerhalb einer Farbe

Hohlkehle
gerundetes Verbindungsglied zweier
rechtwinkelig zusammentreffender
Flächen

Ikone
(griech.: Bild); in der griech.-orthodoxen
Kirche Bezeichnung des Tafelbildes im
Gegensatz zum Wandgemälde

in specie
im einzelnen

Kanonist
Lehrer des Kirchenrechtes

Kapitell
Oberer plastischer Abschluß (Kopf) von
Säule, Pfeiler oder Pilaster. Lateinisch:
capitellum = Köpfchen

Konsole
auch Kragstein, Tragstein: aus der Mauer
herausragender Stützstein für Bauglieder

Kragstein
siehe Konsole

Laterne
über dem Scheitel der Kuppel (Haube,
Zwiebel) aufstrebendes Türmchen, meist
von Fenstern durchbrochen

Lisene
flacher, senkrechter Mauerstreifen zur
Gliederung der Fläche

Matrikel
Verzeichnis, Einschreibungsliste

Meistermarke
in das Werkstück eingeschlagenes
persönliches Kennzeichen (meist Anfangsbuchstabe des Namens) des herstel-
lenden Handwerksmeisters

Mensa
Tisch, Altartisch, Altarplatte

Ornata
Ausstattungsstücke, Ausstattung

Patroni
Schutzheilige

Plaquette
kleine Platte, Zierat, figürlicher Schmuck

polychrom
vielfarbig

Putto
Mehrzahl: Putten, Putti; Kinderengel, oft
nur Köpfchen, oft geflügelt

Rokoko
Kunststil, in Deutschland ca. 1700–1750,
Spätzeit des Gesamtbegriffes Barock

Romanik
Kunststil, in Deutschland ca. 1000–1230

Sepultur
Friedhof, Bestattungsrecht

Sprenggiebel
Seitenstücke eines eigentlich halbkreis-
förmigen Giebels, dem aber das Mittelstück fehlt

Vasa sacra
Heilige Gefäße; dem Kirchen- und
Altardienst geweihte Gegenstände,
z. B. Kreuz, Kelch, Monstranz

Volute
spiralenförmig (schneckenförmig)
eingerolltes architektonisches Bau-
element

Vorzeichen
Vorraum, Eingangsraum

Zwickel
an drei Seiten begrenztes Flächenstück

Quellennachweis

AE
Archiv Erzbistum München und Freising

ChEx Sü
Chronik der Expositur Sünzhausen bei
Schweitenkirchen, 1934 f.

Ch M-Ilmm
Chorstift München-Ilmmünster (Bestand
im HStA M)

DG
Georg Dehio und Ernst Gall, Handbuch
der Deutschen Kunstdenkmäler. Band
Oberbayern, Deutscher Kunstverlag
München–Berlin, 3. Auflage, 1960

EB SH
Emmi Böck, Sagen aus der Hallertau,
Verlag Pinsker, Mainburg, 1975

GB OIA
Georg Brenninger, Orgeln in Altbayern,
1978

GLK
Geheimes Landesarchiv, Kurbayern
(Bestand im HStA M)

GL M
Gerichtsliteralien Moosburg (Bestand im
HStA M)

GV K
Georg Völkl, Kirchdorf, Eine Pfarr-
geschichte aus dem Ampertal; erweiterter
Sonderdruck aus dem 17. Sammelblatt
des Historischen Vereins, Freising, 1931

HAvB
Historischer Atlas von Bayern, Teil
Altbayern, Das Landgericht Pfaffenhofen
und das Pfleggericht Wolnzach, bearbeitet
von Volker v. Volckamer, hrsg. Kommission für bayerische Landesgeschichte,
München, 1963

HONB PAF
Historisches Ortsnamenbuch von
Bayern, Oberbayern, Band 4, Landkreis
Pfaffenhofen a. d. Ilm, verfaßt von
Friedrich
Hilble, hrsg. Kommission für bayerische
Landesgeschichte, München, 1983

HStA M
Hauptstaatsarchiv München

HStU F
Hochstiftsurkunde Freising (Bestand im
HStA M)

JB
Joseph Brückl, Eine Reise durch den
Bezirk Pfaffenhofen, Verlag F. Udart,
Pfaffenhofen a. d. Ilm. 1950

JB A
Josef Bogner, in: Amperland, 8. Jhrg.,
H. 3, 1972, Dachau

Joh
Evangelium nach Johannes

KlL W
Klosterliteralien Weihenstephan
(Bestand im HStA M)

KROb
Die Kunstdenkmale des Regierungs-
bezirkes Oberbayern, 1. Teil, 1895, Verlag
Jos. Albert, München

LB KKN
P. Leopold Beslmüller OSB (Scheyern),
Katholische Kuratie Niederthann;
maschinengeschrieben vervielfältigt, 1968

Lk
Evangelium nach Lukas

MB
Monumenta Boica, hrsg. Bayerische
Akademie der Wissenschaften, München,
1763 ff.

MD MF
Martin v. Deutinger, Die älteren Matrikel
des Bistums Freising, 3. Band, München,
1849–1850

Mt
Evangelium nach Matthäus

MW
Anton Mayer und Georg Westermayer,
Statistische Beschreibung des Erzbistums
München-Freising, 1874 f.

N. T.
Neues Testament, nach Einheitsübersetzung, Kath. Bibelanstalt GmbH, Stuttgart, 1980, Lizenzausgabe bei Verlag Herder, Freiburg i. Br.

OA
Oberbayerisches Archiv für vaterländische Geschichte, hrsg. Historischer Verein v. Oberbayern, 1839 ff.

Pfb Schw
Pfarrbeschreibung Schweitenkirchen (Bestand im AE)

PfCh Gü
Pfarrchronik der Pfarrkuratie Güntersdorf

QE
Quellen und Erörterungen zur bayerischen und deutschen Geschichte, München, 1856–1864

QE NF
Neue Folge der QE, München, 1903 ff.

ThB TF
Theodor Bitterauf (Hrsg.), Die Traditionen des Hochstifts Freising, 2. Bd. (QE NF 4,5), 1905–1909

Tr FN
Die Traditionen, Urkunden und Urbare des Klosters Neustift bei Freising, Bearbeiter Hermann-Joseph Busley, in: QE NF 19 (1961)

Tr Mm
Die Traditionen, Urkunden und Urbare des Klosters Münchsmünster, Bearbeiter Matthias Thiel und Odilo Engels, in: QE NF 20 (1961)

Tr W
Die Traditionen des Klosters Weihenstephan, Bearbeiter Bode Uhl, in: QE NF 27/1 (1972)

1 MW I, 3–4

2 Adolf Adam, Wo sich Gottes Volk versammelt, Vlg. Herder, Freiburg i. Br., 1984

3 s. Anm. 2

4 Hermann Münzel, Ministranten, Werkbuch für den Altardienst, Vlg. Pfeiffer, München, 1969, 107–117

5 Pfarrer Bichler, These für die 4. Pastoralkonferenz 1958, in: Pfarrarchiv Schweitenkirchen

6 Gotteslob, Kath. Gebet- u. Gesangbuch, Ausgabe für das Erzbistum München u. Freising, Vlg. Pfeiffer, München, Lied Nr. 266

7 Fulbert Steffensky, Die Hoffnung kennt viele Gebärden, in: Süddeutsche Zeitung, München, Nr. 149, 30. Juni 1984 (von Pfarrer Engelbert Wagner, Schweitenkirchen, für das Buch stellenweise bearbeitet)

8 Unsere Heimat, Blätter für Hallertauer Heimatkunde, Beilage zur Pfaffenhofener Zeitung, Nr. 114, Juli 1938

9 Josef Maria Lutz, geb. 5. Mai 1893 Pfaffenhofen a. d. Ilm, gest. 30. August 1972 München. Dichter, Dramatiker, Volksschriftsteller, Mundartlyriker. In: Bayerland, 58. Jhg., August 1956, 281. – Werner Vitzthum, Ich wollte Freude machen, in: Pfaffenhofener Kurier, 20. August 1982

10 Eine bayerische Postmeile = eine deutsche geographische Meile = zwei Poststunden = 7,420 Kilometer

11 Max Kneissl, Die internationalen europäischen Gravimeter-Eichbasen, in: Abhandlungen NF H 79, Bayer. Akad. d. Wiss., Mathem.-naturwiss. Kl., München, 1956

12 Friedrich Hilble, Die Hallertau, Wald u. Landschaft, in: Blätter für oberdeutsche Namenforschung, München, 16, 1979, 34–44

13 J. M. Lutz, Die Landschaft der Hallertau, in: Bayerland, 58. Jhg., August 1956, 281 ff.

14 Joseph Brückl, geb. 1899, gest. 1965, Oberlehrer in Pfaffenhofen a. d. Ilm, Heimatforscher, Heimatschriftsteller

15 J. Brückl, Der Hallertauer Mensch, in: Bayerland, 58. Jhg., August 1956, 284 ff.

16 1980: ca. 6700 Hektar

17 1979: ca. 538 000 Zentner

18 1979: ca. 253 000 Zentner

19 Hopfensiegelgemeinden im Ldkr. Pfaffenhofen a. d. Ilm sind Geisenfeld, Hohenwart, Pfaffenhofen a. d. Ilm, Wolnzach

20 Adolf Rebl, Hallertauer Hopfen, in: Hopfen u. Malz, Vlg. R. A. Hoeppner, München-Aßling, 1966, 41

21 J. Brückl, s. Anm. 15

22 Paul Ruf, J. A. Schmeller, Tagebücher 1801–1852, in: Schriftenreihe zur bayer. Landesgeschichte, Bayer. Akad. d. Wiss., Bd. 47, 48 a, Vlg. H. C. Beck, München

23 s. Anm. 22, Bd. I, 419–420

24 s. Anm. 22, Bd. II, 129

25 HONB PAF 122

26 HONB PAF 122

27 ThB TF 627, zitiert in: HONB PAF 122

28 ThB TF 1248 a

29 ThB TF 1352

30 ThB TF 1667

31 ThB TF 1679

32 ThB TF 1756 d

33 MD MF 3, 223

34 Ch M-Ilmm, 10. Juni 1348

35 GLK 1127, 49'

36 Klosterliteralien Ilmmünster, Bestand im HStA M

37 MD MF 3, 271

38 Philipp Apian, Topographie, in: OA 39, 201

39 AE, Pfb Schw

40 HAvB 193, 219

41 MV I, 20

42 MV I, 20–21

43 Max Böhnel, Schulgeschichtliche Aufzeichnungen, in: Unsere Heimat Nr. 3, Beilage zum Ilmgau-Kurier, Pfaffenhofen, 99. Jhg., November 1958

44 J. Brückl, s. Anm. 15

45 KROb

46 MW I, 20

47 MW I, 20

48 KROb

49 DG 211

50 Anton Bichler, Konferenzthese für den Kapiteljahrtag 1956, in: Pfarrarchiv Schweitenkirchen

51 KROb

52 DG 311

53 Mündliche Mitteilung S. Benker an Pfarrer E. Wagner, Juni 1984

54 MW I, 20

55 W. Siemann und sein Onkel Martin Binder arbeiteten in ihren Firmen zusammen, so daß sich, neben Steinmeyer, ihre Werkstätten „zum größten Lieferanten für Ober- und Niederbayern in den ersten drei Jahrzehnten unseres Jahrhunderts" (GB OIA 131–132) ausweiteten

56 GB OIA, Vlg. F. Bruckmann, München, 1978 (1. Aufl.)

57 Werner Vitzthum, Die „silbernen" Glocken von Langenmosen, in: Neuburger Kollektaneenblatt 1981, 116–137 (Anm. 49)

58 Sigmund Benker, Schrb. v. 15. Juni 1984 an Verfasser. Literatur: Die Kunstdenkmale des Königreichs Bayern, Bd. Oberbayern, München, c. 1890, 140. J. Rohmeder, Der Meister des Hochaltars in Rabenden, München, 1971. A. Miller, Die Figur des hl. Rasso in der Münchner Frauenkirche, Ein Beitrag zum Werk des Meisters von Rabenden, in: Weltkunst 53, 1983, Nr. 13, 1779 (mit Abb.)

59 Peter M. Steiner, Freising, Schrb. vom 1. Juni 1984, an Pfarramt Schweitenkirchen

60 Jacob Burckhardt, Der Cicerone, Vollständiger Neudruck der Urausgabe, Bernina-Vlg., Wien, 1938, 581

61 Biebel-Dirsch, Führer durch das Liebfrauenmünster Ingolstadt, Neuauflage 1969, 23, Abb. 16

62 AE, Pfb Schw

63 AE, Pfb Schw

64 AE

65 Kultusminister Hans Maier, in: 500 Jahre Universität Ingolstadt-München, Sonderbeilage zum Donau Kurier, Ingolstadt, Juni 1972, 2

66 Audomar Scheuermann, in: 500 Jahre Univ. Ingolstadt-München, Sonderbeilage zum Donau Kurier, Ingolstadt, Juni 1972, 13

67 Gerhard Wilczek, in: s. Anm. 66, 6

68 s. Giegenhausen, Georg Khueffer, 1575

69 s. Dietersdorf

70 Die Matrikel der Ludwig-Maximilians-Universität Ingolstadt-Landshut-München, Hrsg. Götz Frhr. von Pölnitz, München 1937 ff. – Castner 50, 24 – Veycht 298, 8 – Gutiar 592, 23 – Kueffer 1340, 43 – Hueber 566, 28 – Monj 920, 17

71 Siebenecken (Stadt Pfaffenhofen a. d. Ilm): um 1210 Ekke, 1423 Egken, 1500 Eck, um 1620 Eckhen, 1665 Eggen

72 AE, Pfb Schw

73 AE, Bauakten Schw, 12. Januar 1811

74 s. Anm. 73

75 s. Anm. 73

76 s. Anm. 73

77 s. Anm. 73

78 Sterberegister der Pfarrei Pfaffenhofen a. d. Ilm, 1809–1837, fol. 9

79 AE, Pfb Schw

80 AE, Pfb Schw

81 AE, Pfb Schw

82 AE, Bauakten Schw, Schrb. v. 12. Januar 1811

83 richtig: 1806

84 Prosper Gelder, ge. 5. Januar 1764 Kanzach, Pr. u. Cur. 26. April 1789, dann Chorvicar am Metropolitan-Capitel zu Uns. Lb. Frau in München, Kan. von Polling, erzbischöfl. Sekretär, gest. 23. Sept. 1836

85 AE, Pfb Schw

86 AE, Pfb Schw

87 Widdum, Widum, Pfarrgut, Pfarr-Ökonomie, Landwirtschaft, umfaßte in hiesiger Gegend meist 60–120 Tagwerk; Wortbedeutung: das Gewidmete

88 Zehnt, Zehent: Der an den Pfarrer vertraglich oder herkömmlich zu dessen Lebensunterhalt von den Haushaltungsvorständen jährlich abzuliefernde „10. Teil" an Naturalien (z. B. Feld- und Gartenfrüchte, Eier); im 19. Jh. Ablösung der Naturalabgaben durch Geldbeträge. Pfarrpfründe bis 1902 in Eigenbewirtschaftung; danach bis 1931 teilweise in Eigenbewirtschaftung; seitdem verpachtet.

89 Stole, Stolgebühren: Nebenbezüge des Pfarrers, z. B. von Taufen, Hochzeiten, Beerdigungen

90 Fassion: Amtliche statistische Angaben, zumeist über Besitzstand, Einkommen, Ausgaben; in etwa vergleichbar mit der heutigen Steuererklärung

91 AE, Pfb Schw

92 Zehntherr

93 zu Lasten der Nachfolger

94 AE, Bauakten Schw

95 AE, Pfarrakten Schw, 1843 ff.

96 AE, Schw

97 Amtsblatt für das Kgl. Bezirksamt Pfaffenhofen, Nr. 113, 21. September 1909, 874

98 s. Anm. 97, Nr. 114, 23. September 1909, 882

99 s. Anm. 97, Nr. 114, 23. September 1909, 882

100 ChEx Sü 96–98

101 Pfarrarchiv Schweitenkirchen, Glockenakt

102 Gedenken zur Kirchen-Weihe, in: Ilmgaukurier, Pfaffenhofen, September 1959

103 Primiz auf höchstem Punkt der Heimat, in: Ilmgaukurier, Pfaffenhofen, Juli 1963

104 Münchener Kath. Kirchenzeitung,
75. Jhg., Nr. 51, 19. Dezember 1982

105 Pfarrbrief Schweitenkirchen,
Weihnachten 1982, 4

106 s. Anm. 105, 3–4

107 Amtsblatt für das Erzbistum München u. Freising, 1982, Nr. 20, 8.
November, 426–427

108 BHStA M, Gerichtsliterale Wolnzach 3, fol. 1–1'

109 KlL W 10, 7 (nachträglich)

110 KlL W 11,5'

111 MD MF 3, 222

112 AE, Bistumskarte 14. Jh. (Georg
Winkler 1851)

113 GLK 20874; mit Erwähnung von
Paul Gluck auf dem Stafelhof =
Glückhof

114 GLK 19627

115 MD MF 3, 270

116 OA 39

117 KlL W 13, 52'

118 HAvB 215

119 MD MF 2, 437 ff.

120 MW

121 GV K 76

122 GV K 76

123 GV K 76

124 GV K 76

125 GV K 76

126 MW

127 KROb 1. T., 1895

128 Sigfrid Hofmann, in: Kreis Pfaffenhofen, Ilmgau Vlg., 1974, 76

129 Hans Eisenmann, Kirche Heute, in:
Land aktuell, Nr. 7, 36. Jhg., Juli
1984

130 Mundartlich vom Personennamen
Gaulidl: 1491 Jakob Gauludler, 1574
Sebastian Gaulidl. – Vgl. GV K, 238
und JB, 184

131 PfCh Gü 40

132 Walter Friedberger, Kirche Heute,
in: Land aktuell, Nr. 7, 36. Jhg., Juli
1984

133 HONB PAF 5

134 ThB TF 726

135 HONB PAF 5

136 ThB TF 726

137 ThB TF 1272

138 MD MF 3, 222

139 HAvB 199, 215

140 GV K 75

141 GL M

142 GV K 75

143 GV K 75

144 s. Anm. 128

145 s. Anm. 128

146 s. Anm. 128

147 KROb

148 s. Anm. 128

149 Ähnliche Kreuzesformen s. in St.
Arasatius, Ilmmünster, Detail vom
Mittelstück der Chorschranken
(karolingisch, ca. 8. Jh.), in der
Prähistorischen Staatssammlung
München

150 ThB TF 871

151 ThB TF 1400, 1436

152 Tr W 70 a

153 GV K 126

154 GV K 126

155 GV K 235, 236. Demnach wäre das
Schloß sowohl 1801 als auch 1846
abgebrannt.

156 HAvB 199

157 EB SH, Nr. 50

158 MW

159 MW

160 GV K 126

161 GV K 81

162 GV K 81

163 Chronik der Pfarrei Güntersdorf, 23

164 1981 als geschützte Naturdenkmale (ND) aus der amtlichen Liste des Landratsamtes Pfaffenhofen a. d. Ilm gestrichen

165 Alle Bibelzitate nach der N. T.-Einheitsübersetzung, Kath. Bibelanstalt, Stuttgart, 1980

166 Text: Nach dem Hymnus Crux ave benedicta, Trier, 1810. Weise: Straubing, 1607.

167 Amtsblatt für das Kgl. Bezirksamt Pfaffenhofen, Nr. 86, 20. Juli 1909, 658

168 ThB TF 10

169 ThB TF 1249

170 ThB TF 1353

171 ThB TF 1668 a

172 Tr FN 4

173 Tr Wei 217

174 Tr FN 76

175 MD MF 3, 323

176 GLK 1127, 54′ – 55

177 MD MF 3, 272

178 Philipp Apian, Topographie, in: OA 39

179 Enno Burmeister, München: Restaurierungskonzept der Kuratiekirche Dürnzhausen, 10. September 1974, 4

180 MD MF 3, 323

181 Chronik der „Pfarrei" Dürnzhausen

182 s. Anm. 181

183 DG 311

184 Enno Burmeister, München, 10. September 1974, 6 – 7, Restaurierungskonzept: „Das flach gedeckte Langhaus hebt sich in seinem Gesamteindruck deutlich vom Chor ab. Seine glatten Wände enthalten je vier Fenster, wovon sich eines im breiteren Anbau befindet. Die vom Putz befreiten Mauern zeigen deutlich die an der Kirche entstandenen Veränderungen in den verschiedenen Bauperioden. Da ist einmal der älteste romanische Teil, der sich durch einen ungestörten Mauer-werksverband auszeichnet. Seine handgestrichenen Ziegel haben sehr unterschiedliche Stärken und Längen. (Es gibt Formate von über 0,90 m Länge und ca. 0,15 m Stärke). Die Südwand hingegen weist mehrere Störungen im Verband auf, eine vermauerte Türöffnung – der wohl historische Zugang zur Kirche – neben einem Pfeiler. Deutlich ist die Schiffverlängerung außer an dem Mauerrücksprung auch an dem regelmäßigen Ziegelformat erkennbar. Den Übergang von Schiff zu Chor bildet der Scheidbogen. Im unteren Teil unprofiliert, nur aus trapezförmigen Ziegeln gemauert, entwickelt sich in ca. 2,20 m Höhe aus der Trapezform ein reiches Ziegelprofil . . . Im Schiff wird schon durch einen Niveauunterschied des Fußbodens die Intimität des Chores vorbereitet."

185 s. Anm. 184, 7

186 s. Anm. 184, 6

187 DG 311

188 GB OIA

189 Schematismus, 1868, 255 – 256

190 HONB PAF 26

191 Tr Mm 53 b

192 ThB TF 1722 a und b

193 ThB TF 1764

194 MD MF 3, 214

195 MW III

196 ChM-Ilmm 6. Dezember 1326

197 Kurbayern, Urk. 36068, HStA M

198 HStU F 1. April 1402, 5. Mai 1408

199 Urk. Hl.-Geist-Spital München 290, in: QE NF 16/1 (1960)

200 MD MF 2, 282

201 HStU F 22. November 1551

202 Philipp Apian, Topographie, in: OA 39 (1880), 156

203 Visitationsprotokoll, München

204 MW III

205 s. Anm. 378, 31

206 21. Juli 1868 Baugenehmigung durch Regierung von Oberbayern

207 MW

208 DG 309

209 MW

210 DG 309

211 „Die Mensa des Hochaltares bedurfte dringend einer Erneuerung der Oberfläche mit dem Portatile. Diese wurde heute vorgenommen. Dabei kam das alte sepulcrum zu Tage. In ihm befand sich noch das Bleikästchen mit den Reliquien und der Urkunde. Letzterer zufolge wurde der um 1880 entfernte Barockaltar mutmaßlich i. J. 1700 konsekriert von Johannes Sigismund Zeller, Weihbischof, Dompropst und Generalvikar des Fürstbischofes Johannes Franz Ecker von Freising. Die Martyrernamen der eingesenkten Reliquien sind leider unleserlich." (Chronik der Pfarrei Förnbach, 8. April 1936).

212 GB OIA 104

213 DG 310

214 OA 53, 2. T., 1911–1912, 951 f.

215 s. MW, Förnbach, Pfarrsitz

216 Werner Vitzthum, Der Tod kam mit der Kegelkugel, in: Schrobenhausener Zeitung, 3. April 1974; ebenso in: Altbayerische Heimatpost, Trostberg, 27. Jhg., Nr. 46, 16. November 1975

217 Nach Pfarrchronik Förnbach, 8. September 1935, 13. Oktober 1935, 21. Juni 1936

218 Nach AM III (Förnbach, Kl. Notizen, Fußnote **) wäre Caspar Pfarrer von Schrobenhausen gewesen, in Förnbach aber Inhaber des Benefiziums. – Georg August Reischl, 500 Jahre St. Jakob zu Schrobenhausen, 1956, S. 61: „Vorübergehend versah der Pfarrer von Förenbach bei Pfaffenhofen, ein Herr Kasparus, die St. Jakobs Pfarrei . . ." (um 1541 f.)

219 geb. 25. August 1884 Schrobenhausen, 1955 Benefiziat bei St. Salvator in Schrobenhausen, gest. 30. November 1955 Schrobenhausen

220 E. Förstemann, Altdeutsches Namenbuch I, Nordhausen, 1856. – HONB PAF 28

221 Johann Matthias Fink, 1726–1747 Pfarrer von Schweitenkirchen, schreibt „Flickhendorff", als er sich, wegen eines Zehentstreites mit dem Pfarrer von Förnbach, am 17. April 1730 an das Generalvikariat in Freising wendet. AE, Pfb Schw.

222 MB IX, 375. – Die Traditionen des Klosters Schäftlarn 760–1035, in: QE NF 10/1, 74

223 MW

224 s. Anm. 223

225 JB, 175

226 Prof. Ritz u. Prof. Blatner, Landesamt für Denkmalpflege, München, Schreiben v. 27. April 1953, an Pfarramt Schweitenkirchen

227 KROb

228 Sigmund Benker, Schreiben v. 15. Juni 1984 an Verfasser

229 Josef Blatner, München, mündliche Auskunft v. 3. März 1984 an Verfasser

230 DD darf auch als dedicavit = weihte (den Stein) gedeutet werden

231 Friedrich Wagner, Neue Inschriften aus Raetien, in: 37. – 38. Bericht der Röm.-German. Kommission 1956–1957 des deutschen archäologischen Instituts, 215 ff., Vlg. de Gruyter, Berlin, 1958. – J. Alberstötter, Römischer Altarstein in der Kirche zu Frickendorf, in: Unsere Heimat, Beilage zur Pfaffenhofener Zeitung, 99. Jhg., NF Nr. 1, April 1958, 4.

232 Herrn Dr. Jochen Garbsch von der Prähistorischen Staatssammlung in München verdankt Verfasser wertvolle Auskünfte

233 Hans F. Nöhbauer, Die Bajuwaren, Vlg. Scherz, Bern–München, 3. Auflage, 1976, 109

234 HONB PAF 33

235 ThB TF 580

236 ThB TF 1673 g

237 Klosterliteralien Geisenfeld 1, 30'
(Bestand im HStA M)

238 Urkunde von 9. Juni 1322, HAvB
164–165

239 Urkunde vom 8. September 1449,
HStA M, Ger. Urk. Wolnzach,
Fasc. 6, Nr. 96

240 Urkunde vom 29. Januar 1425,
HStA M, München-Angerkloster
Urk. Nr. 430; MB XVIII, 373

241 HStA M, Al. Lit. Nr. 1489

242 Gerichtsliteralien Wolnzach 2
(Bestand im HStA M)

243 Reichsstadtliterale Regensburg 477,
32' (Bestand im HStA M)

244 Philipp Apian, Topographie, in: OA
39 (1880), 157

245 Die Gemeinde Geisenhausen
umfaßte zuletzt die Gemeindeteile
Aigen (urkundlich erstmals Anfang
20. Jh. genannt), Bettermacher (am
28. Februar 1823 zu Geisenhausen),
Birketbaur (um die Mitte 19. Jh.
entstanden), Feldhof (urkundlich
erstmals Anfang 20. Jh. genannt),
Geisenhausen, Großarreshausen,
Hueb (am 28. Februar 1823 zu
Geisenhausen), Kleinarreshausen,
Neukaslehen, Peiglmühle, Preinerszell (am 28. Februar 1823 zu Geisenhausen), Stelzenberg (am 28. Februar zu Geisenhausen), Westing.

246 DG 310

247 DG 310

248 Georg Brenninger, Die Orgeln des
Landkreises Pfaffenhofen, in:
Sammelblatt HV Ingolstadt,
88. Jhg., 1979, 33

249 JB 20 (bearbeitet)

250 In KROb (1895) und in HAvB (1963)
Girgenhausen

251 KROb

252 ThB TF 857

253 ThB TF 1318, 1319

254 ThB TF 1431

255 ThB TF 1436 a, 1436 b

256 MD MF 3, 222

257 GLK 1127, 46'

258 GV K 27

259 GV K 266[21]

260 HAvB, 199

261 GV K 88

262 GV K 227

263 GV K 27

264 GV K, 27

265 EB SH, Nr. 139

266 ThB TF, 1699

267 KROb, 1. T., 1895

268 GV K, 68

269 GV K, 68, Anno 1738

270 KROb, 1. T., 1895

271 s. Anm. 270

272 s. Anm. 270

273 PfCh Gü 13

274 GB OIA

275 ThB TF 1353

276 ThB TF 1397

277 ThB TF 1416

278 ThB TF 1646 b

279 MD MF 3, 223

280 GLK 1127, 53'

281 MD MF 3, 273

282 HAvB 201

283 KROb

284 Enno Burmeister, München,
telefon. Mitteilg. v. 25. April 1984 an
Verfasser

285 MD MF 3, 223

286 MD MF 3, 273

287 JB 195

288 Enno Burmeister, München,
Restaurierungskonzept vom 4.
September 1974, 5

289 s. Anm. 288, 6

290 HAvB, 201

291 MD MF 3, 272

292 MW: „kleiner Kuppel-Thurm"

293 KROb

294 KROb

295 MW, Schweidenkirchen: „Dieser
Ulrich von Rosen in München goß
die schöne sogenannte Präsenzglocke
der Münchener Domkirche 1492."

296 Konservator Dr. M. Goering, i. V.
Dr. Eckardt, Landesamt für Denk-
malpflege, München, Schreiben Nr.
2889 vom 8. Juni 1942 an Pfarramt
Schweitenkirchen. Pfarrarchiv
Schweitenkirchen, Glockenakt.

297 Schreiben Pfarramt Schweitenkir-
chen, 25. September 1946, an
Landratsamt Pfaffenhofen/Ilm.
Pfarrarchiv Schweitenkirchen,
Glockenakt.

298 Dr. Sigmund Benker, Prälat,
Direktor des Archives der Erzdiözese München und Freising

299 Sigmund Benker, Philipp Dirr und
die Entstehung des Barock in
Baiern, Vlg. F. X. Seitz, München
1958, 43

300 HONB PAF 53

301 EB SH Nr. 199

302 Chronik der Expositur Sünzhausen
1934–1964, S. 74: „7. 9. 47. Heute
teilte mir Pfarrer Albertshauser mit,
Prälat Michael Hartig habe geäußert,
einer der ersten Bischöfe Freisings,
Hitto 811–835, stamme aus Holzhausen."

303 ThB TF 352

304 Chronik der Expositur Sünzhausen
1934–1964, 151

305 MD MF 3, 272

306 ChEx Sü 32

307 OA XXIV, 10 u. 11

308 Philipp Apian, Topographie, in: OA
39

309 MW III, 1884

310 s. Anm. 309

311 s. Anm. 309

312 Kreisheimatpfleger, Landkreis
Freising, Vortrag in der Kirche zu
Johanneck, April 1981, Mitschnitt
(privat) auf Compact-Cassette

313 s. Anm. 299, S. 110

314 MW

315 s. Anm. 299, S. 110

316 KROb, 1. Teil

317 s. Anm. 299, S. 110

318 MW III

319 s. Anm. 312

320 MW III. Übernommen aus Pfaffenhofener Zeitung, Beilage, 91. Jhg.,
Nr. 2, 29. Oktober 1946

321 s. Anm. 299, S. 191[12]

322 MW III

323 s. Anm. 375

324 KROb, 1. Teil

325 KROb, 1. Teil

326 KROb, 1. Teil

327 DG

328 J. J. Morper, in: Thieme-Becker 26
(1932)

329 Konstantin Pader, geb. 1596/98
München, gest. 1681 München,
Baumeister, Bildhauer, Kistler,
Stukkateur. „Pader ist ein nicht
unbegabter, beträchtlich über dem
ländlichen Durchschnitt stehender
Bildhauer, der in seinen Werken
einen maßvollen, von gotischen
Erinnerungen durchsetzten Spätma-
nierismus gestaltet." (s. Anm. 299,
S. 190). – „Ein Beleg ließ sich dafür
zwar unter den von Morper angegebenen Quellen nicht auffinden, doch
ist die Urheberschaft Paders . . .
nicht zu bezweifeln . . .", s. Anm.
299)

330 Pfarrchronik Paunzhausen, maschinengeschriebenes Manuskript

331 DG

332 s. Anm. 299, S. 189

333 Pfarrchronik Paunzhausen: „Am
10. 4. 1962 machte ich . . . eine
kunsthistorisch bedeutsame Entdek-
kung: auf der rechten Schulterblatt-

panzerdeckung der Statue des Hlg.
Florian ist nämlich in einer Art
Medaillon das stark ausgeprägte
Antlitz-Bild des Meisters zu sehen
(das Medaillon hat einen Durchmesser von cirka 20 cm), der als Schöpfer
dieser und der anderen Rittergestal-
ten im Gotteshaus anzusehen ist . . . "
– Die Annahme des Chronisten trifft
nicht zu. Das fratzenhafte Gesicht ist
kein „Bild des Meisters" Konstantin
Pader, sondern ein seinerzeit
üblicher Zierat auch für feindab-
schreckende Wirkung.

334 s. Anm. 299, S. 189

335 s. Anm. 299, S. 190

336 s. Anm. 299, S. 189 – 190. – Staatsar-
chiv Landshut, Rep. 45, fasc. 212.

337 s. Anm. 299, S. 156

338 s. Anm. 312

339 KROb, 1. Teil

340 KROb, 1. Teil

341 DG

342 s. Anm. 299, S. 111

343 Pfarrer Johann Schmid feierte am
15. August 1952 unter großer
Beteiligung der Pfarrei in seiner
Heimatgemeinde Paunzhausen das
Goldene (50jährige) Priesterjubi-
läum. – Hier beging ebenfalls sein
Goldenes Priesterjubiläum Kommo-
rant Anton Hiller: 29. Juni 1948. Bei
Hillers Beerdigung war Generalvikar
Ferdinand Buchwieser anwesend.

344 Wohl Konventuale des Augustiner-
Chorherrenstiftes Ilmmünster, zu
dem zeitweise Paunzhausen gehörte

345 ThB TF 1106

346 Werner Vitzthum, Scheyern,
Benediktinisches Land im Schutze
des Heiligen Kreuzes, Vlg. Hans
Prechter, Pfaffenhofen a. d. Ilm,
1983

347 HONB PAF 132

348 MB 36/1, 81. – HONB PAF, 132:
„Nicht gesichert ist die Beziehung
von 817 ‚za demo minnirin Tan com
ecclesia sancti Pancratii[15]' auf
Niederthann, eine Pankratiuskirche
ist in keinem der zahlreichen
Thann-Orte bekannt." Tr Frei 386.

349 ThB TF 1598

350 MB 36/1, 139

351 GLK 1127, 51'

352 HStU F 31. Mai 1497

353 LB KKN 30

354 LB KKN 30

355 LB KKN 30

356 LB KKN 30

357 LB KKN 30

358 LB KKN 17

359 LB KKN 21

360 DG 311

361 KROb 130

362 DG 311

363 MW

364 KROb 130

365 KROb 130

366 KROb 130

367 LB KKN 32. – GB OIA

368 LB KKN 29

369 MW

370 Frhr. v. Freyberg, Geschichte von
Tegernsee, 24

371 OA XXII, 140

372 MW

373 AE

374 AE

375 MW

376 MW

377 Unsere Heimat, Beilage zur Pfaffenhofener Zeitung, 91. Jhg., Nr. 2,
29. Oktober 1949

378 Robert Böck, Mörtelplastiken im
nordwestlichen Oberbayern,
Sonderdruck aus Bayer. Jahrbuch f.
Volkskunde, 1959, 30

379 JB A

380 Pfarrarchiv Paunzhausen

381 JB A

382 s. Anm. 380

383 s. Anm. 380

384 s. Anm. 380

385 Die maschinengeschriebene Pfarrge-
schichte im Pfarrarchiv Paunzhausen
nennt anstelle von Salicional 8' und
Gedeckt 8' die Register Aeoline 8'
und Bourdon 8'

386 Abt-Tagebuch XI, 84, Scheyern:
„2. September 1877. Vormittags
starb H. Dekan Joh. B. Kastner im
74. Jahr." – „4. September 1877.
Beerdigung des H. Dekans um 9
Uhr."

387 13 Schuh lang, 12 Schuh breit (1
Schuh = 1 Fuß = 25 bis 34 cm).

388 s. Anm. 377

389 EB SH, Nr. 323

390 Überwiegend JB A

391 HONB PAF 96

392 s. Anm. 391

393 ThB TF 1106

394 KlL W 10, 8'

395 KlL W 11, 6'

396 KlL W 12, 9'

397 HStU F 885

398 KlL W 22, 175

399 GLK 1127, 56'

400 KlL W 14, 24

401 MW, 8. Schweidenkirchen

402 Arn (Arno) von Salzburg, geb. nach
740 im Isengau (Bistum Freising),
Freisinger Domschüler, um 776
Priester, 778 Benediktinermönch,
782 Abt in Elno, 785 Bischof v.
Salzburg, 798 erster Erzbischof der
bayer. Kirchenprovinz Salzburg,
Freund Alkuins, Ostmission, gest.
24. Januar 821

403 JB 189

404 Johann Biebel, Preinersdorf,
mündliche Auskunft 31. März 1984
an Verfasser

405 Robert Böck, s. Anm. 378. – Josef
Bogner, Bäuerliche Mauerreliefs als
Zeugen religiöser Volkskunst, in
Heimatkundl. Schriftenreihe des
Lkr. Pfaffenhofen a. d. Ilm, 1975
(Stand: 1972). – Werner Vitzthum,

Mörtelplastiken als ländliche Kunst,
in: Schrobenhausener Zeitung,
20. Juni 1969. – Werner Vitzthum,
Heilige und Viecher aus Mörtel, in:
Pfaffenhofener Kurier, 7. Mai 1979.
– Werner Vitzthum, Mörtelplastiken
als ländliche Volkskunst, in: Altbayerische Heimatpost, Trostberg,
31. Jhg., 1979, Nr. 18.

406 AE, Bauakten Schw

407 s. Anm. 406

408 s. Anm. 406

409 HONB PAF 96

410 s. Anm. 409

411 ThB TF 446

412 ThB TF 958

413 ThB TF 1418

414 MD MF 3, 22

415 GLK 1152, 50–51

416 GLK 1152, 253

417 MD MF 3, 272

418 HAvB 205

419 KROb

420 MW

421 GB OIA

422 ThB TF 1340

423 GLK 1130, 134

424 TrW 34

425 ThB TF 1668 a

426 Tr FN 40

427 Hochstiftsliterale Freising 12, 3'
(Bestand im HStA M)

428 GLK 1127, 57

429 HAvB, Repertorium 24

430 HONB PAF 110

431 s. Anm. 430

432 s. Anm. 430

433 Ch M-Ilmm 17. Mai 1431

434 GLK 1127, 50

435 GLK 1127, 121'

436 GLK 1127, 248'

437 GLK 1129, 96

438 GLK 1129, 305'

439 HAvB, Repertorium 25

440 Eisenmann-Hohn, Topo-geogra-
phisch-statistisches Lexikon vom
Kgr. Bayern, 2. Aufl., München
1840, 2. Bd., 536

441 HAvB, 219

442 ThB TF 1667

443 Tr W 338

444 GLK 1127, 55'

445 Philipp Apian, Topographie, in: OA
39 (1880), 202

446 EW OBPaf 25. – HONB PAF, S. 17,
Deutung fraglich.

447 EB SH, Nr. 78

448 ThB TF 268 a. b.

449 ThB TF 1319

450 ThB TF 1668 a

451 MD MF 3, 223

452 GL M 31, 175

453 HAvB, 221

454 ChEx Sü 3

455 ChEx Sü 3

456 Günther Flohrschütz, Machtgrundla-
gen u. Herrschaftspolitik der ersten
Pfalzgrafen aus dem Haus Wittels-
bach, in: Ausstellungskatalog
Wittelsbach u. Bayern, Bd. I/1, Vlg.
Hirmer, München, 1980, 96–97

457 EB SH, Nr. 401

458 „Prälat Dr. Michael Hartig von
München... meinte, der Haupthei-
lige unseres Hochaltares könne nicht
unser Ortspatron sein, da St.
Koloman nicht Priester war. Vielleicht Verwechslung mit dem hl.
Kolonat?" (ChEx Sü, 77, 1. Mai
1948)

459 ThB TF 423

460 HONB PAF 129: „Wegen der weiten
Verbreitung der Mutter Gottes als
Kirchenpatronin scheint das ur-
sprüngliche Marienpatrozinium von
Sünzhausen nicht als Pertinenzpatro-
zinium in Frage zu kommen."

461 Geistl. Rat Paulinus Fröhlich
(Wolnzach), in: Wolnzach, Chronik
eines Hallertauer Marktes, Vlg.
Markt Wolnzach, 1980, S. 99

462 „... Prälat Michael Hartig habe
geäußert, ... Hitto 811–835 stamme
aus Holzhausen." (ChEx Sü 74,
1947). Holzhausen bei Schweitenkirchen ist als Geburtsort Hittos
unbelegt.

463 MD MF 3, 223

464 MD MF 3, 272

465 ChEx Sü 7

466 MW. – Über 1937 festgestellte
Vermauerungen s. ChEx Sü 23.

467 ChEx Sü 23

468 ChEx Sü 132. – 1957 an der Presbyte-
riums-Ostwand Erweiterung einer
Beichtstuhlnische zu apsisähnlichen
Halbrund-Ausmaßen.

469 ChEx Sü 27

470 MW

471 GB OIA

472 ChEx Sü 22, 26

473 ChEx Sü 58

474 ChEx Sü 146

475 ChEx Sü 147

476 Schematismus, 1868, 255–256

477 Johannes von Gott, geb. 8. März
1495, gest. 8. März 1550, Heiligsprechung 1690, Missale-Fest seit 1714
am 8. März, Schutzheiliger der
Kranken, Krankenpfleger, Kranken-
häuser u. a.

478 AE, Pfb Schw

479 Bezirksamt Pfaffenhofen a. d. Ilm,
Schreiben v. 1. Juni 1917, Nr. 5231

480 Pfarrarchiv Schweitenkirchen,
Glockenakt

481 MB IX 570, 571

482 MD MF de anno 1315 (Chamer habet
VII filias...)

483 MD MF

484 4. Kapitelthese 1935

485 MW, Dek. Freising, 421

486 DG 97

487 KROb

488 DG 97

489 KROb

490 Otto Wimmer, Handbuch der Namen v. Heiligen, 1966, Tyrolia-Vlg., Innsbruck

491 KROb

492 KROb

493 KROb

494 Münchener Kath. Kirchenzeitung, Nr. 13, 31. März 1957, 252

495 Pfarrer i. R. Michael Krönner, Geschichte von Johanneck Ort u. Kirche, maschinengeschriebenes Manuskript, 1960, S. 66, Pfarrarchiv Paunzhausen

496 EW OBPaf 38. – HONB PAF 36*

497 Angaben der Gemeindeverwaltung Schweitenkirchen, August 1984

498 Zusammenstellung Pfarramt Schweitenkirchen

Bildnachweis

Ziffern verweisen auf die Seite. *Abkürzungen* o (oben), u (unten)

Vorsatz Philipp Apian (1531–1589), Bairische Landtaflen, Tafel 14, Ingolstadt, 1568, Bayerische Staatsbibliothek München

3 Federzeichnung, Rudolf Höfler, Schrobenhausen, 1984

5 Taufe Jesu, Aquarell (Entwurf), Johann Michael Schmitt, München, 1926, nichtausgeführtes Deckengemälde für die Pfarrkirche zu Schweitenkirchen; Foto Wolf, Scheyern

6 Wappen des Erzbischofs von München und Freising, Friedrich Wetter: der Mohrenkopf ist der „Freisinger Mohr", das herkömmliche Wappen des alten Fürstbistums Freising, zugleich das Wappen des 1817 neueingerichteten Erzbistums München und Freising. Die Feuerflammen erinnern an die „Zungen wie von Feuer" (Apg 2,3). Sie sind Zeichen des Hl. Geistes, der an Pfingsten den Aposteln geschenkt wurde. Der Bischof steht in der Nachfolge der Apostel und hat deren Auftrag heute zu erfüllen. Die Dreizahl der Flammen weist auf das tiefste und schönste Geheimnis Gottes hin: das Geheimnis seines dreifaltigen Lebens. Die Farben Gold und Rot deuten ebenfalls auf das Geheimnis Gottes hin: Rot auf die Liebe, die Gottes Wesen ist (1 Joh 4, 8), Gold auf Gottes leuchtende Majestät (1 Joh 1, 5).

7 Foto privat

11 Foto privat

14 Foto Wolf

15 AE

17 Foto Clemens Fehringer, Pfaffenhofen a. d. Ilm, 1983, aus: Werner Vitzthum, Scheyern, 1983; mit Genehmigung des Verlages Hans Prechter, Pfaffenhofen a. d. Ilm

18 Federzeichnung, Stefan Hauptmann, Schweitenkirchen, 1984

19 Foto Wolf

22 Foto Hanns Wagner, Pfaffenhofen a. d. Ilm, 1984

25 Foto Wolf

26 Pfarrarchiv Schweitenkirchen, Foto Pichlmeier-Wolnzach

28 Federzeichnung, Erwin Hellinger, Scheyern, 1984

29 Foto Wolf

31 Foto Wolf

35 Foto Wolf

36 Missale, 1734, Kirche Frickendorf

37 Foto Stefan Hauptmann, Schweitenkirchen, 1984

38 Foto Wolf

39 Foto Wolf

40 Foto Wolf

42 Federzeichnung, Stefan Hauptmann, Schweitenkirchen, 1984

43 s. Anm. 42

45 Rudolf Scharl, Hopfengarten, Aquarell, 1984; mit Genehmigung der Galerie Rainer Pennarz, Pfaffenhofen-Gundamsried, Altes Schulhaus; Foto Wolf

48 Rudolph Hirth, Hopfenpflücker, Xylographie, um 1875; Herkunft s. Anm. 45

49 Konrad Volkert, Hopfenernte, Radierung, 1924; Herkunft s. Anm. 45

51 Georg Philipp Finckh, S. Rom. Imp. circuli et electoratus Bavariae tabula Chorographica, Kupferstich, Gesamtgröße 196 × 124 cm, erste Abzüge 1663, Hauptauflage 1671; Bayer. Staatsbibliothek München

53 Foto Wolf

55 Foto Wolf

58 Foto Stefan Hauptmann, Schweitenkirchen, 1983

59 Foto Wolf

60 Federzeichnung, Rudolf Höfler, Schrobenhausen, 1984

62 Foto Manfred Kieferl, Schweitenkirchen, 1984

63 Foto Wolf

65 Monstranz, Caspar Riss, Augsburg, um 1690, Pfarrkirche Schweitenkirchen; Foto Wolf

67 Foto Wolf

69 s. Anm. 26

72 Foto Diözesanmuseum Freising, 1984

75 Missale, 1728, Kirche Holzhausen

79 Foto Hanns Wagner, Pfaffenhofen a. d. Ilm, 1984

81 AE

82 o AE

82 u AE

87 s. Anm. 26

88 AE

91 Foto Wolf

97 Foto Wolf

98 s. Anm. 26

106 Federzeichnung, Erwin Hellinger, Scheyern, 1984

108 Missale, 1728, Kirche Holzhausen

112 s. Anm. 26

113 s. Anm. 26

116 s. Anm. 26

125 Foto Wolf

127 Kirchenbautrupp 1906: Hinten links v. l. n. r. Lehrer Maß, Lehrer Kistler, Pfarrer Straßer; vorne v. l. n. r. Zimmerleute J. Wörl (Giegenhausen), Franz Brummer (Schweitenkirchen), N. N., Hegenauer (Güntersdorf), Brandl (Niederthann), N. N., Jakob Hartinger (Zimmerermeister, Schweitenkirchen), Maurer N. N., Simon Schmidhofer (Raffenstetten), Alois Kettner (Maurermeister, Schweitenkirchen), Zolleis (Ampertshausen), N. N., N. N., Schöttl (Hirschhausen), Bartholomäus Festner (Preinerszell); hinten rechts (mit Papierschiffhut) Maler und Stukkateure N. N.; Foto-Reproduktion Hanns Wagner, Pfaffenhofen a. d. Ilm, 1984

128 Federzeichnung, Stefan Hauptmann, 1984

134 Foto Wolf

136 Foto privat

142 Foto Wolf

143 Federzeichnung, Erwin Hellinger, Scheyern, 1984

147 Dr. Th., J. Metzler, Weber, Landkreiskarte Pfaffenhofen a. d. Ilm; Foto Hanns Wagner

149 Federzeichnung, Erwin Hellinger, Scheyern, 1984

153 Foto privat

157 Federzeichnung, Erwin Hellinger, Scheyern, 1984

159 Federzeichnung, Erwin Hellinger, Scheyern, 1984

Danksagung

Das Buch bietet eine Übersicht kirchlichen Bestandes und religiösen Lebens in und um Schweitenkirchen in der westlichen Hallertau, somit im möglichen Gebiet eines zukünftigen Pfarrverbandes Schweitenkirchen. Es will ein Heimatbuch üblicher Art nicht vorwegnehmen.

Seine Entstehung verdankt das Werk der Anregung, Mitarbeit und Förderung von H. H. Pfarrer Engelbert Wagner (Schweitenkirchen), Dekan des Dekanates Scheyern. Ihm schulde ich ehrerbietigsten Dank.

Besonderer Dank gebührt den H. H. Pfarrern Theodor Gramlich (Güntersdorf), Herbert Muggenthaler (Paunzhausen) und Franz Xaver Stadler (Förnbach), die mir die Auswertung der Matrikel und Pfarrchroniken ermöglichten.

Hilfreiche Unterstützung bei der Sichtung der umfangreichen Archivalien sowie den Spezialbeitrag „Eine Gnadenstuhlgruppe des Meisters von Rabenden" verdanke ich H. H. Prälat Dr. Sigmund Benker, Direktor des Archivs der Erzdiözese München und Freising.

Herrn Dr. Peter B. Steiner, Direktor der Kunstsammlungen des Erzbistums München und Freising, sei für den Spezialartikel „Das Muttergottes-Gnadenbild" (Schweitenkirchen) gedankt.

H. H. Geistlicher Rat Pater Subprior Franz Gressierer OSB (Benediktinerabtei Zum Heiligen Kreuz in Scheyern) stellte mir dankenswerterweise die einschlägige Literatur aus der Klosterbibliothek Scheyern zur Verfügung.

Für die Bestimmung der Gold- und Silberschmiedearbeiten sage ich Frau Dr. Hannelore Müller (Städtische Kunstsammlungen Augsburg) herzlichen Dank.

Ohne das grundlegende Historische Ortsnamenbuch für den Landkreis Pfaffenhofen a. d. Ilm (1983) von Friedrich Hilble (München) hätten die namensgeschichtlichen Teile zu den einzelnen Orten nicht nach dem jetzigen Forschungsstand vorgestellt werden können. Auf sein Werk weise ich besonders dankbar und empfehlend hin.

Die Lebensbeschreibungen und Legenden der Heiligen bearbeitete beziehungsweise übernahm H. H. Pfarrer Engelbert Wagner (Schweitenkirchen) aus den Büchern: Jakob Torsy (Hrsg.), Der große Namenstagskalender, Verlag Benzinger-Herder, Einsiedeln-Freiburg i. Br., 5. Auflage, 1976; Hiltgart L. Keller, Reclams Lexikon der Heiligen, Verlag Philipp Reclam jun., Stuttgart, 5. Auflage, 1984; Diethard H. Klein (Hrsg.), Das große Hausbuch der Heiligen, Verlag Pattloch, Aschaffenburg, 1983; Erna und Hans Melchers (Bearbeiter: Carlo Melchers), Das große Buch der Heiligen, Südwest-Verlag, 1978.

Gerne bedanke ich mich bei Herrn Edwin Wolf (Scheyern), dem Fotografen der meisten Lichtbilder, bei den Zeichnern Herrn Stefan Hauptmann (Schweitenkirchen), Herrn Rektor Erwin Hellinger (Scheyern), Herrn Rudolf Höfler (Schrobenhausen) und H. H. Pater Raphael Oberkobler OSB (Scheyern), für die Einbandgestaltung und für die Typografie des Buches bei Herrn Grafiker Rudolf Höfler (Schrobenhausen).

15. August 1984   Werner Vitzthum
Mariä Himmelfahrt   Singenbach

Nachwort

Mit hohem Respekt und großer Dankbarkeit schauen die Schweitenkirchener auf jene, die 1906 den Mut besaßen, das alte, unzureichende Kirchenschiff abzureißen, nur den Turm stehen zu lassen und dafür ein neubarockes, der Größe der Pfarrei entsprechendes Gotteshaus zu errichten.

In unermüdlichen Hand- und Spanndiensten und mit nicht geringen finanziellen Opfern wurde der Kirchenbau durchgeführt. Am 19. September 1909 konnte er geweiht werden. „Das ist uns unsere Kirche wert!", sagten die Schweitenkirchener. Wenn man dazu die für eine Landpfarrei stattliche Größe der Pfarrkirche bedenkt, dann bauten sie schon für kommende Generationen – so, als ob sie damals bereits geahnt hätten, daß Gemeinde und Pfarrei später einmal größere Ausmaße annehmen sollten.

Offensichtlich wollte man zu Beginn dieses Jahrhunderts etwas Gutes für die Zukunft tun, in der Hoffnung, daß sich auch die Pfarrgemeinde der achtziger Jahre in ihrer Kirche wie zu Hause fühlen möge. Solche gute Absicht, in engagierte Tat umgesetzt, darf nicht in Vergessenheit geraten.

Deshalb entstand nun zum fünfundsiebzigjährigen Jubiläum der Pfarrkirche Sankt Johannes der Täufer in Schweitenkirchen ein „Kirchenbuch". Die Historie der Pfarrei, der Pfarrkirche, der Filialkirchen und, soweit möglich, der Kapellen und der Zeichen des Glaubens, soll festgehalten werden in Chronik, Geschichte und Beispielen, dazu veranschaulicht mit Bildern, Zeichnungen und Fotografien.

Dem Autor, Herrn Konrektor Werner Vitzthum (Singenbach/Scheyern), sei herzlich gedankt.

Eine Kirche steht nicht für sich allein. Kirche heißt „miteinander". Kirche ist Sache der Gemeinschaft und der Zusammengehörigkeit.

Darum haben in diesem Buch auch die Nachbarpfarreien von Schweitenkirchen ihren Platz; denn wir gehören zusammen!

Darum wird auch von der Erzdiözese München und Freising, vom Dekanat Scheyern und von kirchengeschichtlichen Einzelheiten berichtet.

Darum wird auch von unserem herrlichen Hallertauer Land, in dem wir leben dürfen, erzählt. Wir sind dankbar für dieses Geschenk des Schöpfers: für unsere Heimat!

Darum werden auch einige Persönlichkeiten des öffentlichen Lebens aus Vergangenheit und Gegenwart vorgestellt. Kirche, Gemeinde, Schule, Politik haben das Ziel anzustreben und den Auftrag zu verwirklichen, dem Leben der Menschen und der menschlichen Gemeinschaft zu dienen.

Darum gleicht das Buch einem Mosaik: Jahreszahlen und Daten tauchen auf: Markante Bausteine der Geschichte künden von vergangenen Zeiten. Namen werden genannt: Persönlichkeiten, die die Entwicklung beeinflußten, sie gestalten. Heilige treten hervor: Exemplarische Beispiele für ein geglücktes Leben. Legenden, Sagen und Anekdoten blitzen auf: Humorvoll oder auch besinnlich gewürztes Leben. Kirchliche Einrichtungsgegenstände, Geräte, Symbole werden beschrieben: Sinnlich wahrnehmbare Zeichen einer Kirche aus Menschen.

So stellt sich unsere Kirche als das große Miteinander von Menschen dar, die mit der Verheißung Gottes auf dem Wege sind, daß sie leben dürfen und leben sollen.

Unser Kirchenbuch ist nicht als Heimatbuch mit Familien-, Haus-, Hof- und Gemeinde-Chronik gedacht, sondern als kirchlicher Baustein für das Menschenhaus unserer gesamten Gemeinde. Das Buch will auch nicht bloß ein Kirchenführer sein, sondern will einladen zu einer Entdeckungsreise: Manche werden die Kirche, die ihnen längst vertraut ist, – in der sie getauft, gefirmt, getraut wurden, im Bußsakrament Versöhnung erfahren und die Kommunion empfangen dürfen – nun neu schätzen und lieben.

Manche, die in den letzten Jahren in unserer Gemeinde ein neues Zuhause fanden, könnte das Buch schneller vertraut machen mit dem Haus ihrer Kirche und mit dem Sich-darin-wohlfühlen.

Gäste, Urlauber, Reisende und natürlich ehemalige Gemeindebürger können sich anhand des Buches guten Einblick und raschen Überblick über die Kirchen unserer Gegend verschaffen.

Die kommende Generation wird die Geschichte unserer Pfarreien und unserer Kirchen, die ihr anvertraut sind, fortsetzen – und somit auch dieses Buch weiterschreiben. Wir haben das Vertrauen, daß die Jugend unserer Gemeinde ihren Weg des Glaubens finden wird: in der Kirche, die das Anliegen Gottes verkündet: „Ich will, daß sie das Leben haben und es in Fülle haben!" (Joh 10, 10).

„Herr, unser Gott. / Junge und alte Menschen, / einfache und kluge, / erfolgreiche und solche, die sich schwertun, / hast du hier zusammengeführt als deine Gemeinde. / Gib einem jeden / etwas von deinem guten, heiligen Geist, / damit wir dich und uns selbst und einander besser verstehen / und vorankommen auf dem Weg, / auf den du uns miteinander gestellt hast!" (Gebet aus der Liturgie der Messe).

Halten wir das Haus und die Gemeinschaft unserer Kirche offen: immer und für alle!

24. Juni 1984   Engelbert Wagner, Pfarrer
Am Fest Johannes des Täufers   Schweitenkirchen

Franz Stadler,   Theodor Gramlich,   Herb. Muggenthaler,   Engelbert Wagner,
Förnbach   Güntersdorf   Paunzhausen   Schweitenkirchen

Als Mitarbeiter Gottes und Priester der Kirche tun die Pfarrer ihren Dienst vor allem in der Verkündigung des Evangeliums, in der Feier der Liturgie und der Sakramente und in der Leitung der Pfarrgemeinde. Als Seelsorger treten sie dafür ein, daß der Glaube in unserer Welt bezeugt wird, daß die Hoffnung auf Leben nicht erlischt und daß die Liebe zu Gott und den Menschen der Maßstab bleibt für das Zusammenleben in der Gemeinde.

Inhalt